U0511891

我的罗布泊考察日记 **I**　巩亮亮 著

罗布鬼耳

WO DE LUOBUPO KAOCHA RIJI I
LUOBUGUIER

全 国 百 佳 图 书 出 版 单 位
APTIME
时代出版传媒股份有限公司
安徽人民出版社

图书在版编目（CIP）数据

我的罗布泊考察日记1,罗布鬼耳/巩亮亮著.—合肥：安徽人民出版社,2014.4

ISBN 978-7-212-07237-7

Ⅰ.①我… Ⅱ.①巩… Ⅲ.①长篇小说—中国—当代 Ⅳ.①I247.5

中国版本图书馆CIP数据核字(2014)第057373号

我的罗布泊考察日记 Ⅰ：罗布鬼耳

巩亮亮　著

出　版　人：胡正义

责任编辑：任　济　王大丽

封面设计：大周设计

出版发行：时代出版传媒股份有限公司 http://www.press-mart.com

　　　　　安徽人民出版社 http://www.ahpeople.com

　　　　　合肥市政务文化新区翡翠路1118号出版传媒广场八楼

　　　　　邮编：230071

　　　　　营销部电话：0551-63533258　0551-63533292（传真）

印　　刷：北京凯达印务有限公司

　　　　　（如发现印装质量问题，影响阅读，请与印刷厂商联系调换）

开本：670×960　1/16　　印张：24.75　　　字数：300千

版次：2014年6月第1版　2014年6月第1次印刷

标准书号：ISBN 978-7-212-07237-7　　定价：38.00元

版权所有，侵权必究

前言

要进来，先把希望留在门外。

——但丁

罗布泊失踪录：

1949年，从重庆飞往迪化（乌鲁木齐）的一架飞机，在鄯善县上空失踪。1958年，人们却在罗布泊东部发现了它，机上人员全部死亡。令人不解的是，飞机本来是往西北方向飞行，为什么突然改变航线飞向正南？

1950年，解放军剿匪部队一警卫员骑马冲出重围后走失。1982年，地质队在罗布泊南岸红柳沟中发现了他的遗体。原若羌县南山区委书记魏建英说："他那颗金牙是在酒泉镶的，解放了酒泉后，我们比赛篮球，他被碰掉一颗门牙。当时曾派部队寻找，谁知他的遗体竟在远离出事地点百余公里外被发现。"

1976年7月3号，新疆地矿局第一区调大队9分队的一辆汽车在罗布泊以北给野外运送物资时失踪，后在鄯善县南沙山中找到。司机、司助，地质技术员全部渴死。

1980年6月17日，著名科学家彭加木在罗布泊考察时失踪，党和国家出动了飞机、军队、警犬，花费了大量人力财力大规模寻找，没有找到。

1990年，哈密有7人乘一辆客货小汽车去罗布泊及嘎顺戈壁找水晶矿，一去不返。两年后地质队员在一陡坡下发现3具坐卧的干尸，汽车距死者30公里，其他4人下落不明。

1995年夏，米兰农场一职工带领他的两个亲属乘一辆北京吉普去罗布泊探宝失踪，后其中两人的尸体被新疆大自然旅行社探险家张葆华在距楼兰17公里处发现。汽车完好，水、汽油都不缺，另外一人下落不明。

1996年6月，中国探险家余纯顺在罗布泊徒步孤身探险中失踪。当直升飞机发现他的尸体后，法医鉴定已死亡5天，既不是自杀也不是他杀，身强力壮的他，死亡原因还是个谜。

1997年，甘肃敦煌一家3口在父亲的带领下，前往楼兰附近寻宝，结果一去不复返，最后3人的尸体被淘金人发现。

1997年，昌吉有4个人开着大卡车，到罗布泊南岸的红柳沟找金矿，结果没有了消息。1998年，有人在红柳沟附近找到了4具尸体和一部烂车。

2005年末，敦煌有人在罗布泊内发现一具无名男性尸体，据推测该男子是一名"驴友"，法医鉴定其并非他杀。这具尸体被发现后，引起了国内数十万"驴友"的关注，更有人在互联网上发出了寻找其身份的倡议，最后在众人的努力下，终于确定了该男子的身份，并最终使其遗骸回归故里。经查明，该男子2005年自行到罗布泊内探险，但为何死亡，却一直是个谜……

楔子

戈壁深处，月光铺满白色的盐泽，在干旱的山丘上，望不到边，也看不到生机。

突然，在这暗黄的夜色里，传来几声兴奋的喊声。

"和平，快看，快看，月光！"

我迷迷糊糊地被马辉架到了明亮处，早已无力的眼皮上下晃动了一下，那一丝皎洁的光犹如鬼一般钻到了我的视网膜里！

没错，这是月光，这是月光！

我在心里不断地呐喊着，已经有些脱水的双腿似乎天助神力，开始有了力气，甩开马辉，晃晃悠悠地向那远处的月光走去。

我所在的洞口是不规则的，风从外面刮进来，干燥、沉闷，夹杂着沙土。好久没有过风了，我都忘记风吹拂在身上的感觉了。

马辉此时站在后面不远处，嘴角露出他那典型的八颗牙笑容，傻傻的。

"我出来了，天哪！我真的出来了。"

我死里逃生，妄想着能够风风光光地出来，妄想着这次起码也能立个二等功，没想到，到头来却落得这么个下场。

队伍没了，人心散了，死的死，疯的疯，这次任务让我输得太惨，因为我此前从来没有输过。

这时马辉看着我，冷冷地一笑说："他妈的，老子终于出来了，没死在这鬼地方，我回去一定要好好拜拜我家财神爷。"

危险的疑云一下子消失得无影无踪，我扶着旁边的墙壁看着几步之外的月光说："辉子，有烟吗？"

马辉摸了摸身上，从上衣口袋摸到裤子口袋，好半天说："好像没了。"然后他似乎又想到了什么，赶紧将背上那个一直没离过身的包拿出来，翻找了一会，果然让这家伙找到了。

一包中华，我两眼放光，看着马辉手里的烟。

使劲地抽了一口，我们俩吐出一口烟气。

"活着真好。"马辉看着烟说。

我默默地点了点头。

突然一阵阴风从黑暗里向我们所在的位置袭来，马辉脸上的表情定格成惊讶、痛苦、不解，我看着马辉，想伸手去抓他。

血已经从马辉的嘴里流了出来，滴滴答答地在沙土上打出一个圆点。

"跑……"马辉忍着巨大的痛苦，大喊！

我知道这时候已经全完了，眼泪瞬间在脸上打出一个水印。

"跑！"成了我心中唯一的信念，跑，跑得离这里越远越好，离这里越远我的心就越安静。

就在我跑出不远的时候，背后传来一声轰鸣，那个窄小的洞口，瞬间消失在一阵尘土中。

我不再回头，也不敢回头，忍着泪水不断地奔跑，像一头等待围猎的驯鹿，也不知道前方有什么。后边是那只不知名的怪物的利爪，我知道自己要活下去，活下去就是希望，活下去才能将真实的情况告诉外面的人。

我是唯一的幸存者。

"和平，你给老子赶紧醒过来啊！你快点啊，这里太黑了，黑的我都难受得不行，你赶紧给我弄根烟啊！"

我迷迷糊糊地意识到好像是辉子在喊我，我周身疼得厉害，感觉不到四肢，好像这些身体上的部位都已经没有了一般，接着梦境里出现了梁子那家伙傻傻的模样，慢悠悠地一个人在远处走着，他转身向我笑了笑，但是不说话。

我知道自己在做梦，马辉和梁子的声音、行为都是来自大脑皮层的反射，这一切都是假的，但是我活着是真的。

我努力地睁开眼睛，眼前的景象由模糊逐渐地清晰起来。白色，没错，眼前除了白色还是白色，我的第一反应就是自己在医院了，而且是一家不错的医院。

病房里只有我这么一个病人，安静、和谐。

护士推门进来，看见我醒了，脸上没有表情，似乎我醒来是应该的，也是必然的。

我开口对护士说："这是哪里？"

护士说："医院！"

"我知道是医院，是哪里的医院？"我迫不及待地想知道自己是在哪里。

"若羌县医院。"

"哦！"我沉思了一下，然后说，"我的东西呢？我的东西在哪？"

那护士看我急了，说："你急什么啊，你的东西在送你来的人手里。"

护士说着就出去了，我看见一位维吾尔族大叔走了进来，他用拗口的汉语告诉我，他去梭梭林里挖肉苁蓉，路过戈壁滩看见我浑身是血地躺在地上，救了我。

我连声感谢，拿到包，看到包里的东西还在，心一下子轻松了。

维吾尔族大叔看着我的样子说："当兵的吧？我已经给当地派出所报案了，他们能帮你。"

我一听，蒙了，我知道，基地的人很快就会来，带走我，然后从我嘴里得到那里发生的事情，然后让我闭嘴，然后我就只能闭嘴。

我微笑着感谢老人。老人走后，我开始不断地思考，不断地想，想起一起出生入死的兄弟们，想起张教授，想起"眼镜"胡院士。如果我回到基地，我相信我再也出不来了，因为就剩下我一个人了，况且我现在还病着，这种病是从里面带出来的……

护工进来了，是一位慈祥的大妈，大妈看着我说："小伙子你醒来了啊？"

我点头。

我思前顾后，将自己的身世说了一遍，上有高堂，下有弟弟妹妹，将自己的身世说得可怜兮兮，然后将日记本交给大妈，她答应我邮寄出去，邮寄给我一个亲戚，只有他能帮我，这也是我最后一篇日记，我知道很快就会去和我的兄弟们团聚。

或许我会在睡梦里，会在病痛中死去；又或许我会被无缘无故地关在某个神秘的地方，一点点地等着自己老去，看着自己的身体变成一具可怕而又完美的物件；或许……没有那么多或许了，该来的总会来的，该去的总会去的。

我相信灵魂不灭，我相信我的兄弟们还在那片荒漠、那个可怕的地狱般的地方静静地等着我……

目录

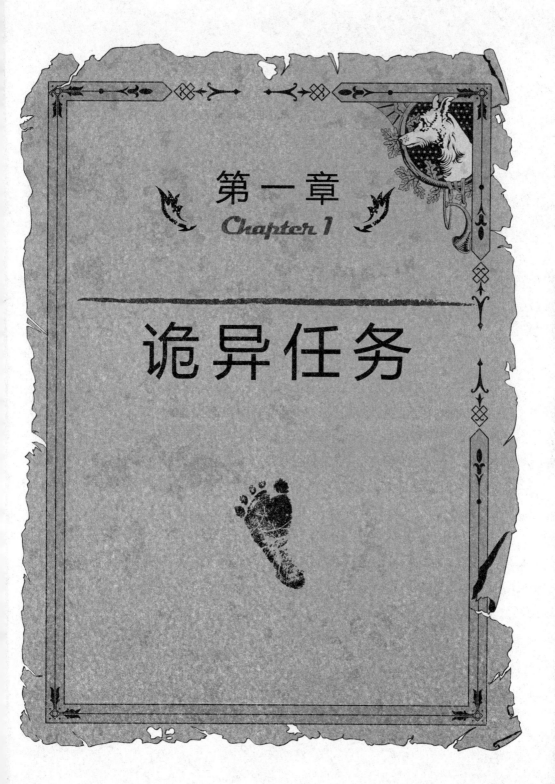

第一章

Chapter 1

诡异任务

表弟的话

我是农历八月十五这天从村委会拿到表哥的信的，因为是个节日，我记得特别清楚。

我拿着信在路上非常纳闷，表哥有五年没和我联系了，这些年也不知道他过得怎么样，我心中还窃喜地以为是他有了女朋友，所以也就很少和我联系。谁知道今天刮得是哪门子的风，居然收到表哥的信，这让我又惊又喜。

我试了试，这信封里面的东西还挺厚实，我猜测有可能是照片一类的东西。

其实我早就忘记表哥的样子了，只是心里记得他大我七岁，因为家里小孩少，他也就经常来我家玩，和我关系很好。后来因为调皮捣蛋，被舅舅送去当兵，我们俩也只能是写写信。

后来听我家老爷子夸口说，表哥这家伙有出息了，居然当了特种兵，身手不错，混到了连长级别。但是当有人问老爷子表哥在哪当兵时，老爷子就傻眼了，别说老爷子了，就连我那个当爹的舅舅都不知道表哥在哪当兵，只是说好像在沙漠里的某个地方。

后来，就很长时间没有了表哥的消息，仿佛表哥从来就没在这个世界上出现一样，安静地消逝了。我们家里也不愿意多问表哥到底去了哪里，有时候说起来，舅舅会说估计是执行任务去了，谁知道什么情况。妈妈和我家老爷子也不想多问。

再后来就是表哥退伍回家，可是每次我见到他的时候总觉得他像是换了个人，对我冷清而淡泊。表哥对什么事情都不上心了，整天迷迷糊糊的，家里人都以为他当兵当傻了。

话题有点扯远了，还是直接进入正题吧。

我看信封上的笔迹，我很奇怪，很显然笔迹不是表哥的。快步回家，打开信封，我就傻眼了。

信封里装着厚厚的一个黑皮子的笔记本，笔记本第一页用潦草的笔迹写了一封信。

胡弟：

当你看到这封信的时候，应该是十年之后了，我现在躺在病床上，写这封信，我以生命为担保，磨破了嘴皮子才求医院的护工带走我的笔记本。或许你看到这封信的时候，我估计已经无影无踪地消失了，没有任何解释。

这也是我给你写的最后一封信，因为我知道只有你才能帮我办成这件事，希望你能相信这里面所有的事情，这都是我亲身经历，用我兄弟的鲜血换来的。

你现在手里拿着的笔记本是我执行一次任务之后留下的日记，每次执行完任务我都要写总结，你也知道我喜欢写日记，为的就是方便写总结时能用。

至于这日记里面的内容，我希望你相信它，并一字不落地找个合适的时间公开出来。

我希望你在五年之后能将笔记本里面的内容公布于众，我不为别的，只求跟我一起出生入死的兄弟们能瞑目，能死得其所，能不成为孤魂野鬼，能让家里人知道这些热血青年是怎么离开这个世界的……

这个笔记本里的内容，是我一件一件记录下来的，会让你相信原来这世界上竟然还有这么多不为人知的秘密，很多人貌似略知一二实际上却被蒙在鼓里。我甚至在短时间内不能相信、不敢相信、也不愿相信我所写的都是真的，但是理智却告诉我，我的一笔一画写出来的文字是真的。

好想家啊！好想跟我家老爷子坐下来喝个酒，聊一聊。

胡弟，你多去我家看看吧，我不孝，照顾不了他们了。

表哥：和平

1990年3月15日

看完这封信，我的脑海里嗡嗡作响，我手足无措，我想哭却哭不出来，泪水早已沾满了脸颊。在一连站了七八个小时看完这本表哥亲笔写下的日记时，我的心颤抖了，我的双腿硬邦邦的，像是冻在地上一般。

头发上的汗水流到了衣服上、地上。笔记本里的故事，像是一把把刀子在不断地切割着我一样，我心里写满了两个字：震惊。

如果这个日记是表哥的，如果表哥在这上面所说的一切都是真的话，那么眼下在舅舅家的我那位"表哥"又是谁？我突然被这个艰难的问题镇住了，难道现在的"表哥"不是我真正的表哥，而是假的？我心里怪异地冒出这个问题，难道是表哥的灵魂或者是另外一个表哥出现在了舅舅家？

我突然想到表哥在日记里面记载的一个事情：平行宇宙！难道从另一个平行宇宙里来的表哥出现了，然后回到了家里？我不敢去想象这件事情所造成的波澜，我每次想到这些就整宿睡不着觉。

然而就在收到这个日记的一个月之后，舅舅家传来了噩耗，表哥失踪了！失踪得无影无踪，悄无声息。自此之后，舅舅家通过各种关系都没有找到表哥。

我每隔一段时间就翻看一遍表哥给我邮寄来的日记本。整个笔记本

都充斥着神秘气息，我思考再三，把它作了修订整理，觉得应该有一个合适的时机公布于众。虽然我知道这些内容可能给某些人和某些事带来不可预知的后果，但是我被表哥他们这支队伍里的兄弟之情感动了，我要让事情大白于天下，告诉世人这个世界不是我们想象中的那样简单。

1

我叫郑和平，现在是兰州军区的一名特种兵，当兵三年，刻苦训练，总算混到个连长的职务。执行任务不下百次，处变不惊，从未失手。三年下来我成了领导眼中的香饽饽，士兵眼中的英雄，他们都愿意跟我去执行任务，因为我的经验足，能让他们少遇到些危险。

我所在的团驻扎在酒泉附近的山里，为的就是保密。这年代，保密就是一切，部队上天天教育，尤其是干特种兵的，一年下来都是自己跟队友说话，很少见到外面的人。

待在酒泉这个地方三年了，我还没去过其他地方，我也不喜欢转悠，除了给家里写写信，也就是无所事事地写日记。

这地方一年有二百多天都刮着大风，我们的训练也是从外面跑到里面，从里面跑到外面。

天天的训练，天天的武装越野，一次次地将我的身体打造得如钢铁般，钢铁意志钢铁汉，我心想应该就是形容我们的。

说了这么多，今天很奇怪，我正在看新战士集训呢，突然团里来了电话，让我赶到师部去，说是有新任务。

刘学军那小子笑嘻嘻地跑到我跟前问："连长，是不是有啥新情况啦？赶紧的啊，我们都快在这里憋坏了。"

刘学军是我一手带出来的兵，大学生，算是文化人。这家伙就是喜欢看一些稀奇古怪的书，尤其对什么野生动物、野生植物的感兴趣。

刘学军刚来队里的时候，我觉得这小子是个孬种，可是三个月下来，这家伙居然成了我手里的尖子兵，而且说话越来越不像个有文化的人，粗话脏话都能说出来。

我就喜欢这样的兵。

"学军，你小子好好给我练，上次不是我给那小子一枪，你现在估计还躺在医院呢！"我说。

上次被派到中蒙边境执行任务，抓一批亡命毒贩，刘学军这小子差点被一个毒贩从背后开枪打死，幸亏我发现得及时，给了那毒贩一梭子，要不然刘学军哪能生龙活虎地站在我面前啊！

"这不有你在嘛！"刘学军说。

"他大爷的，老子如果不在了，你小子还不给我冲上去？"我想，刘学军这小子就是每天不太正经，训练也不认真。我接着厉声说道："你小子好好训练，等我回来！现在听我口令，跑步走！五公里！去吧！"

刘学军一脸郁闷，不情愿地跑走了。

这个时候我才有时间思考一下刚才任务的事情。让我纳闷的是，一直以来任务都是团里传达给我们连，然后就直接开拔了，没想到这次是团里传达师部的命令，而且要求我带上必备品，看来是要出趟远门了。

来到师部，我不太熟悉地找到了师长办公室，警卫通报之后，师长第一时间让我进到了里面。

师长我很少见到，但是眼前的这位却是我的队伍的大老板。一身军装穿在身上显得英俊潇洒，多亏了他那超过一米七八的身高，魁梧而又不失体面。

这个师长长得白净，脸上有一块小疤痕，士兵们都知道那是师长以前当连长的时候挂的彩，据说是被流片给蹭了一下。

师长盯着我看了半天，我不敢动，也不敢说话，心想这人也真怪啊，居然喜欢盯着我一个大活人看半天。

师长看着我别扭得很，突然哈哈一笑，对我说："小伙子，不错不错！我就喜欢你这样的兵。"

我愣住了，好半天也不敢说话。

师长脸色一变，严肃起来："你们团推荐你来执行这次任务，我看选得很对。这次任务艰险万分，就需要你这样的人来做。"

我大喊一声："保证完成任务！"

"你就不想知道是什么任务？"

"一切服从安排。"

"好！"首长脸上显出满意的笑容说，"这次任务很艰险，而且是绝密，之所以选你，是因为你天天在沙漠里摸爬滚打，比较熟悉环境。"

我一听，原来是要到沙漠里去啊，这是我老家啊，这咱不怕。

师长似乎看出来我的心思，说："不可掉以轻心，这次你去的地方是罗布泊，至于其他的你到马兰基地会有人专门给你介绍的。"

"是！"

我一听罗布泊马兰基地，心跳得更是扑通扑通的。不为别的，你想想我这样的人自小长在红旗下，天天看着红色书籍，都知道罗布泊那里是干什么的！那可是中国原子弹的摇篮啊，一颗原子弹让新中国的腰杆一下子硬了起来。而我的连队也刚好就在罗布泊东部边缘，当然具体罗布泊的马兰基地在哪，谁也不知道，我也不清楚。但是能让师长感觉到艰险的任务，绝对不是什么好任务，更何况还是绝密。

我心一横：妈的！老子什么任务没遇到过啊，不就是去个原子弹基地吗？！豁出去了，刚好可以见见世面，以后给那帮浑小子讲起来我也有更传奇的色彩了。

就这样，我踏上了前往罗布泊的路。

2

转眼之间我就来到大草原，好久没看到这么多的绿色了，太美了，我敢打赌很少有人看到这种波澜起伏的绿色。

各种野花仿佛盛开得已经有些过头了，此起彼伏，让人一眼望过去都能醉倒在这片草原。远处的远处还是绿的，汽车轮子下面也是绿色的，羊群点缀其间，如云朵般洁白，偶尔能看到毡房，骑马的汉子。

汽车在无边的像裹着绿绒毯的巴音布鲁克大草原上穿行，路很糟糕。天空转眼间堆满了乌云，我看到车外的温度显示为8度。越野车后备箱里堆着军大衣，接我们的小司机说，这是我们出车到草原必须要带的，无论冬夏。车开着开着草原没有了，再接下来出现了戈壁滩，路开始平整起来，两边也越来越荒芜。终于离开和静县进入和硕县，也就是我这次的目的地马兰基地所在的县。我开始不自觉地问小司机问题，关于马兰的一切，我不停地问，有些问题都重复了。最后那个小司机只笑不答了，只是说快到了，快到了。

"老兵，你还是多看几眼绿色吧，在那片戈壁滩，看绿色可成了一种享受！"小司机说。

"嗨，这浑小子在马兰基地没混几天，毛倒长长了，还敢给我一个老兵开玩笑。"我心想。

我语长心重，一副领导视察的口气说："看来马兰基地很艰苦啊！"

"那可不！"小司机说，"想当年，来这里的人连住的地方都没有，喝水都是问题，现在改善多了。"

"前辈们很伟大。"我说。

"你们都这样说！"小司机笑着。

"我们？"我问，"难道还有其他人不成？"

"当然有了，这次基地好像抽调来好几个硬茬子，据说都很拽，特种兵出身，估计是哪里出事了吧。"小司机说。

"怎么，你们这经常出事？"我问。

"那倒不是，主要是罗布泊里面有我们一个基地，这些年那里一直都不安分，每年都有死亡指标！"小司机严肃地说，"前几天我在基地医院的一个老乡告诉我，听说又从哪个基地送出来一些伤员，而且伤情很特别。"

"怎么个特别法？"我问。

小司机不说话了，一脸"你该问什么，不该问什么，你应该懂的"的表情。

我一想也对，老兵应该懂这个。

然后我又问了一些别的事情。小司机一路上多次被我问"到底还有多远"，他已经烦了，每次都说快到了。

确实是快到了，四五百公里的路走了七八个小时。这段时间里，小司机不时把头伸出窗外，他困，但必须保持清醒。我说，你抽支烟吧，但他就是不抽。

后来我在马兰见到的每个司机都抽烟，不管是不是长着一张娃娃脸，不管拿烟的样子与稚气的脸有多么不和谐。和这里的司机处久了会发现他们有点玩世不恭，但谁也不能指责他们，也许就是明天，他们又要出车几百公里，同样的路线，没有变化的风景。我们看够了可以睡觉，他们不能，有些东西是无法排解的。

终于到了。车外的温度最终停止在37度。你真是很难想象，在穿越了遥远的、只生长着一种叫骆驼刺的高耐旱植物的戈壁滩后，会看见一片绿洲。那里面有马兰七平方公里的生活区，防风林一层又一层地包裹着这个生活区。这些树很多还是当年的建设兵团种的，许多年以后，他们的成果已经这样显著了。只是，这些建设兵团先后撤消，营区里人去楼空。

马兰基地的生活区有东西南北四扇大门把守，每一辆进出的车辆都需要得到司令部的通行令。小司机的一句话让我印象深刻，他说："你从没见过哪个地方的绿化有那么好，马兰是个原始共产主义社区。"小司机是个年轻的尉官，他已经在这里工作了两年，而在此之前，他刚刚说他想回到家乡河南。生活区里住着近两万工作人员和他们的家人孩子，包括一些已经退休的工厂职工。那些工厂已经不再属于马兰，但他们仍旧属于马兰。马兰人对生活物资的需求带动了旁边的乌什塔拉乡的经济，让这个乡有了成排的商店、饭馆和出租车。

我对小司机开玩笑说："你骗我，这里的绿化挺好啊！"

小司机嘿嘿一笑，露出白色的牙齿说："我这不是忽悠一下老兵嘛！"然后开车离开，报到去了。

我一身便装，基地没有让我进驻扎的部队里面，而是安排我住在马兰的第一招待所，那是兴建马兰基地时苏联人造的，墙有城墙那么厚，隔热效果很好。马兰的夏天总是三十好几度的高温，紫外线强烈，但住在一楼的人仍旧不需要任何降温设备。很可惜我住在顶楼，热得像个蒸笼。我走进房间看见床单被套和枕巾是有些年头的家庭普遍使用的那种，看到洗漱用品也是家里常用的，心里有一种异样的感觉。马兰的水引自天山的雪水，冷得让人承受不了。马兰人还在绿地下铺了水管，用天山的水灌溉。第一个晚上我睡得很不踏实，睡着睡着就觉得嗓子冒烟了，总忍不住起来喝水。后来我就知道，睡前一定要放一瓶保湿霜和一杯水在床头柜上。在马兰我流了两次鼻血，这是很正常的。有人开玩笑说在马兰洗完衣服直接就可以穿了。而八月，差不多是马兰最湿润的季节了。

3

第二天我醒得有点早。马兰的早晨从七点半开始（和北京有两个小时时差），先是听到号声，微风吹进房间，然后院子里就有了说话声和小鸟的叫声。走出招待所，我看见一个明亮的马兰，那种清新怡人的感觉和前一天是那么不同。招待所道路的两边种着各种果树，有些挂着的果实我还叫不出名字。

后来我问路人，这样种在路边，果子不早就被人采光了？路人说，是呀，这些果树就是给人摘的，你喜欢也可以摘。马兰到处开着一种不知名的菊花，它的花粉让很多在马兰工作的人得了过敏性鼻炎，大家在一起好端端地就泪流满面。有的人离开马兰就好了，有的人一辈子都不能好。我看着马兰，感觉由陌生到熟悉！

终于摆脱了长途跋涉，有了足够的时间细细打量这里。马兰的公共设施一应俱全，它精致得像个小城市的缩影。从邮局到保龄球馆，从公园到广场，从幼儿园到高中，从医院到电视台，服务人员都是军人或他们的家属。听人说，这个基地从建立到今天，还没有出过刑事案件，派出所也就没什么事情。

晚上，马兰恢复清新。我怀着有点崇敬的心情去看可能是我这辈子看到的最多的星星。后来这种心情就没有了，因为以后的每一天晚上，星星都是那么多那么亮。晚上，马兰的俱乐部开放，那是免费的。我向值班的大爷要了一副乒乓球拍，晚上就在俱乐部打球。

　　我就这样无所事事地度过了自己在马兰的第一天，感觉不到有什么变化，更感觉不到这是在执行任务，没有人安排我干什么，我觉得自己像是在休假，而且是在一个陌生的小城市，虽然这城市看上去怪异许多。

　　之所以说怪异，是因为这座小城人少，当兵的多，穿绿军装的人多得数都数不过来，完全像一个大营房。

　　白天溜达，晚上写日记，我安心地等着任务被分配下来。我知道虽然现在很安静，但是安静的背后总是有着更大的困难等着我。这是我这么多年来得出的结论，因为不会无缘无故地被安排到这里来，让我舒舒服服地享受着。

　　而且我发现，在我白天转悠的时候，总有人在看着我，虽然我不知道是谁，但是我很明确地知道有人在背地里观察我。

　　真正的马兰基地工作区离马兰生活区还有两百多公里，通常被称之为场区。它的面积接近中国的浙江省，大量的核试验都是在那里完成的。这是我从老乡嘴里知道的，在这样的地方，打听这些不算是涉密，因为谁都知道自家老公在哪里上班。

　　通往场区的路是马兰人自己修的柏油路。两百公里，大概是个绝对安全的距离了，可以让那两万人踏实地在马兰生活。整个场区都是戈壁滩，有一栋办公楼，一个发电站，还有几幢简易房子，如果进行核试验，这里就是指挥中心，很多工作人员会住到这里。可是现在，虽然是白天，这里还是荒凉得有点让人害怕。

　　我想起以前在连队看的关于第一颗原子弹爆炸的纪录片，钱学森和张爱萍在场区里支帐篷，风很大，画面里所有的东西都在飞舞，灰暗得有点阴郁的色调让人觉得胸闷。

　　见到办公楼就算正式进入场区了。而第一次空爆原子弹的爆心离这里还有两百多公里。由于这样的地面试验已经停止了很多年，通往爆心的路已经没有了，听说现在那里还剩下一个变了形的铁架子。

以前搞核爆炸那会儿，总有一些牧民把爆炸后变形的铁架子拖回家去用，他们不明白什么当量、污染之类的东西，我也不太明白，但我知道害怕。

第二章
Chapter 2

地下核心

1

傍晚时分，我被基地来的人给接走了，赶往那个两百公里以外的真正目的地。一路上景色正如我之前所描述的，单调而又祥和。

好吧！我想，该来的总会来的，来这里就是为了迎接这次任务。

我心里总有种莫名其妙的惊悚之感，不知道哪里有问题，但是马兰基地好像有种神秘的感觉，凉飕飕的，阴森森的！仿佛半夜你睡着，有人站在你旁边，每次我都觉得自己后背有一股子阴冷之感，虽然那种感觉一晃就消失了，可我很确信，这里面有问题。

但是我不能多想，我是一名战士！

马兰军事基地里灰暗的房子，跟周围的戈壁滩形成了非常协调的感觉。晚上灯很少，除了探照灯以外。

我们从基地大门而入，黄色的军事禁区线，警卫，都是我所熟悉的！唯一不熟悉的就是那种空气，空气里蕴含着紧张的味道，我能闻出来。

基地政委和我做了简单的交流。这位政委姓张，话不多，但讲的都是大道理，他肤色黝黑，一看就是在这里待得久的人！

张政委说："这里有点艰苦，克服一下！会好起来的！"

我大声一喊："是！"

我从这位张姓政委脸上看到了一丝忧虑，虽然他极力掩饰那种忧虑，但是我能看出来，那种少有的忧虑使这位张政委显得有些憔悴。

他和我打完招呼，就急匆匆地离开了。

然后我被警卫员安排到了宿舍。

来到马兰军事基地，安排好住所之后，很快我就接二连三地看到了新的战友，他们从全国各地被征调过来。

我们逐渐熟悉了，和我住的有两个人，梁子和马辉。尤其是那个从湖南来的我管他叫"梁子"的家伙，天天神神叨叨，我骂他咋混进部队的，梁子这家伙开玩笑说部队里有肉吃。梁子长相属于那种精致型的，个子不高，当然这符合他作为湖南人的特性，一脸的小横肉，感觉能吃人似的，其实这家伙胆子也不大。不知道是刻苦学习呢，还是经常到部队厨房偷吃的缘故，这家伙的眼睛深深地陷在眼眶里。当然最为经典的是他的鼻子，有点鹰勾鼻的感觉，这一点还算符合他湖南十万大山里出来的小伙子的身份。

再说另外一个小伙子马辉，身高一米七，脸黑黑的，大大的眼睛，眉毛很粗，给人的感觉是阴森森的，他经常将"妈个巴子的"挂在嘴上，似乎有骂不完的人，但为人热情，有主见，是那种熟悉了就热情劲儿十足的小伙子。当然，懂看相的人都清楚，这眉毛粗的人火气大，脾气也大，发起火来绝对是十头牛都拉不回来。

其他的一些人也慢慢熟悉了，虽然我不知道他们来这里的目的是什么，但是我很清楚肯定和我的任务有联系，这一点梁子说得很有道理："没撒事情，谁吃撑了跑这地方来啊！又没肉吃。"

马辉长得结实，吃饭管饱就行，一张大脸上有好几个青春痘，我们笑他火太盛，这小子居然说自己年轻。

马辉话少，但是粗话多，是一个纯纯的西北汉子，确切地说他是生在新疆昌吉州的一个回族小伙子。

马兰基地夜色安静，然而我们却安静不下来，我们被当成新兵，不断地训练。刚入深夜，累了一天，就被哨声吵醒，紧急集合，一次次让我们对自己眼前所要执行的任务进行猜测。

"妈个巴子的！老子来这里，居然被这帮龟孙子给收拾，放在我那里，我早就踹他们了。"马辉躺在铺上喊道。

"踹啊！你只要现在有本事你就出去踹，我看你现在连吃奶的劲儿使出来也不一定是他们的对手，还在这吹牛。"梁子调侃道。

"我说你们俩消停会儿行不，这都大晚上了，还让不让人睡觉啊？你们不睡觉，出去再来个五公里越野？"我不乐意了。

"唉！我说和平，你小子不是吹牛自己是十项全能冠军吗，咋这会儿怂了啊？躺在床上跟死猪一样。"梁子骂道。

"你们也不想想，咱们到底是什么任务，在这里训练，天天热死人。"马辉说。

"我也不知道，我是接到任务就往这里赶，哪能知道是什么情况啊，话都没说清楚，谁知道他们要怎么折腾我们。"梁子说。

梁子说的话倒是实话，我打听了一下，这帮新来的都不知道自己的任务是什么，好像上级领导觉得养着这么一帮子闲人太费钱，故意将我们拉到这个大沙漠里来锻炼锻炼。

"我是不明白，到底是什么任务呢？这人都齐全了，还不安排，天天这样鼓捣，他们也不知道怎么想的。"我说。

"嗨！别想那么多，睡吧。谁知道明天又是什么情况。"马辉说完这句话，就沉沉地睡了，不多会儿传来了呼噜声。

梁子看着我说："和平，这地方我觉得不对劲，很多士兵都感觉紧张兮兮的，前几天我听说有伤员被送出去了。就你来的那天，那个政委又去安排送伤员了。"

我一听伤员问："你知道是为什么受伤的吗？"

梁子沉下声说："怪就怪在这里，没有人知道为什么受伤，更没有人敢打听，我觉得这里面肯定有问题，说不定跟我们这次的任务有联系！"

"嗯！你说得有道理，看来这次是硬茬子。能让这个基地的人都提心吊胆的事，绝对不是小事。"我说。

"哎！"梁子躺在床上，将身体摆成一个大字说，"怕什么，老子也不是什么善类，一枪突突他四个是不成问题的。"

"你小子又吹牛了，辉子是睡着了，没睡着早就站起来骂你丫的啦！"看着外面夜色已经不早了，我说，"睡吧，明天还有更厉害的训练呢！"

躺下来，我却睡不着了。

我脑海里猜想各种各样的场面，敌人偷袭，特务渗透，分裂分子都有可能来到这里，因为马兰基地就是马兰基地，谁都想查看一二。

可是没有人愿意和一支正规的部队交火，除非他想引发战争。可是为什么要保密呢？我想不明白，到现在这个基地总给人感觉一股子神秘的气息，看不透，好像这基地笼罩在一片浓黑的雾气中。

想不明白就不想了，我心一横，反正都来了，怎么也要弄清楚。反正会有机会让我知道的。

训练，还是无休止的训练，这样的训练我都不知道做了多少年了，现在依然是射击、武装越野，这一切的一切都是那么熟悉，我似乎又回到了士兵的年代，整天被那些所谓的教练们折磨得死去活来。

让我们觉得奇怪的是，这里的其他人却很少训练，每天基地内都静悄悄的，好像他们都活在地下一般。

更为莫名其妙的是，过一段时间我们中就有人被送走，过一段时间就有人被送走，到最后就剩下五个人了，当然这五个人里面就包括我、马辉和梁子。

五个人，五个晒得黝黑的士兵，脸上蜕皮、嘴唇干裂，就这样站在空无一人的操场上，等着，静静地等着。

这五个人除了我们三个以外还有两个，一个叫李卫平，一个叫易志军。两个都是年轻小伙子，尤其是那个叫李卫平的看起来不像是善类，话少、冷静，给我的感觉就一个字：瘦。我觉得他的皮下面一点脂肪都没有，骨头架子一倒，内脏绝对全洒出来，可是他的瘦不是那种干巴巴的瘦，而是精壮的瘦。除此之外就是他的眼睛，深邃得没有道理，我感觉这家伙判断事物肯定准确。虽然我和李卫平没打过几次照面，可我每次看到他眼神的时候，总觉得有种似曾相识的感觉，可就是想不起来在什么时候，什么地方见到过！嗨，每次到这里我都想那么多干嘛。对于李卫平我还觉得奇怪的是，我看不出来他是哪个部队出来的，因为他一直穿着便装，这让我很疑惑。李卫平和我们几个走得不近，时常喜欢一个人静静地在基地里面溜达，而且这家伙给人一种神秘的感觉，有几次马辉半路上看到他一个人在那里嘀嘀咕咕的不知道说什么。

马辉每次看到都会问我们："现在神经病都能当兵啊？"

至于那个易志军，这小子居然是一个医生兼特种兵，好像是从云南抽调过来的。易志军像只小老鼠一样，脸小，有点等腰三角形的感觉，很猥琐！易志军给我的印象深主要是因为，梁子这家伙训练的时候手腕受了点伤，没想到易志军简单地揉捏两下，第二天就好了。

2

我知道是该来的时候了。

张政委和一个胖乎乎的家伙出现在了我们五个人眼前。我一看他肩上那朵小花心里顿时明白了，这胖子有可能就是这基地的大哥大啊！

果然不出所料，张政委先简单地说了几句话，然后介绍说这个胖子是基地的刘司令员。

这司令员你说他胖，倒也不是有多胖，他属于那种长得很匀称的类型，从头到脚都是一样粗，两眼炯炯有神，一看就是练家子出身。在这样的地方，司令员可不是什么人都能来当的。

这位司令员话少，先是欢迎我们通过考核，恭喜我们成为基地一员，说了半天话都是废话，我一句都没听明白。

然后这位司令员觉得没什么好说的了，就让我们解散，各自休息。这就算是第一次见面，正式了解了一下对方吧。

往回走的路上，马辉和梁子跟在我后面叽叽喳喳地吵个不停。

梁子说："妈的，什么司令员啊，讲话忒没水准了，到底让我们来这里做什么，你倒是说话啊，你看把哥们晒的，跟黑炭似的。"

马辉也是黑着脸说："就是的，这司令员感觉还不如我们营长讲话水准高，看来素质也不怎么样啊！也只能撂在这样的地方当个基地司令员，要是放外面，他丫的都不配当连长。"

我转过头对后面这俩家伙说："话少点会死人啊？这是原子弹基地你们懂不懂，我操！这地方的司令能是傻×吗？动动脑子我的两位哥哥啊。"

这两人看着我一脸的无辜样，好像自己根本没有说什么，我居然说了一大堆话，我突然觉得自己也有点失态。

"吓着你们了？"我笑着说。

"我靠，当然，你吓坏我哥俩啦。"梁子一笑。

马辉边走边骂："狗日的鸟不拉屎的地方，早知道是这样的老子就在我那小地方待着，起码有吃有喝，一帮子小兄弟围着我，没事还可以出去五公里越野。那越野也是美哉美哉啊，鲜花、绿草、溪水，我现在想想吸一口气都是舒服的！"

"行了，你就别臭美啦！现在你吸一口气，半嘴沙子。"梁子笑着说，"明天早上还要多挤点牙膏，才能把那些沙子从嘴里鼓捣出来！"

"你看和平多好，他在这里生活得如鱼得水，那小子就没见过我那地方有多美！"马辉鄙视地说。

我"嘿嘿"，心想我那疙瘩地方，真没有马辉那好。

"我说马大少，要不现在去给那位刘司令说声，你回去吧！"我笑着说。

"老子就是死也要死在这里，不能回去，咱干不出那么丢份的事。"马辉说。

我们三个相视一笑，就这样又回到宿舍，接着就是睡觉，在这个鬼地方除了睡觉还能有什么事情可做？沙漠、戈壁、落日，我都看够了，如果谁再让我看这东西我都能打死他。

一直到晚上，我们正睡得踏实，突然被一阵嘈杂的喊声惊醒。一看原来是那位张政委，他已经将李卫平和易志军喊了起来，穿好衣服，跟着他从宿舍走了出来。

虽然不知道是为什么，但是我都很淡定地面对这一切。

晚上的马兰基地，静寂无声，好像这里就没有过人一般。但是在黑暗里，总是有些鬼魅般的人站岗放哨，你根本不知道他们站在那里。可当你走近的时候，树上、屋子上、黑暗处、拐角处都站着人，精神抖擞。

我大概地数了数，一路上明哨暗岗不下十来处，就这还只是我能看到的，我看不到的地方，还不知道隐藏多少人。可见这基地是多么严密了。

从我们所住的宿舍一直往后面走，一栋灰黄色的楼挡在了眼前，这栋楼据说就是马兰军事基地的办公楼，六层高楼，显得很突兀。可是张政委也没带着我们到楼里面去，而是径直拐到了楼后面。

这时我们才看见，原来这后面居然还有五个仓库。每个仓库门口都站着好几个警卫，荷枪实弹，一脸严肃。

张政委走到其中一个仓库跟前，也不知道给那个警卫说了些什么，那个警卫非常机警地看着我们五个人一脸的严肃样，然后回了好几句话，这才打开仓库门。

"这么严谨，是要干撒啊？"梁子睁大眼睛看着眼前说。

"看来我们要去见原子弹了。"马辉说。

我也觉得这周围的气氛诡异得很，有什么事是必须进这个仓库去呢？当然我心里也明白，这仓库肯定不是放粮食的！这样的基地建成这样的仓库，外面有重兵把守，况且那个基地大楼都是掩盖耳目的，真正的好东西肯定在这仓库里面放着。

我悄声对那两个唧唧歪歪正在评头论足的家伙说："小点声，你以为这是他妈的来喝稀饭啊！别开玩笑了。"

俩人听到我的话，都不说话了，静静地等待着。

仓库门打开，张政委示意我们过去。

我们五人来到仓库里面。

眼前的这个仓库，完全比外面我们目测的小多了。放着消防栓，然后又是一道门，门口站着两个警卫员，手拿钢枪，一副坐怀不乱的样子，让人疑惑不解。

张政委依旧是走到警卫员跟前，低声的不知道说了几句什么，然后警卫员将那大铁门跟前的一个稀罕物亮了出来。原来是一台计算机，张政委在上面估计是输入了密码，然后眼前的门就打开了。我一看，眼前这铁门背后的空间应该是一个电梯。

我们五个人赶紧走进去，张政委也走了进来。门关上了，我们就感觉到身体所在的这个大铁盒开始启动，不断地下降，下降。

电梯里面的人面面相觑，也不知道这是要下到哪里去。所有人都沉默着，张政委也是黑着脸，灯光打在他的脸上，一层淡淡的黄色，让人看上去好像是营养不良般诡异。

时间一分一秒地过去，这电梯还是没有停下来的感觉。我看着马辉，马辉看着梁子，每个人心里都在想这到底是要去哪里？难道有事情在地下发生吗？

大约过了十分钟的样子，我觉得那十分钟真的是难熬，狭小的空间里，六个不说话的男人，黄色的灯光，逐渐下降的温度，这一切的一切都让我觉得胃里难受，虽然我遏制住了那种难受。

我估摸了一下，现在我们离地面起码有个八九百米！我想着头顶八九百米的土如果全掉下来，我肯定是没机会活命了。

电梯门再次打开，眼前出现一个狭长的水泥隧道，头顶是一截截不知道通向哪里的电线。

从电梯门出来，先是有人对我们进行全身扫描，基本上铁质的、打火机什么的都被没收了。

张政委带着我们沿着这个隧道一直往前走，隧道两边不时出现各种岔路口，也有警卫站在那里，恶狠狠地看着我们。时不时有穿着白大褂、戴着眼镜的人走过我们身边，无神的脸，让人看着模糊许多。

我越走越觉得这地方怪异，人都已经不像人了似的！人群模糊的，像一具具尸体，硬挺挺地走着。

梁子这家伙左顾右盼，前前后后地将这里打量了个遍。借着头顶灯泡的余光，我看到和我并行的李卫平脸上出了汗，我觉得这里面比外面凉快多了，可是李卫平这家伙脸上确实有豆子大小的汗水，我不知道是因为他紧张还是别的事情，总觉得这人有点不太正常。

一个拐弯，张政委突然停下脚步，然后轻轻地推开了一扇门，从那个门里露出来白色的灯光。然后张政委进去了，我们也跟着进去了。

3

屋子里面站着两个人，一个是胖子刘司令员，另外一个则是一个陌生人。正如我之前所说的，穿着白大褂，戴着眼镜，脸色苍白，都有些秃顶的头部，在白色的灯光下，显得更加惨白了。这人吸引我的原因并不是他的肤色白净，而是因为我们进去的时候，他脸色沉沉的，好像有什么大事要发生一样。

屋子里面有个圆桌子，桌子周围放着小凳子，然后就是幻灯设备，白色的投影布，给这个屋子一种死亡的沉重感。

屋子摆设简单，除了日常会议用的物品以外，其他都是空荡荡的，倒也没有让我感觉到不舒服。

"你们随便坐！"张政委说。

我们五个人随便找到位子，然后正襟危坐。当然除了这个名叫李卫平的人，他自从下到这个地下基地，一直都是紧张兮兮的，给人一种好像很害怕什么的样子。

"同志们！"胖子司令开口说话，"你们能够来到这里，我很高兴，你们都是各兵种的尖子兵，我很荣幸你们能够来到我的基地。"

然后胖子司令从张政委手中拿到一个文件夹说："你们也许觉得我说的有些不对，但是你们的资料我早就看过。马辉，侦察连副连长，射击冠军，擅长近距离格斗，缺点话太多，牢骚太多。易志军，侦察连连长，实战经验极佳，有极强的处突能力，曾深入金三角腹地击杀大毒枭，懂野外医疗。郑和平，沙漠特种兵出身，有着超强的沙漠作战能力，冷静、冷酷、有极好的组织能力……"

我们几个听着刘胖子在那里嘀嘀咕咕地念文字，头都大了，可是让人疑惑的是他只介绍了四个人，唯有这李卫平没做介绍。

"李卫平，这位同志是我们从国安698办公室调过来的，他会协助你们做一些你们意想不到的事情。"刘胖子司令说。

"698办公室是什么地方？"梁子轻声嘀咕。

幸亏梁子这家伙就坐在我旁边。我知道这家伙又要闯祸了，赶紧在桌子下面用脚蹬了他一下，梁子这才明白我的意思，再也不敢说话。

李卫平笑着向大家示意，算是打了个招呼。

李卫平笑的时候，依旧是那么紧张，给人感觉这房子里面好像真的有什么东西在吓唬他一样，让人难以捉摸的人。

"好了，你们也不用我多做介绍了，大家都相互认识了。我和政委你们也认识了，至于这位……"刘司令指着站在他身边的那位穿白大褂的中年人说，"这是咱们北京来的胡院士！"

我们赶紧鼓掌欢迎，在部队上除了锻炼身体以外，这鼓掌也是很有门道的。鼓掌要紧凑有力，而且要拍得手心发红才成。这就是为什么那些大型演出的时候，只要有部队上的人在，掌声就非常热烈的原因。

胡院士扫视了一圈说："谢谢大家！多支持！"

"大家都相互认识了。"刘司令说，"我们这次召集大家来这里，是因为我们遇到了一个难处，而且这个难处已经惊动了上面，找大家就是来解决这个问题。"

我听着刘司令的话，心里犯起嘀咕，难道有什么事情是这个军事基地解决不了的吗？看来这次任务非同小可，要不然我们这么多高手不可能云集在一起。

刘司令看着我们脸上都写着静等下文，然后说："我们现在所在的地方是罗布泊边缘的地下，现在我们距离地面有八百五十米，周围有三米厚的水泥钢板保护着，哪怕就是现在外面真的有颗原子弹爆炸，我们也会安然无事。"

刘司令对自己的基地的安全性说得很认真，我们当然也不用怀疑这个国家最为重要基地的安全性。

"可是我们被入侵了！"刘司令说。

我大惊，心想：什么！这么重要的军事基地，在这样严密的控制之下，怎么会被入侵？为什么会被入侵？入侵者是谁？为什么要这样做？

我看到其他人脸上也写着惊讶。

是啊！作为中国原子弹摇篮的马兰军事基地，它被入侵意味着什么我们都知道。

"可是到现在我们连入侵原因都还不知道，到现在还不清楚，而我的士兵已经有了死伤，最让我惊讶的是辛格尔哨所！那里的情况比我想象的要严重得多。"刘司令显得很痛苦。

"情况具体是什么样子的，司令员！？"我站起来问。

"比想象中严重得多！"刘司令说。

我又问道："那么到底入侵我们的是什么人？"

刘司令看着我，然后又看了看胡院士，似乎等待胡院士的一个指令一般。胡院士对刘司令点头表示认可。

刘司令示意我坐下，然后说："也许你们不信，其实我也不信。入侵我们的不是人！"

"不是人？"马辉说。

梁子也是惊讶地问："怎么会不是人？"

易志军也是惊讶地说："难道是野兽不成？"

我心想，这沙漠里很少会出现大型的食肉类野兽，哪怕出现了，难道它还能快过子弹不成？很显然，这不是野兽的进攻。

"是一种类人生物。"刘司令说。

"确切地说，应该是一种僵尸，很可怕的僵尸！"那位一直不说话的胡院士说。

当所有人都不敢相信自己耳朵里传来"僵尸"这个字眼的时候，我突然看到李卫平脸上黯然一笑，那一笑怪异异常。

我突然觉得自己背后一凉，在这样情况下能笑出来的人是多么可怕。那么他之前的紧张是为什么呢？难道就是因为他早就知道这里"僵尸"的问题？我心想，这人的来头到底是什么呢！

我们几个都惊讶地张大嘴，对于僵尸这种东西，我们只是在传说和鬼怪故事里面听说过。况且我们都是唯物主义者，怎么能相信这种东西呢？

胡院士看着我们一笑说："你们或许不信，我其实也不信！但是这话如果从别人嘴里面说出来我确实是不信，可是从我的老朋友、物理生物学家张国辉教授嘴里说出来，我就不得不信！因为我太相信他的研究了，谁知道我来迟了一步！"

第三章
Chapter 3

辛格尔哨所

1

听着这位胡院士无辜的话语，我觉得有些糊涂了。怎么突然之间又扯到一位物理生物学家身上去了，难道是他发现的僵尸不成？这里面的问题实在是太多了，我一时是真的难以接受，头疼不已，好像要炸开一样。

我觉得有很多问题要问胡院士和刘司令，但是又不知道该从哪里问起。

胡院士说："大家不要紧张，我已经找出来一些头绪了。我知道一时让你们接受这些讯息有点难，但是我相信你们会很快了解的。"

我们并没有说话，这距离地面八百多米的地下会议室突然静悄悄的，静得让人后背发凉，静得让人觉得有些可怕。

胡院士停顿了好长时间，声音再次响起。

"我已经做过一些检查，那些'僵尸'很显然是受到某种病菌的感染。这种病菌有着极强的寄生能力，它侵入寄生体的大脑，占领大脑，然后通过大脑控制寄生体，我们把这种病菌称为僵尸菌。这种'僵尸人'攻击性极强，鲜血对他们有着很大的吸引力。"胡院士说。

"怎么样才能消灭'僵尸人'？"马辉有些紧张地问。

胡院士思考了一会说："因为还没有实践过，我现在只能告诉你们僵尸人唯一的罩门有可能就是头部。因为整个身体的中央控制系统就在那里。"

"为什么会出现这样的情况？"我也不知道自己从哪里来的勇

气，居然站起来询问一个"为什么"。当话说出嘴的时候，我觉得这话不是我自己说的。

周围的空气再次因为我的话凝固了，所有人都瞪大了眼睛看着我，好像看一个怪物一样。

在我生平遇到的事件里，这是最诡异的一件。像这种离奇之极的事件，我以前天真地认为，这个世间，恐怕根本不曾存在过！而事实上，这个世界，远非我们想象得那样简单！

胡院士向我一笑说："小伙子，你坐下来，慢慢听我给你讲，这是一个很长的故事，但是需要你们先看一个简单的监控录像。我相信你们看完之后会明白一些事情。"

我安静地坐下来，有些局促不安。其他人瞪大了眼看着我，我一笑，然后脸色又沉了下来。对于刚才所听到的话，我真的是难以相信，它已经完全改变了我的人生观，虽然到现在我的人生观也只是短短的二十五年而已。我可不想这短暂的二十多年形成的人生观，在这一天突然改变。

接下来我们看到事前拍到的一组黑白影像。

只见那巨大的洞穴，明明就是耳朵的模样，沙子还在那上面静静地流淌着，看着眼前的这个洞穴，我心头的某种东西被打开了，有一阵冲动，要进去看看到底是什么东西。

那个洞穴周围的沙土被神秘的大自然力量打扮成了波浪状，向远处一层层地退去。这是一个什么样的场面，虽然我在沙漠里摸爬滚打过很多次，但我可以拿生命保证，这是我见过的最怪异的洞穴。像一个耳朵，一个巨大的、无法形容的耳朵。

影像晃动了几下，只见远处几个人背着行囊，像是在那个巨大的耳朵周围寻找着什么。

一群人就这样渐行渐远，谁也不知道他们要去哪里。其中一个苍老的背影看着眼前巨大的耳朵状洞穴，很兴奋地说着什么，由于离得太远没有听清楚。

有人已经靠近耳朵，并进到了里面。

画面突然抖动了几下，有人从里面跑了出来，后面跟着一个四肢扭曲得很痛苦的类人怪物。说他是人没错，五官端正，但是这人瘦得不成样子，面目都模糊得很。

眼睛是怪异的绿色，身上衣服破烂不堪。刚跑出来的人好像很害怕他，端起枪突突了几下，我明显地感觉到那子弹都已经将这个从洞里面跑出来的类人怪物打穿了，可是他没有倒下，反而越发疯狂，以极快的移动速度跑过去，一把抓住开枪的那个士兵，然后就是疯狂地撕咬，那士兵发出惨烈的喊叫声。

虽然是黑白色，但是我很清楚地看到鲜血从那个士兵露在外面的皮肤上流了出来，红色的液体一点点地流到那个家伙的嘴里，他很享受这美妙的瞬间。

这时不知道是从哪里来的一枪，打在那家伙的头上，我猜测应该是狙击手开的枪，那家伙的头被打爆了，脑浆被打得四散而开。他就那样顶着半颗头颅向前挪动了几步，四肢抽搐着，摔倒在地上。

画面就此停止，没有了下文。

会议室里一下子黑暗了，我只听见周围人的呼吸声，摸了摸脊背，一股子冷汗冒了出来，我觉得浑身的鸡皮疙瘩起得老高。

灯打开。

我看见所有人脸上都是错愕的表情，谁都明白那意味着什么。

"现在你们都明白这事情的源头了？"胡院士说。

"明白！"所有人喊。

"当初掉以轻心，谁能想到酿出今天的惨剧啊！"胡院士痛心疾首地说，"当时根本没有人注意到这些事情，还将受伤人员和那个被击毙的僵尸人带到了辛格尔哨所。现在的辛格尔哨所已经成为人间地狱，如果我们不加以制止，很快这个基地也有可能感染。我们必须连夜启程，赶往辛格尔哨所收拾那里的残局，然后接下来才能有其他任务。”

刘司令在一边一直低着头，这也说明他在这件事情上的无能为力。

刘司令见胡院士说完话，就接着说：“我会和你们一起去哨所，那里有我们幸存下来的战士。这里的事情还有很多需要你们来做。”

“很多事情需要我们来做！”我心想，难道除了这件事情还有其他的问题？

我的手心出汗，已经有些不知所措了。到底是出了什么问题，难道就不能给我们明说吗？因为保密原则，我不能再多问。

结束会议，我们坐上一辆装甲车，里面有基地的其他一些战士，前面是另外一辆装甲车，而且都配备着重武器，看来这次是要真的大动干戈了。

2

“你说我当兵这么多年，大小战也数十次，这还是我第一次遇到这样的情况。”梁子手里握着一把半自动步枪，战斗刀也是重新打磨过的。

“不光是你，我也是第一次遇到！”马辉说。

“到时候千万小心，别让那些东西碰到你！”李卫平说。

这会儿李卫平没有了刚才的紧张气息，人一下子放松多了。

我们五个人，就这样进入了一个从未有过的战场去了，是生是死，谁能知道啊！

李卫平看着我们一笑说：“很高兴能跟大家伙一起。和平，我能感觉到你内心的气息，你有没有考虑过到我们698办公室来啊？"

我听着李卫平的话，觉得有点莫名其妙。马辉和梁子睁大眼睛看着我，脸上邪恶地笑着，我一看到这两活宝的笑，就知道他们俩肯定把事情想歪了。

"说实在话，我到现在都不知道你们698是做什么的！"我说。

"以后你就会知道的，我们的路还长着呢，我有的是时间慢慢告诉你。"李卫平笑了笑说。

好吧，我内心已经完全被他给折服了。卖关子卖到李卫平这种境界我还是第一次遇到。当然人家是国安啊，那可是很神秘的组织，有些人一辈子也见不到一个生龙活虎的国安人员。

辛格尔哨所是离马兰最远的一个哨所，它已经深入到了罗布泊的西端。要到达那里，需要几个小时的车程。只不过到了后来没路了，车子就直接在戈壁滩上开了，我坐在装甲车里觉得自己灰头土脸的。

和我们坐在一起的一个战士说，有一次，一个苏联专家进场区考察，和另一辆车走散，迷路了。他的车开到了辛格尔，当时哨所没有任何通信设备，于是一个战士跑步几十公里到指挥部报信，发现那里的人找得正着急。在场区，是不允许单车行动的。

"辛格尔"在蒙语里是"雄性的世界"的意思。同车的小战士告诉我们，整个哨所就几间平房，一个人工湖和一大片菜地。

"我第一次见到那里的战士的时候，他们带着一身的羊膻味和木讷的笑容。"其中一个小战士笑嘻嘻地告诉我。

他们还以为这是去开玩笑，野外拉练。当他们真的看到我们之前看到的那一幕的时候，不尿裤子就已经很不错了，我想。

最早在这里建哨所是因为一次爆炸前的巡逻，七个战士，七天七夜徒步800余里，断水断粮，在这里发现了两眼泉，哨所就依泉而建了。这听起来让人难以置信，可的确是真的，马兰人叫它"罗布泊第

一泉"。

在去往辛格尔哨所的路上，我们借着外面的车灯看到一大片一大片的荒地上，周围围着铁丝网，仔细一看，路边有一块不起眼的碑：军事禁区。

我看着外面的军事禁区牌子，心里想，这如果放以前我们是绝不可能迈进去一步的。现在就是不同了，我们也算是进到这个可怕的地方。如果你让我真的选择，我是真的不想进来。

军事禁区里，现在灰暗暗的一片，戈壁滩荒凉得像从来没有人在这里生存过一样。

现在，一个时代已经过去，这个基地里面的很多东西都被搬到了不知道的地方去了，谁知道这地下还有什么东西，当然我们是没机会接触到了。这个表面平静的地方没有如火如荼的试验，也没有大批的热血青年怀着理想和荣誉感从四面八方涌来。我突然想，当这里的工作不再有神圣来支撑的时候，他们拿什么在坚持？我渐渐地觉得自己有些困了，虽然知道前面有一场恶战等着我，但是我觉得自己应该睡会儿，好好地睡一会儿。

随着车子颠簸着，我迷迷糊糊地睡了一会，突然车停了，我多年养成的习惯使我迅速醒来，拿好武器！装甲车门打开，我们像一群野鬼一样，跳了出去。

我看着眼前熟悉的场景，荒漠戈壁滩，好家伙！这是我喜欢的地方。

有人已经整理好队伍，刘司令从前面走到我们跟前说："现在距离哨所还有两公里的路程，我们必须步行前进。"

"是！"

"出发！"刘司令说。

我们这一行有二十五个人，包括胡院士和司令员，政委没有跟来。

这位司令员现在表现出一个老战士的优良品质，钢枪在手，走在队伍最前面。

戈壁滩安静得让人窒息，头顶不能说是月明星稀，俨然一片比戈壁滩还要荒凉的情景。除了月光还是月光。我早就讨厌这种戈壁的月光了，一年到头从来没变过。

队伍里静悄悄的，一场大战等着我们。

远远地我们看见一点灯火，我一眼看过去，那绝对不是灯泡的光，而是蜡烛。灯光是那种有杀伤力的光，而烛光则是柔和的。

3

"辛格尔哨所那里有我们的人！"队伍里传来一声。

"不要说话！"刘司令示意。

我们都知道那蜡烛意味着什么，在那个哨所里面起码有自己的战友，而他们很显然是受到了某种袭击。

刘司令之前没有交代清楚，看来这个哨所真的是出了问题，而且是很大的问题。

随着越来越近，我能够看见烛光点越来越大，越来越清晰。

我看见那哨所原来没有我想象得那么破烂不堪，一大圈铁丝和两米多高的泥土墙围绕着一个二层小楼，在楼顶处我能借着月光看见一面五星红旗。

越来越近，我的心脏开始咚咚地跳个不停。越靠近这里我越产生一种不同以往作战的心理反应，觉得有点怪怪的，我回头看了看队友，却看到李卫平正在死盯着我看，他看见我看他，然后轻微一笑。

我根本没有时间去搭理自己这种心理变化，我已经能听到那个哨所小楼的二楼还有歌声传来。虽然声音稀稀拉拉的，但是很明显，这些留守的人为了给自己壮胆才唱起了歌。

在距离哨所还有五百米远的地方，我们找到了一个制高点。刘司令拿出望远镜看了看，脸色凝重，然后他很随意地将那望远镜给了我。

我拿起望远镜看了一眼就后悔了，我真希望这辈子从来没有拿起那个望远镜，永远不要拿起来。

我透过望远镜看到在哨所不大的院子里，一群怪异的人游弋着。为什么说他们怪异？是因为他们的姿势完全不像人类的姿势。脚步完全不是按照正常人的那种情况在移动，而是想怎么移动就怎么移动，有些人的腿感觉已经骨折了，但是他还是那样坚持走着。胳膊不断地乱抓着。

他们的衣服是军装，很显然这些人是中了僵尸菌。

我大概数了一下，这些家伙不下十个，而且在地上还有躺着的其他战士。再看那哨所的楼，有人已经将门窗全部封死，这些僵尸人就在哨所周围晃荡着。

我盯着躺在地上的几个战士看，不知道他们是什么时候受的伤。

突然我看到其中一个的腿动了动，而且他还抬起头看了看周围的情况，那些僵尸人没有发现他，这个战士突然爬了起来，转身就跑！只可惜他的一条腿应该是受了伤，跑起来一瘸一拐的。

这个战士没有向哨所跑，而是向外面跑，因为哨所门窗都被封住了，跑过去也是必死无疑。

我看得着急，心里也不知道是何滋味，我看着那个战士边跑边朝背后看，那些僵尸人已经发现了它，一声刺耳的尖叫从哨所传来，其他人也已经在月光下看到发生了什么。

就在这个战士回头来准备发力的时候，我大惊，因为战士眼前出现了一个僵尸人。这个僵尸人之前就在哨所门口，只是夜色太深没有看到。

战士被他一把拦下，然后推倒在地。其他的僵尸人一拥而上，我隐隐约约地听到那个战士在临死之前发出的声音：杀我！

然而再看周围其他人，好像什么事情都没有发生似的！

我找刘司令的时候，发现他已经不在这高处了，而是在底部，正抽着烟，我从来没见到过抽烟这么凶狠的人。他不把烟从嘴里拿出来，一大口一大口地抽着，好像跟这烟有什么仇似的。

我回过头接着观察动向，恐惧而又让人恶心的一幕上演了。

我看到一个僵尸人从那战士身上不知道拉出来什么，一长串的，然后后面有两个僵尸人正在蜂拥而至，不停地抢着。

当明白过来那一长串东西是什么的时候，我转身恶心地吐了！

我心底一个字眼冒了出来：肠子！那是那个战士的肠子。

我真的第一次看见这么残忍的事情，虽然以前执行任务少不了动枪动刀，少不了流血牺牲，但是也没遇到这样的情况。其他人比我好的地方就是，他们没拿望远镜看，好几个家伙看着我偷偷地笑着，我也不再搭理他们。

我爬上来继续观察，所有的僵尸人仿佛刚参加完一场盛大的聚会，方才离去。我看着那个战士的尸体，呆呆地出神，我似乎能看见那战士还未闭上的眼睛，似乎他的灵魂方才离去，还在空中呆呆地翱翔着。

僵尸人继续围着那个哨所转悠，我觉得这群家伙根本不知道累是什么东西，正当我观察的时候，从下面传来声音。

"和平，你下来一下。"刘司令喊道。

我将望远镜交给马辉，让他继续注意观察。

我下来之后看到刘司令一脸凝重，旁边的胡院士好像刚和他交流完什么事情。

刘司令咳嗽了一下说："情况你也看到了，我们必须夺回哨所，那里面还有咱们的战士呢！"

我说："是！"

"现在是凌晨三点半，十五分钟之后出发！这山头就留下胡院士和狙击手，其他人都跟着你，你来带队，你实战经验足。"刘司令说。

我也不说话等着刘司令说完话。

刘司令接着说："先肃清僵尸人，然后我们进入哨所。其他的事情就是胡院士的事了。"

胡院士补充道："千万别被僵尸人抓破皮肤。"

"是！"我说，"那我就去准备了。"

刘司令走过来轻轻拍了拍我的肩膀，我能从刘司令那一拍感觉到他对这事有多么担忧。

我上来安排好队伍情况后，心里顿时有种久违的畅快之感。忘战必危啊！我心想，一个没有战斗过的士兵是可悲的。

刘司令也知道情况危急，带过来的都是精兵强将。我看着眼前的这些士兵，心里不知道是何种滋味，也不知道会发生什么。

我对所有人说："你们也看到了，下面的东西是我们闻所未闻的怪物，只有一个法子能够杀死他们！要么割掉他的头颅，要么打烂他的脑瓜！我不要活的，你们尽管弄死！"

我看着所有士兵，突然觉得自己不自觉地成了这支队伍的队长，他们居然都没有意见。

我问："大家听明白了没有？"

"明白！"

"好！出发！"

我率先顺着这个制高点下来，然后告诉刘司令已经安排妥当。

刘司令点头说："那出发吧！"

第四章
Chapter 4

僵尸来袭

1

借着夜色，我们一行偷偷地摸了过去。

夜色下，诡异的一行人影，没有脚步，没有声音！我觉得自己的心跳越来越快，眼前的这种景象让人震撼不已。

第一次和非人类作战，心情难免不好受，我这样安慰自己。

在靠近围墙之后，我将士兵分为两部分，一部分悄悄地翻墙而入，一部分则顺着哨所大门冲进去。

对于这群有大脑不运作的僵尸人来说，没有什么战术可言。进去见头就爆，根本不用留情面，我想。

我在门口蹲下来，向里面看了看，今夜的月光真美啊！这是我来到马兰军事基地第一次觉得这里的夜色美。

然而夜色再美也抵挡不住院子里袭来的血腥气。

我伸出拳头，开始倒计时三个数，三个数数完之后，我从哨所门口跳了进去！手枪不断地对着早已瞄准的目标开火。

"啪啪啪"之声从哨所院子里传来，我顿时血气方刚，杀气突起！

只见一个僵尸人迎面朝我扑来，我瞄准目标，对着他的头就是一枪，我很相信我的枪法，子弹直接掀起了僵尸人的脑门盖，我看到在子弹穿过他脑门盖的瞬间，这僵尸人眼睛里荡漾着一种痛苦的解脱感。然后脑浆直接四溅而出，一股腥臭味从不远处袭来。

我亲眼看着这个僵尸人直挺挺地倒下去，双腿抽动了几下自此再也不动弹了。

再看其他人，也是同样的造型，这些家伙对我刚才的话还是比较认可的，从不和僵尸人做近距离作战和接触，都是远远地直接将他们爆头。

让人奇怪的事情发生在我看到李卫平的时候。

我刚才让他在狙击手所在的位置等着，没想到这家伙也跟着我们一同跑了过来。他见我打死了一个僵尸人之后，快步跑了过去。我想拦也没有拦住。

李卫平做出了让我惊讶的动作，他伸出苍白的手，那手是我见过保养的最好的手，白净、细腻、柔滑，在蜡烛的光线下，显得很纤细。

我看着李卫平的手，有点痴了。我不敢想象这双手是一个男人的。

李卫平就那样胆大地蹲在僵尸人身边，先是看了一眼，或许是因为之前我那一枪打得有些狠了，李卫平也有些犯恶心。

李卫平看了一会儿，然后将一只手放在僵尸人的脖子上试了试，我看着他闭上眼睛，嘴里念念有词，好像是在祈祷一般。

李卫平的动作甚是怪异，我越看越觉得不对劲，然而就在那一瞬间我看见他额头渗出了汗水！

在这样的情况下，他还能渗出汗水，而且脸上的肌肉在抽搐着，好像是在经历一种巨大的磨炼一般。我越来越心惊，越来越觉得这李卫平身上有太多我看不透的东西，他到底在做什么！

就在我观察李卫平的时候，他突然睁开眼睛。

就在李卫平睁开眼睛的那一秒钟，我看到了让我震惊的事情！李卫平的眼睛居然闪过一丝红光！

没错，我可以肯定那是红色的，而且是那种非常显眼的红色。我突然觉得这家伙会不会也是一个怪物，或者是和这些僵尸人一伙的。

李卫平发现我在看他，恢复平静之后走到我跟前说："别紧张，没什么的！"

我惊讶得差点说不出话来，但还是问了一个问题："你在干什么？"

李卫平笑嘻嘻地说："我在和他的灵魂交流！"

"他的灵魂？"我问，"他的灵魂告诉你什么了？"

李卫平拿出一个白色的手帕，擦了擦手，然后擦了擦汗，顺手就将那手帕扔掉了。李卫平说："他的灵魂经历了痛苦的磨难，很害怕！我也没有问到我想问的事情。"

"哦！"我说。

"好了！没什么事我就走了。"李卫平说。

"没事！"

李卫平走到我跟前然拍了拍我的肩膀，然后我的脑海里传来一个声音："你和我一样！我能感觉到！"

我惊讶地看着李卫平，发现他的嘴没有动，我很确认这一点。可是那声音又很明显是李卫平发出来的，这到底是怎么回事？我在心里问。

在我想事情的时候，李卫平已经从我身边走开了。

我看着眼前的事，想着李卫平嘴里的话，心里开始犯嘀咕！这到底是为什么呢？这次的经历真的是让我大开眼界。

这时战斗已经结束，听到声响的哨所里面的士兵正在拆那些封门窗的东西。我让人将那些僵尸人和死了的士兵放在一起，分成两类。

刘司令和胡院士这时也赶了过来，看着眼前的一幕，这位历经风雨的司令员流下了热泪！

"哎！"刘司令叹了一口气。

胡院士看着那些尸体说："我们还是赶紧处理掉吧！"

"烧了吧！"刘司令说。

"也只能这样，要不然谁知道会出现什么问题。"胡院士说。

我命人找来了柴油，然后就这样将一堆尸体点燃了。

就这样，一群年纪轻轻的小伙子成了灰烬，我心里很不是滋味。他们是我的战友兄弟，没有将热血抛洒在战场上，却死在了自己人的身边。

刘司令对我们同来的基地士兵交代了，要将这些人的骨灰带回去。

另外一边，哨所的门已经打开了，我们上到了二楼。

二楼的场面比之前的好很多，所幸还有五个战士幸存着。他们将所有的食品和水都摆到了二楼，在二楼楼梯口还设置了障碍物，果然不同凡响，这里的士兵在如此场面下居然还能坚持住。

见到刘司令上来，五个士兵先敬礼，刘司令满含热泪地回礼！

正在这时从一个小屋子里面传来了另外一个声音："报告！"

那个屋子里面居然有一个人，刘司令走进屋子，然后黑着脸走了出来。

胡院士也走进去看了一眼，然后出来对着五个人说："你们这样是胡闹，他都已经成那样了，根本没救！"

"他是我们兄弟啊！我们不能就那样眼睁睁地看着他死在我们眼前啊！"其中一个人斩钉截铁地说。

"哎！"刘司令又一次叹气道，"必须解决掉！他已经没救了。"

"司令员，不能这样啊！不能这样啊，他不能死啊，他家里还有亲人啊！"刚才说话的那个人已经哭了出来。

我站出来问胡院士："真的没有救了吗？"

胡院士说："哎！根本没有办法，他已经开始有反应了，再不解决，我们都有危险。"

如果这话从一个普通军医嘴里说出来我或许不信，但是从一个院士嘴里说出来我信！我摇摇头，心想：哎！又一个年轻的生命啊！

刘司令看着五个小伙子说："我来！"

那五个人直挺挺地站着，每个人都落下了热泪。

我们所有人都被眼前这一幕给感动了！

刘司令掏出手枪，眼睛红润着，每一步都是走得那样艰难！

从屋子里传来一声枪响，五个战士终于哭出声来，我整个人也好像软了一般站在那里，愣住了。

"进来两个人！"刘司令在里面喊道。

还在哭泣的五个战士，走进去两个，不多会两个战士红着眼睛，用床单盖着一个战士抬了出来。

一个鲜活的生命就这样结束了自己的一生。我看着那双没有被放进床单里的，曾经白皙而干净的手上，此刻沾满了自己的鲜血。这是一双曾经握过钢枪的手啊，我在心里不断地在问自己，这到底是为什么？

刘司令从屋子里面走出来，这个水桶般的胖子，此刻浑身都在颤抖，内心在做着比常人难以想象的斗争。作为一个基地司令员，这么多的士兵在眼前成为陌生人，心里能不难受吗？

刘司令看了看那三个还在哭泣的士兵，走到跟前拍了拍一个的肩膀说："都给我站好！别哭哭啼啼的，妈的！"

那三个战士赶紧立正，站好。

刘司令安排与我们同来的基地士兵收拾残局，赶紧恢复哨所的正常秩序。

2

就在恢复哨所秩序的同时，刘司令将我们五个人和胡院士安排到了一个已经打扫好的屋子里。

刘司令很谨慎地关上门说："现在你们相信了，也看到了，我所说并非虚的。"

我们现在还有什么话好说，这都明摆着的。

刘司令接着说："同志们，我现在不是给你们下达命令，而是和你们讨论。因为接下来的任务更加艰辛，我和胡院士会竭力帮助你们。"

胡院士在一旁点点头，表示认同。

"因为还有更重要的事情要办，我希望你们多提问题，我们一同讨论。"刘司令说。

我和马辉、梁子相互看了一眼，示意对方先开口。这两个家伙估计是早就有了默契，都将难题抛给了我。

我也只好硬着头皮站起来问道："司令员，这些僵尸人不可能就这么突然地出现在这里，他们到底因为什么才来到这里的？"

刘司令看着我点了点头说："罗布泊，一望无际的戈壁滩，没有一棵草，一条溪，夏季气温高达70℃。罗布泊，天空中不见一只鸟，没有任何飞禽敢于穿越。"

胡院士站出来说："罗布泊又叫'死亡之海'。它是一块绝地，是一切生命的禁区！"

罗布泊是极具魅力、极具诱惑力的。最早来到罗布泊的是意大利人马可·波罗。他在游记中写道："此漠甚长，需时一月，方能度过，沿途尽是沙山沙谷，无食可觅。"

唐代高僧玄奘这样描述罗布泊："风助流沙，无水草，多热毒鬼魅之患，无经路，行人往返，望人畜遗骸为标识耳。"

我听着胡院士的话，心想古人穿越罗布泊十分艰辛，一路上没有食物，没有道路，没有代步工具，凭着两条腿，苦熬苦捱。我们自然要比古人幸运得多，容易得多。

"《山海经》等古代著作，把罗布泊称为盐泽、蒲田海、盐海等。汉代以后，大多就称其为'罗布泊'了，维吾尔语意为'万水汇聚之地'。据说广义上的罗布泊，面积有一万平方公里。最后干枯的新湖面积也有5000平方公里。由于塔里木河改道和孔雀河断流，到了1972年，从尼克松访华时带给中国领导人的卫星照片上看，罗布泊已经完全干枯了。据说本世纪30年代，新湖的最深处还有30米呢。"胡院士说。

"这就是罗布泊！"刘司令说。

"至于到底是什么原因让这种僵尸人出现，我到现在还不清楚。"胡院士说。

这位让基地司令都忌惮三分的胡院士怎么样谁也不太清楚，然而他接下来所说的却让我们震惊不少。

胡院士接着说："我们解放已经这么多年，原本停滞不前的勘探工作也有些年头了，然而对于我们这个960万平方公里土地的大国来说，有些地方依旧充满了太多的谜题，如喜马拉雅山脉地区、昆仑地区，还有我们脚下所站的这片罗布泊地区。或许你们会问，罗布泊有什么不一样的。"

胡院士停了停，似乎是在组织自己的语言，接着说："我们现在所在的是罗布泊最边缘的边缘，而这里面，到底有什么，我们不知道。"

我听着听着，愈发觉得有些不懂了。我是个军人，军人应该在战场上啊，怎么突然之间来了这么一个任务，还让我保护这么一批老学究，去一个荒凉的连老鼠都不想去的罗布泊深处。而且听这位胡院士说了半天，似乎他们对这么一块地方什么都不知道，而且还神秘兮兮的，好像有什么东西是他们不愿意说出来的。

我开始觉得这里的事情并不是我想象得那么简单。

总有些事情在冥冥之中等待着我们，窥探着我们，它们的存在就是为了颠覆我们对于这个世界的理论。

胡院士介绍完上面的简单情况后说："同志们，这次找你们来，一不是为了杀敌立功，二也不是解救人质。这次执行的任务很特别，一个人也许这一辈子都不会遇到这样的事情。"

我心里嘀咕了半天，觉得这胡院士很会卖关子，说话总是神神叨叨的，难道做到院士这个份上，都会这样？

　　再看我身边的其他几个新来的战士，似乎也显得很不屑。当然，对于这些常年接受各种训练，解决各种冲突的士兵来说，还有什么是他们没见过的呢？

　　胡院士大概也看出来这批人脸上的表情代表了什么，他缓了缓接着说："也许你们不信，甚至连我一开始都不信，直到我的老朋友出事之后，我才弄明白，这个世界有太多的秘密，这一切都是血的教训啊！"

　　我看到胡院士眼睛里闪现了泪花，但是我根本不明白这位专家为什么会突然流出泪来。

　　我觉得有什么事情发生在了这位院士身上。

　　胡院士调整了一下情绪说："罗布泊并不是我们现在所看到的那个样子，它是一只野兽，是一只盛满了未知、愤怒、杀戮、神秘的野兽，我们要揭开它，要了解它，这就是邀请你们来的原因。"

　　胡院士说得很笼统，这是我第一个想法，他讲得很多，但是都在制造一个氛围——紧张。然而对于我们这些经历丰富的士兵来说，根本没有紧张可言，因为紧张已经被磨砺光了。

　　我们听得意犹未尽，好像是一个人在讲恐怖小说，这之前的只是一个衬托。

　　胡院士已经看出来坐着的这批战士，他们冷静，冷静得可怕。自己讲这么多，都没有让这批战士感觉到什么。

　　会议室突然静下来，静得只有呼吸声，仿佛时间在这里成了一个点，黑色的、沉重的点。

　　"说了这么多，现在转入正题。"胡院士的口气里有一百个不愿意，但他不得不说，"你们来到这里就是和我一起组建一支考察队，进入罗布泊腹地，去那里考察。"

我想问："为什么要去那个鸟不拉屎的地方考察？考察什么？有什么可考察的？一个活人进去，干尸出来的地方，还用去考察吗？"

刘司令看着我们五个人说："还有很多资料在基地，事不宜迟，我们赶回基地，有很多事情在那里等着你们。"

胡院士点点头。

我脑海里这会儿就像养了鱼一般，冒着各种泡泡。听了半天这位胡院士的话，我还是觉得自己像是丈二和尚摸不着头。

周围其他人也是一脸迷茫，唯有李卫平笑嘻嘻地站在那里，仿佛事不关己高高挂起，你们爱怎么样就怎么样。

刘司令安排和我们一起来的那一车战士留下来继续整理哨所，原本哨所的那几个小伙子跟着我们一起回去，估计是要接受一些治疗吧。

我看他们一脸的悲伤，心里也觉得不太好受。

在路上，我们一帮子人和这五个战士坐在一辆装甲车上，马辉这家伙不管不顾地直接靠在那睡着了，也不怕戈壁滩的颠簸。

突然这五个人当中的一个小伙子对我一跪说："连长，带上我吧！带上我吧！我要为他和我其他的兄弟报仇。"

其他四个人也是同样的动作，我吓了一跳，马辉被这一幕给惊醒了，梁子死死地盯着眼前的事情，也不知道说什么好。

我也赶紧跪在他们跟前说："都是战友，别这样，别这样！先起来，咱们慢慢商量。"

梁子赶紧扶了最先跪下的战士。

"我叫王小虎，和那个家伙是一个地方的人！"陈超雄指着另外一个战士手中抱着的骨灰说，"我们一起长大，一起来当兵，一起分在这沙漠疙瘩里面，没想到现在我回去不是带着活人，而是带着这么一把骨灰，我该怎么给他家里人说啊！求求你了，我知道你们肯定是来处理这件事情的！"

我看着王小虎已经哭得上气不接下气，我知道他和自己这个小老乡感情很好，可是这事也不是我说了算啊。

我对王小虎说："兄弟，别难过了！如果真的是我负责的话，我带上你。"

王小虎看着我的眼睛说："我相信你一定能成的！"

然后他坐在凳子上，抱着骨灰说："达子，你放心我一定替你报仇！"

一路上所有人再也没有声音。

外面就是戈壁沙漠，罗布泊像一只巨大的饕餮之兽，等待着久违的食物。

我心情很紧张，虽然闭上眼睛，但是怎么都睡不着，心里冒出一个声音："你不应该答应他，这样他会送命的！"可是我能有别的选择吗？部队战士在一起感情会很深，尤其是这种大沙漠里面，一年到头都在一起厮混，况且还有这样出生入死的经历。

哎！但愿达子的在天之灵能够安息吧！我想。

3

回到基地，众人先简单休息了一下。

"你脑子有病啊？怎么能一口气就答应了他的请求？"梁子上来就是一句劈头盖脸的骂。

"人家和平这是人道主义精神，你脑子笨，不懂！除了吃就是吃。"马辉挖苦道。

"我说哥俩，咱们认识也有些日子了，不算是出生入死过吧，也算是一起经历过几件怪异的事了。"我说，"你看看那几个战士，如果我那天挂掉在你们眼前，你们俩会不会为我报仇。"

"我可要看清楚情况。"马辉一脸沉思状说，"如果危险的话，我觉得还是算了，我是有自知之明的人，到时候还是让梁子去吧！"

"去你丫的！"梁子笑着骂道。

"说实话，我看到他们几个，心里真不是滋味。"我脑海里充斥着那种僵尸人扭曲的形象说，"我觉得王小虎这家伙不错，是个好苗子！值得我们带上他。"

"好苗子，你不调走，让他跟着你去送死啊！"梁子说。

"满足他的心愿。"我说。

"行了，哥俩别再那瞎吵吵了，没屁眼的事都让你们俩说完了，还是赶紧休息休息吧，谁知道接下来那位胖司令又要给我们出什么馊主意。"马辉说。

我迷迷糊糊地睡了三个小时的样子，就被一阵哨声吵醒。

然后我们三个又再次被那位张政委给喊了起来，出了宿舍门，发现原本安静的基地大院，此刻如临大敌般，所有人都在院子里来回忙活，我看了半天也没看出来个究竟。

依旧是走的原先的路，我这次一点都不觉得奇怪。

还是那个地下会议室，胖子刘司令员，有些憔悴的胡院士，一脸精神的张政委和我们坐了下来。

刘司令说："同志们，我接下来要说的是绝密！我希望你们永远不要说出去，将这个秘密带进棺材。"

我看着刘司令一脸的严肃，顿觉得这事情有点不太对劲儿了，但哪里不对劲儿我说不上来。

刘司令先是拿出一张图片，我觉得应该是卫星图片。那张卫星图片奇怪就奇怪在它不像是自然形成的，而像是一个人工打造的。

最为怪异的是这张照片简单的只是一个耳朵！没错，我看到刘司令手里拿着的是一张高空拍摄的巨大的耳朵，非常之大！

刘司令说："你们知道这是什么东西吗？"

我们都不说话。

"这是你们现在所在的罗布泊地区，确切地说是罗布泊腹地的一张卫星云图。"刘司令说，"震撼吧！当我第一次看到我居然住在耳朵边的时候，我也震撼了，还有更震撼的东西。"

刘司令说着拿出更多的图片，我不知道怎么形容这些图片上的东西，只能用简单的文字记载下来。

刘司令一张张地给我们看图片，其中有大耳朵中央的洞穴图片，有更为震撼人的文明建筑，我不知道那东西是从哪里来的，是谁建的！

总让我记忆犹新的就是那大耳朵中央的洞穴，黑色的无底的洞穴，仿佛能吞噬周围的一切。我盯着那黑色的洞穴看了半天，总觉得那是人的耳蜗，是一个巨大的鬼耳的中心。

我看着那个洞穴当时感觉无法形容，震惊？现在想想是不对的，这样一个地方，到底会有什么东西呢？大自然鬼斧神工，遇到神奇的事情，我能想到的也就是这么一句话。

"这个洞穴的出现很怪异吧？"刘司令说，"而它出现在这里我们根本不知道，也不知道是哪一天出现的，或许它本身就在这里，而我们没有发现。"

刘司令话刚说完，周围一下子黑了，我们眼前的投影布上出现了一个灰暗的画面。

画面颤抖着，好像是地震。

我看着周围飞沙走石，画面不停地晃动，突然意识到这场面我遇到过——沙尘暴！没错，是沙尘暴。

然而在看那画面，顿觉得又不对。沙尘暴没有这么大的威力，不可能天昏地暗，飞沙走石。这有可能是传说中的黑风暴，一种比沙尘暴威力大几十倍甚至上百倍的神奇的自然景象。

巨大的黑风暴让天地为之变色，一切都改变了。这黑风暴不知道持续了多久，我算不出来，只是突然之间它就停了，太阳明媚，蓝天白云，一派和谐之景，好像这里从来没有发生过什么！

随着画面的推移，我看见在天际边上，一个巨大的黑洞出现了。这是沙漠里的海市蜃楼景观啊，我心想。海市蜃楼这东西我在酒泉的戈壁滩上也见到过，但好像不是这样子的，它好像就是存在哪里的。

只见那海市蜃楼中间好像有一个巨大的洞穴，那洞穴我第一眼看到就觉得太真实，根本不是海市蜃楼应该有的。而我脑海里闪过一个刚才的片段，刘司令手中拿着的巨大耳朵的耳洞，难道这就是那个耳洞？

然后画面消失了。

灯亮了。

我看到其他四个人，有三个人脸上写着惊讶两个字，而另外一个则是李卫平，他一脸的无辜样，好像不关他什么事。我老觉得这个李卫平心里有事，而且有很重的心思，加上李卫平在我跟前表现出的神秘样，我觉得这家伙来历不凡。

胡院士解释说："或许你们真的会认为这是海市蜃楼，而且这个基地的核心人员曾经都这么认为，直到接二连三的战士失踪，直到我的老朋友验证之后，他们相信了这是真实存在的。"

这时一直静静听着的马兰基地的刘司令员坐不住了，他站起来，接着说："马兰基地选址罗布泊就是因为这里人烟稀少，对我们的研究是非常有利的。一开始我们并没有发现什么问题，当初的建设者的热情和能量绝对比一颗原子弹的威力强大。他们刚做研究的时候，无意之间在地下发现了一批连接不断的洞穴，而且那些洞穴并不是自然形成的，而是人为的。"

"人为的？"马辉突然问。

"在这里居然有人为的建筑，这不可能啊！"梁子说。

……

"没错，我当时和你们的想法是一样的，觉得这不太可能存在。"刘司令员显得很疑惑，接着说，"然而，自从我们来到这里，并且发现那些洞穴之后，这里就接二连三出现了各种各样的情况。"

4

刘司令说到这里，就停下了，从他的口气里，我听出来一丝端倪，这里肯定出过事情，而且是不小的事，以至于这个司令员到现在都还记忆犹新。

刘司令脸色一下子凝重起来，声音缓慢而低沉："核试验基地，必须要有地下核试验所用的洞穴，我们称为720，当时建设者们选址都已经成功，开始打钻上洞。当时工兵干了有半个月了，突然之间传来了不正常的消息，这对于当时的人们来说，是很可怕的，因为大家对这个倾注了太多的感情！"

我当时想，这位刘司令讲故事的本事还是很强大的。身边的马辉和梁子这两个家伙也似乎也是这样的想法，能让一个司令员傻眼的事情肯定不是小事，这样一看，他们在罗布泊的地下绝对遇到了什么大事情。

"因为不是我直接参与的，后来我从现场遗留下来的照片找到了一些资料。在这地下核试验现场的尽头居然有一个巨大的洞穴，当时根本看不到边，那里边往外面呼呼地吹着阴风，很多当时在场的人都觉得不对劲，但是总找不到问题在哪里。当时大家并没有注意到底是什么问题，事情就这样过去了。大家伙都觉得一个地下洞有什么问题啊，难不成还能闹出鬼来不成。"刘司令说得很实在。

"哎！"胡院士一声叹息，打断了这个故事，也预示了一个结尾。

"人的疏忽造成了一个可怕的后果。发现洞穴之后的一个月，当所有人都要遗忘这件事的时候，出事了。一队巡逻兵消失了，什么都没有留下。他们是在基地边缘巡逻的时候消失的，到现在我也不知道他们是怎么从这里丢失的，甚至连具体的方位都没有找到！什么都没有。"刘司令说。

丢失了巡逻兵，这种事情怎么可能发生呢？还是训练有素的士兵，还有一点我想不通，如果是丢失，那么肯定会留下线索，怎么可能丢失得这么彻底呢？

我们在静静地等待着故事的进一步发展。

刘司令说："这不是最可怕的一件事情，如果是孤立的就好了。可是接下来，基地里每隔一两个月就会丢失人员，没有尸首，没有讯息。整个基地笼罩在一种神秘气息当中。后来这件事情持续了一段时间之后，就再也没有出现过，虽然当时觉得挺好的，大家很快就将这些事情遗忘了，忙着做核爆的各种研究。可是事情总比我们想象得复杂，就在核爆前，那个之前被我们发现的洞穴里面传来了异声，声音异常诡异，这次基地非常重视，为了保证核爆成功，大家想了各种办法，将那里重新封住。然而，在那里执勤的士兵，总是说经常出现幻觉，有些人开始神志不清，基地医院初步认为是神经病。之前因为这个洞穴的原因，我们放弃720作为核爆中心，可是出现了这样的事情，我们就将那里作为了核爆中心区域，想的是一炸之后，一了百了，谁知道这一次更是闯了大祸。"

"哎！当初你们就应该将这件事情上报，这样或许会有新的发现。"胡院士叹息着说。

"核爆成功，我们总算成功了，中国成为核俱乐部的一员。所有的喜悦一瞬间爆发了，人们拥抱，为取得的成绩高兴不已，谁也没想起那个早已在核爆中消失的洞穴。当我来这里的时候，时间早已掩盖了一切，我们谁也不会想起那些事情。然而去年开春，巡逻兵无意之间发现了一件事情，在巡逻的路上突然出现了一个巨大的深坑，而且每次出现的深坑好像都是一模一样的，都像一个人的耳朵！只是这耳朵有大有小。"刘司令说。

"深坑，难道是核爆导致的？"我心里想。

刘司令接着说："经过观察，我们发现这个深坑很奇怪，每次出现都会伴随着一个神奇的海市蜃楼，而且每次出现只停留两三个小时。负责巡逻的士兵将这件事情报告我们，我们顿时觉得这里有问题，所以就从北京找来了张伟明教授，没想到这次丢失的居然是张教授，哎！我是个罪人啊！"

"这不是你的错，张教授是想了解到更多的东西，才走出这一步的。"胡院士说。

这两个人就这样站在台面上，给我们这群现在有点头大的兵，打起了马虎眼，我们看着他们俩，也不敢说话。

"有点失态，我接着讲。"刘司令赶紧换了脸色，严肃地说："其实这个深坑出现得也很奇怪，并不是固定的，是移动的。隔上一段时间它会出现在罗布泊的某个区域。而张教授作为国内非常知名的物理学家，我们将疑问告诉他之后，他很快来到基地。简单地了解情况后，他做出一个判断，认为之前发现的那个洞穴有可能和罗布泊腹地的洞穴是相连的，虽然相隔近百公里，但是完全有可能。他认为，在那个巨大的洞穴下面，肯定存在着某些东西，才导致这些事情的发生。"

"张教授的意见我赞同。"胡院士说。

刘司令接着说："张教授研究了好长时间，可是之前工兵们发现的那个洞穴因为核爆，已经不能进入。张教授只好找那个新出现的洞穴，经过长达半个月的寻找，我们终于在'龙城'遇到了那个黑洞，也就是我所说的耳朵。"

我听着这位司令的话，总感觉哪里不对劲，可回想起来，又好像一切都联系得很好。

　　"这次行动有我的责任，我怎么劝都劝不住他，实在没有办法。事先张教授已经做了准备，我们也给他安排了五个战士，我们之前观察，这个洞出现保持原状的时间至少在两个小时，我们也准备了很长的绳子，可是没想到，可怕的事情还是发生了。"刘司令说。

　　"教授太急切了，他对这个新发现太过于执著，谁能料想到会出现这样的事情啊！"胡院士显得很不解。

　　"我觉得应该观察观察，张教授已经迫不及待，相劝之下，他毅然前往，没想到这次一别，居然成了永别。"刘司令眼睛已经红了，缓了缓，接着说，"我看着张教授等人消失在洞口，慢慢地向那个耳朵的耳洞处爬去，手里的绳子也在不断地走，觉得应该不成问题。然而，这时天气突变，可怕的黑风暴出现了，能见度已经降到两三米的样子，我们死守着洞口，生怕出现什么问题。人算不如天算，这场黑风暴过去之后，原本出现大坑的地方，却变成了一片沙漠，手里的绳子也因为黑风暴而丢失了。"

　　我们这一帮子人也算是经历过枪林弹雨的吧，但是听到这些也顿时觉得不知所措，因为太过突然了。

　　刘司令讲了这么多，显得很疲惫地说："张教授一行失踪之后，我们发动各种关系和渠道，进行拉网式搜寻，然而一点影子都没有，他们和之前失踪的士兵一样，一点印迹都没有留下，直到上次我们找到了一些纸片。"

　　胡院士拿出拳头大小的一块碎纸片，只见那纸片上写着："我在洞里！"

第五章

Chapter 5

出发！

1

"这些小纸片是刘司令在搜寻的过程中发现的！"胡院士说。

"我们后来找到了很多这样的碎纸片，但是每张纸片上就是简单地写着这四个字。"刘司令说。

"这是张教授的笔迹！我敢肯定他还活着，就在那个耳朵般的洞穴里面。"胡院士看起来一脸的紧张。

我在想那洞里面到底有什么东西，能够吸引这样一位被称为教授的人进去，而他还能活着？

还有那可怕的让活人变成僵尸的病菌难道也是在那地下洞穴里出现的？我在想，那下面到底隐藏着什么样巨大的秘密？这一切又再次勾起我无限的遐想。

刘司令说："我们对罗布泊的认识仅限于此，其他的都不清楚！我们需要你们去救张教授回来，他可是我们国宝级的专家！这就是本次任务。"

"是！"我们五个人刷刷地站起来，大喊。

"还有什么需要吗？"刘司令问。

我看了看其他人并没有说话，于是说："刘司令我想从你这要个人！"

"谁？"

"昨天从哨所回来的王小虎。"

"他啊？"

"是的！"

"那么多兵，你不选个别人，却要偏偏选他？"

"我觉得这个兵冷静、沉稳，是个不错的苗子。况且他在辛格尔哨所经历过那么多事情，比基地其他士兵了解情况。"我说。

"好！我让他跟着你们。"

休息。

静静地等待着新的征程开始。

马辉盯着天花板说："妈的，老子就知道这次来肯定没什么好事，看吧！现在要跑沙漠里面去了，谁知道哪里还有什么鬼东西等着我们呢！"

梁子说："你还别说，那耳朵我给想了个好听的名字。"

"什么名字？"我问。

"罗布鬼耳！"

"好霸气的名字！"马辉说，"妈个巴子的，别让你这种损嘴给说中了，那里面真出来鬼就完了。"

"别相信什么鬼神之说。"梁子说。

"这次事让我对人生观有了重新的认识。"马辉说。

"你还有人生观？邪门了。"

"行了，你们俩就悄悄地好好睡睡，明天还能有个好兆头。"我说。

"靠！你也信这个啊？"马辉问。

"一想到那些僵尸人，我这脖子就发凉，老觉得有东西要咬我。你说我这是不是心理疾病啊。"马辉躺在床上说。

"完全有可能。要不我帮你割开放放血。"梁子说。

"我现在想的就是有个几万元回家弄点地，养些羊，天天再不用这样刀口子上舔血过日子，你们别说我追求低啊，我这人这辈子成不了什么大事啦。"马辉说。

"嗯！"梁子那边传来了迷糊声。

"哥们就想着这一两年打上去专业申请，回老家去！那该多好啊，当兵这活历练历练就行了。"马辉说。

我也模模糊糊地睡着了，就是这样耳边还是传来了马辉那声情并茂的关于退役生活的打算，什么养些羊啊，一年到头不缺吃，老婆孩子热炕头各种各样的奇思妙想。

我在睡梦里还骂这家伙，脑子里关于生活成分的构造还挺完整。

朦朦胧胧的睡梦中，我觉得自己的身体好些被一个巨大的黑洞无限地拉扯着，一会变长，一会被挤压，胸口闷得难受。

慢慢地我试着让自己清醒起来，才觉得那个洞是一个巨大的耳朵。

虽然是梦，但是我的身体和意识是清醒的，或许是因为太累的缘故，我挣扎着想从这种噩梦中醒来，可是不管我如何挣扎都无法醒过来，或许每个人都有这种经历。那时候我真的很害怕，我虽然知道这梦是假的，但在内心深处却有种撕心裂肺的害怕、恐惧。

突然我觉得一双手拉住了我，拽着我向那黑色深渊陷了进去。

"和平！和平！和平！"梁子使劲将我拽了起来。

我迷迷糊糊地睁开眼睛看见梁子一脸迷茫，旁边蹲着的马辉也是一脸不知所措的样子。我浑身湿漉漉的，仿佛刚从池塘里上来一般。

马辉问道："做噩梦了？"

我点点头表示认同。

"嗨，多大点的事啊，不就是个鬼耳朵吗，你还怕那个啊？"马辉这家伙站起身来，大大咧咧地说。

"没事就好！我以为你被狼给叼着了呢！"梁子说。

我起来洗了洗脸，然后走到外面，一辆卡车正在装载物资。旁边是另外三辆越野车，我一看心里就明白了，这是要出征了啊。

我转眼回到宿舍告诉马辉和梁子这个情况。

马辉和梁子一脸睡意地说："关我们鸟事啊，睡醒了再说。"

我看着这两个家伙重新躺下，然后走到马辉跟前说："哥几个，这事情可不简单啊，你们不再看看这美丽的景色，我估计到了那家伙里面你们想看都看不到了。"

两人没反应，我接着说："你们是不知道，我可是在沙漠里练出来的，沙漠里没水，当你缺水的时候，你的喉咙干得一根火柴都能点着。你先是感觉到身体的水分慢慢地随着烈日和干风流失，皮肤干裂脱皮，然后你就觉得自己像一个老发动机没有了润滑油那样，呼哧呼哧的，吐出来的都是二氧化碳粉末。接着你的大脑里开始出现各种各样的幻想，水以及与水有关的任何东西。"

"行了，我让你说的啊，现在口渴得不行，我还是出去找点水喝吧。宁可胀死也不做渴死鬼。"梁子坐下来，收拾收拾拿着杯子赶紧倒了一杯子的水。

"哎，你就不能让我享受享受仅有的美好生活。"马辉也坐了起来。

我们玩笑还没开完呢，有人来通知我们去基地大楼开会。

来到大楼会议室，该到的人都到了。除了胡院士、胖子刘司令以外，就是我们五个人外加三个新来的战士，一个是王小虎，另外两个我没见过，但是从他们的眼睛里透出一种新鲜感和使命感，我就心知肚明了。这两个家伙肯定是基地派给我们的人手。

刘司令走到我们跟前说："就全靠你们了。"

我们大喊："是！"

然后刘司令说出发！

我们一行人上了车，车缓缓地开出，渐渐地远离了马兰基地。

我不知道我们的目标是什么，我们的目的地是哪里。

2

前面的车上是基地的那几个战士，司机是基地的老向导，我们车的司机是马辉。这家伙开车根本是一股脑的不管东南西北，一会儿超车，一会儿停下，整个把我们颠得几乎胃疼。

胡院士说："今天时间不早了，我们要赶到辛格尔哨所，在那里做调整，然后商量下一步要如何进入罗布泊腹地，找到罗布鬼耳所在地。"

我们相视一笑，没想到在这个名字上面，梁子和这位院士居然达成了一个惊人的一致。

夜幕降临，我们车到了辛格尔哨所。

此时的哨所俨然没有了战斗过的迹象，一派平静祥和。

王小虎指挥着将大卡车上的补给品卸载一些在哨所，这样也是为了后面好来此取东西。我看到车上水和汽油占了大部分，这是进沙漠必备的两种最为重要的物品，如果没这两种必备品，进罗布泊等于自寻死路。

胡院士安排我们进到一个小会议室，然后开始安排接下来的工作。

胡院士给每人一张罗布泊地图说："这地图是军用地图，怎么用你们比我清楚。我们现在要做的就是找到黑风暴下一次出现的时间、地点，然后找到那个地点，进到罗布鬼耳的洞穴里面，找到张教授，带他回来。"

胡院士说得轻松简单，好像这是一个普通的任务似的。

我对胡院士和其他人说："那么这个黑风暴最容易出现在哪里？"

"龙城"胡院士说。

"龙城？"我心里嘀咕，好有威严的一个名字。

"为什么会在这里？"马辉问，"有什么规律可循吗？"

"没有！"

"那咱们为何这么判断？"梁子说。

"我根据战士的报告以及张教授最后失踪的地点来判断的，因为在龙城周围出现罗布鬼耳的次数最多。"胡院士说，"只是……"

"只是什么啊？"我问。

"只是有些问题，我们现在不知道这沙漠里面到底还有没有僵尸人，这一点很难判断。我觉得之前走丢的战士很有可能现在已经成为僵尸人了，我不知道在哪里能遇到他们。"胡院士深思了一下说，"况且，去龙城的路我们开车只能走一点点，后面就要用人来背运物资，我们的行进速度会减慢。"

这确实是一个很艰难的问题，僵尸人还有什么其他东西谁能说得上来，对于我来说，要将困难考虑得充分些，将危险考虑得更大些。谁知道自从原子弹爆炸之后出现的这个罗布鬼耳，从那里面都释放出来什么东西，我现在开始怀疑这地下是不是有更为可怕的世界，那里的一切难以想象。

"这些倒也不是什么问题，问题是胡院士您在我们找到鬼耳之后，确定能带出来张教授吗？"我问。

"我想我应该可以。因为张教授身上，现在有着极大的谜团，我要当面和他说下这个问题。"胡院士说。

"好的！"我说，"我们尽量保护你找到鬼耳。"

这时外面的警报声响了，自从上次出现僵尸人情况后，哨所已经安装了更为精准的警报器。

我们草草结束会议，来到瞭望塔。

几个战士已经在那里摩拳擦掌，我走过去，拿上高倍望远镜看到在暗黑的黑夜里周围没有任何情况。

一个战士看出我的疑惑说："我们刚才发现有东西触动了警报器，但具体是什么我们不知道。"

"是沙蜥！"李卫平闭着眼睛说。

"沙蜥啊！"那个战士说。

我问："怎么了？"

"沙蜥这东西我们以前巡逻的时候经常遇到，也就十几厘米长短，最长的没有超过三十厘米的，它怎么可能触碰到警报器呢？"

"信不信由你们。"李卫平说着转身走了。

对于李卫平这家伙，我现在还没什么定论，他好像是一个谜团。

"应该没什么问题。"我说。

"我们会密切关注的。"战士说。

我看着远处大片的黑暗夹杂着星星之光，周围安静得仿佛世界之初的模样，我心想好美啊！

那个刚才说话的战士也是一脸的笑意，说："罗布泊这个地方没别的，就是一个静。"

他给我讲了一个关于罗布泊的故事。

在很久很久以前，出生显赫的蒙古族青年罗布诺尔不愿继承王位，要去龟兹学习歌舞。当他走到塔里木盆地东部边缘时，饥渴劳累使他昏倒在地。三天后，当他醒来时，发现身旁竟坐着一对青年男女。男青年说他叫若羌，姑娘说她叫米兰，他俩是风神母收养的同胞兄妹，因忍受不了风神母的残暴虐待抛家到库车学成艺技，不料返回途中在此与罗布诺尔相遇。米兰对罗布诺尔一见钟情。风神发现女儿与凡人相爱，恼羞成怒，便刮起黑风暴惩罚他们，沙石打瞎了罗布诺尔的眼睛。摔断了米兰的双腿之后，风神母又将他们三人刮到东、南、西面的荒漠上。哥哥惦念妹妹，米兰思恋着情人。三人哭得悲天跄地，泪流成河，汇集到罗布泊后，变成一望无际的湖泽。后人遂将此地称为罗布泊。

这个小战士好像很有文化的样子，他信誓旦旦地告诉我这故事始传于元代。

我笑了笑，觉得故事很有意思。

我想传说中的河流聚集成罗布泊，罗布泊很久以前的确湖光山色，碧水蓝天。诸多河流注入洼地，大小湖泊一脉相连，好似颗颗珍珠洒落在罗布泊洼地上。如果说风沙四起的话，只能说今天的罗布泊洼地是这样，故事说罗布泊风大，可是元代的罗布泊洼地自然环境并非像传说中的那样恶劣，恰恰相反，当然要承认比起元代之前自然要差得多。罗布泊洼地的自然环境更加恶劣应是在19世纪至20世纪中叶的事情，所以传说也许是清代由蒙古族民间传出。也许是元代所传又经后人演变，把风神母加了进去。

中间的小插曲和我听到的小故事，完全没有影响这场会议的进行，我们一行人又回到原先的小会议室。

胡院士说："郦道元在《水经注》中记述罗布泊'少禽多鬼怪'。鬼怪者乃是当地特有的某些小动物，就跟刚才咱们所看到的一样。"

我觉得胡院士说这些话说得很轻松，然而他的眼神告诉我，那绝对不是如此简单，肯定有着更多不为人知的事情。

3

胡院士接着说："我们并不是去寻找什么奇怪的东西，而是要看看那个耳朵里面到底有什么东西，到底是哪里出了问题？"

我们都睁大眼睛看着胡院士在那里情绪激昂地演讲。

"罗布泊并不是我们想象的那样简单。"胡院士说，"在很早很早以前这里就有了巨大的文明，然而，这种文明却突然之间消失了。甚至希特勒都曾经关注这里，因为他相信地球轴心就在罗布泊地区，而且有人专门来到过这里，进行过调查。"

好家伙，胡院士还挺能说的，我心想，联系得挺长远啊。如果把胡院士放在古代，他完全有可能成为神棍一类的人物。

胡院士说："我特别喜欢罗布泊的原因也正在于此。我喜欢一切与神秘有关的东西。"

正如胡院士所说，我们也不知道这位院士到底是做什么方面研究的人，但是他出口闭口的知识味我们早都闻到了。

"张教授消失之后，我就觉得冥冥之中自有天定，很多事情我们是没有办法躲开的，现在果然来了。"胡院士显得很激动。

"我们一定会成功的！为了这里的战士，为了解决僵尸人，我们必须找到鬼耳，找到张教授，炸毁它，然后自此谁也没有机会再找到那东西。"胡院士说。

很快听完了胡院士的高谈阔论，我们被安排在哨所的宿舍。

说是宿舍其实只是架子床，这之前的战士们睡过的地方。有些战士已经化为了一把尘土，我看着那些架子床上叠得方方正正的被子想。

我看着那些被子心里就不免伤感起来，独自一人从宿舍走了出来。

此时，月光清晰，星光明亮，一派美丽之景。

我站在哨所的二楼，看着院子里静静的黑暗，心想这是一个多么平静的夜晚。然而我这话刚说完，就看见一个黑影从真实的黑暗中悄然而出。

那黑影前后左右看了看，发现没有人，又悄悄地向哨所门口移动而去。我看着那黑影总觉得有些熟悉，而且就在最近见过。

我突然想到一个人：胡院士。

这黑影是胡院士啊，这老家伙这么晚了跑出哨所是要干什么去啊？难道不怕死？我心想。

两三下从二楼下到了一楼，我悄悄地跟在他后面，也出了门。

我出门之后，发现胡院士不见了。前后左右都不见他人，心想这人奇怪啊，怎么说不见就不见了，难道是我眼睛看花了不成？

就在我犹豫的时候，听见不远处有窸窸窣窣的声音，我闻声而去。

眼前的一幕有些让我不知所措。

只见胡院士着了魔般地跪在那里，面朝远处我也不知道那远处有什么东西，但是眼下全是黑暗。

他就那样静静地跪着，不断地跪拜，不断地起来，嘴里细细有声，由于离得太远我是一个字都没听清楚。我暗自觉得那应该是一种咒语。

我心想：这tmd都是什么和什么啊，处处都是雷区啊，明明一个好好的专家，你非要跑这沙漠里来拜什么啊？咱们这又不是出海去打渔，必须拜拜妈祖。

我看着胡院士这怪异的行为，心里不免觉得有些看不懂。

胡院士突然抬起头来，看着我趴着的地方，我心想难道是发现我了？不可能，凭他还差几年。

胡院士看了看，好像觉得没有什么，转过去继续磕头。

我瞅着胡院士磕头，磕得我都瞌睡了，他这才收手，长长地出了一口气，慢慢地往回走。

我没有跟过去，看着胡院士走到哨所院子。我从自己藏身的地方出来，跑到胡院士刚才跪的地方，我蹲下来，发现那地方被胡院士画成了一个门的形状，而且看起来门还是半开的。

胡院士画得很粗糙，好像是什么东西逼着他画的一样。

我看着那门，脑海里不知怎么的不受控制地出现了一个巨大的黑暗中的门，那门半开着，透出白色的光。

门上也是白森森的人头骨，每颗人头与人头之间有血管一样的东西在蠕动着，那些人头好像是活着的，在不断地转动。

我赶紧使劲摇了摇头，脑海里一下子清楚多了。再看胡院士刚才所跪的地方，原本画出来的门，却神奇地不见了？

我看花眼了？我问自己。可是我很相信自己的眼睛啊，刚才那确实是一道半掩着的门。

它是怎么出现又消失的？我不断地问自己，奇怪，真的奇怪，见鬼了一样。

我怒冲冲地回到宿舍，这时其他人都睡了。

就李卫平一个人盯着我看。

"出去了？"李卫平问。

"是啊！"

"见到什么东西了？"

"没有啊。"我说，"就是出去透透气，看看夜景。你也应该出去看看，这地方的夜景可真美啊！"

"半掩着的门也很美。"李卫平冷笑着说。

我大惊，这小子怎么知道的，难道是跟踪我了？不可能啊，我的反侦察能力起码能发现他吧？

"我不知道你说什么呢，什么门？"我装迷糊说。

"我能看到你看到的！"李卫平说。

"你们俩要聊天滚犊子出去聊去！"马辉喊道。

"好了，睡吧。"我说。

"但愿你能睡好。"李卫平说。

我有什么睡不好的？我想。

躺在床上，脑海里闪现的是这位我才认识不久的胡院士，和今晚上发生的一幕。我切身地觉得，自己已经步入到一个巨大的围猎场。

博学，但是行为诡异的院士，让人捉摸不透的李卫平，充满危险的罗布泊鬼耳，从来没有接触过的军事基地突然出现的神奇事件，还有我刚才尾随胡院士脑海里浮现出来的人头骨门！这一切的一切都在说明什么？我闭上眼睛，让自己尽量不要多想。

但是李卫平的话，依旧在脑海里晃动得犹如老鼠一般。

第二天，天晴，太阳出来得比我想象得都要早。四五点已经升了起来。

吃完早饭，将一些备用的东西全部放到卡车里。

胡院士看着我们说："今天就出发了。"

我心里嘀咕，这人跟没事的人一样。

李卫平突然站起来说话："胡院士，我想问，你们想在那个罗布鬼耳里面找什么东西？"

胡院士被这突兀的一问惊呆了。

"我不知道，但是张教授应该知道他要找到什么东西。"胡院士说，"他曾经在进入那个鬼耳之前给我写过一份洋溢着赞美之词的信，不断地赞美那个耳洞里面的东西，告诉我一个新研究课题甚至将会因为这个而被揭开。"

此刻太阳都已经照得人痒痒的。

在罗布泊这样的沙漠地区，早上太阳是暖和，中午太阳是毒辣，下午太阳才慢慢柔和。

我们是吃过午饭才慢慢地开始出发的。谁要问我为什么，我只能告诉他这就是经验。

沙漠里只有疯子盯着大太阳，开着车去找死。车跑热了，说不定就会爆缸，然后自燃，你到死都不知道是为什么死的。

第六章
Chapter 6

恐怖的秘密

1

　　"我是说，这位张教授没给你什么特别的东西吗？"李卫平问道。

　　胡院士低头想了想，脸上一脸的凝重说："没有的！"

　　"真的没有？"李卫平问。

　　"我想想，咱们先上路吧。"胡院士先上了车。

　　皮卡上装的全是大桶的汽油，用厚厚的帆布遮盖着。这样做是为了防止太阳暴晒，沙漠里的太阳可比不了平原丘陵有绿色植物遮盖的地方的太阳。我领略过沙漠太阳狠毒的那种感觉，就像是拳击手重拳击来一般。

　　看着那些明晃晃的汽油，我心里踏实多了。没办法，车队里的车全是油耗子，喝油比我们这帮子兵喝水都要厉害。没有油，车就算是完了，到时候你不会知道自己遇到什么，甚至生命到头看到的最后情景都是黄沙漫道。

　　至于饮用水和食物那些东西只能放在我们自己的后备箱里，不过这样也好，要是有个车出问题了，掉队了，车上的人起码有水喝。

　　我看着李卫平一脸的凝重，心想难道是有什么事情，这家伙每天都神秘兮兮的，这没出发呢，先给胡院士将了一军。看来这队伍不好带啊，有这么两个大神，我心里顿觉不是那么个情况。

　　我在出发前，自作主张地给我的车后面又额外装了几十公升的汽油，这可是我唯一的私活，没办法，就怕出事！我这心里老觉得这次任务不简单，真的会出大事！哎，连续两个晚上没睡好，我心里的石头老悬着，让人难受。

汽油弄得车里的味道不太好闻，反正一开始的路还算可以，我准备将车窗打开，先呼吸呼吸几口新鲜空气。就是马辉那家伙话太多，嚷嚷着骂我不厚道，弄这么重的味道，下车说不定能点着。

因为这次换成了我和胡院士坐在头车里面，马辉负责开车，还有王小虎来负责带路，我将梁子和马辉分开，就是怕这两个家伙在车上又掐架，到时候马辉这车开不好可就完了。

在车上胡院士一直低头不说话，我看着他估计是有心事，也不再搭理。

马辉开车就跟疯子差不多，一会冲上远处的高台，一会俯冲下来，车周围全是尘土，他倒是高兴得要死，可是害苦了我们这些坐车的人。

如果有人觉得在沙漠里开车是一种很幸福的事情的话，我这里可以告诉你，你错了。

戈壁，听起来是多么美妙的一个字眼。没有路，全是各种坑坑洼洼的小坑，而且小坑周围又是各种坚硬的石块。

那些石块泛着白色的盐碱，告诉你这是戈壁滩，万物不生长，流水出不来。

路是恐怖的路，车已经是很先进的丰田越野车。

然而最为痛苦的是，这车里面有种怪异的气氛，没有人说话。马辉因为我把梁子调到别的车上，没人吵架悄悄的！王小虎来到我们车上，因为他懂路，这次我的车当头车，这家伙则是一棍子打不出一声的闷葫芦。胡院士低着头，在那里思考着什么。

我心思全无，闭目养神，心想你们都在这沙漠里憋着吧。

透过车窗，我看见中路车队的越野车上，一个模糊的人影正拉风地通过打开的天窗，站在车上。我接过王小虎手中的望远镜，仔细地看了看，多亏这次准备的望远镜都是基地最牛的。

　　梁子这家伙在一群小兵崽子身边冒充老大，这会正站在那边，一副巴顿将军造型，胸前挂着望远镜，还一边比划着什么，使劲儿敲着车顶。

　　我拿起对讲机喊道："梁子，你丫不想混了是吧？要不我们把你扔在这里，你在这沙漠好好享受享受指挥部队的幸福？"

　　估计是我的喊话起到了作用，我通过车镜看到梁子乖乖地钻到了车里面。

　　黄昏以极快的速度来到这片巨大的戈壁上。

　　我们找到了一个河床，然后坐下来休息，吃点晚饭，晚上好乘着凉快赶紧往前赶，这也是我的打算。

　　胡院士吃饭的时候拿出来一个地图，我看那地图应该是军用地图，只是地图上有好多点。

　　地图上半径向西南、西北的沙漠腹地中，成扇形位置地散落分布着八九个点，每个点都是刻意标示出来的。

　　胡院士说："这些点都是曾经出现过罗布鬼耳的地方，后面的那些点有些是我加上的。"

　　我边吃边看着那地图，上面的点有几个居然很密集地出现在一个地方。

　　"你们看，这个地方就是龙城所在，这周围一大片居然有五次关于罗布鬼耳的记录，可见它在那里出现的频率最高。"胡院士说。

　　我看着那地图上其他的点，都是散乱的毫无章法可循，也只有在这龙城附近，确实是出现得最多，那样我们寻找起来更为方便。

　　胡院士看着我说："郑连长，在走之前刘司令给我说你负责这支队伍的指挥，希望你能带领我找到那里。"

　　这老家伙还挺有意思，现在居然愿意说软话了，我心想。

　　我说："胡院士，您老客气了。我们是当兵的，保护您是应该的，完成组织上交给我们的任务也是我的职责，您老就放心吧。"

马辉拿着一块羊肉在那里边啃边说:"胡院士,罗布泊这么大,到底为什么会形成这么个东西啊?"

胡院士抬头看了看黄昏巨大的绯红色,那红色像一朵美丽妖艳的食人花,它接下来将由绯红色慢慢地变成深红色,然后暗红色,最后成为一片黑色。

胡院士说:"我是和我的老朋友张教授一起研究罗布泊的,研究罗布泊的什么呢?我告诉你们,在我们现在看到的这个罗布鬼耳之前,我们偶然得到一张图片,那张图片是外国卫星拍到的罗布泊照片,你们知道那照片我拿到手第一感觉是什么吗?"

我们都笑了笑,胡院士卖关子的本事是不一般啊。

胡院士笑了笑说:"就跟你们之前看到的刘司令手里的那张耳朵照片一模一样。"

我心里一惊,赶紧说:"难道这罗布泊从太空看就是一张大耳朵的造型?"

胡院士深沉地说:"没错!从太空看,罗布泊就是一张大耳朵的造型,其影像形状酷似人的耳朵轮廓,有八道耳轮线,还有耳孔、耳垂。我们现在所站的地方就是这耳朵的边缘。"

天哪!

这里居然有这么大的一个耳朵,这种震撼力完全不是那种僵尸人所能媲美的。我浑身一凉,心中突然多了一个念头,一定要进去看看这耳朵到底是怎么形成的。

"我当时也和你们一样惊奇,可是苦于手头事情太多就没太注意。然而张教授在国家的支持下,来到罗布泊。因为之前原子弹爆炸之后,这里确实出了些问题,张教授又是一个全才,他对物理学、生物学等都有着深入的研究,国家也顺水推舟,安排他来了这里。"

2

"其实中国对罗布泊的关注由来已久，尤其是1972年，尼克松访华，送给周总理一张罗布泊的地球卫星照片，这时中国才知道罗布泊干了。"胡院士说，"当时国家穷，没办法，自家的东西别人看见了也很正常。可是到后来张教授的发现越来越多，他给我的信中写到发现了很多东西。"

我听着"他发现了很多东西"这句话，已经被吊足了胃口。

胡院士接着说："张教授时常给我写信，一有时间就停下来写信。你们也知道在这样的地方，电话是不可能用的，也没办法用。"

胡院士这话倒也是对，这里的信号太差。

"张教授的信，一封比一封诡异。他在信中一次次地提到一个巨大的人骨门，他在信中用非常恐怖的手法写那人骨门每夜每夜地出现，召唤着他，如果他不按照这人骨门的引导去做，自己会受到很残忍的精神上的伤害。"胡院士说。

人骨门，又是这人骨门！

天哪！

胡院士这话到底是在说给谁听？难道他不知道自己也在膜拜那种手绘的门吗？我心想。可是从胡院士的话里，我没有感觉到一点他的不舒服，难道是幻觉？

"后来怎么样了？"马辉来了兴趣问。

胡院士讲到，张教授一次次地从罗布泊出来，一次次地带着士兵和考察团的人不断地寻找他脑海里那扇白色的人骨门。

张教授曾经在信中一次次地提醒说，那扇门背后隐藏着巨大的秘密。胡院士认为张教授已经陷入到一种深沉的迷幻感当中。

"他好像中邪了一般在找某种东西，而且没有告诉别人，只是在信中告诉了我。"胡院士说。

后来很长一段时间张教授没有给我信，就在胡院士觉得张教授会不会出什么事情而担忧的时候，一封信从罗布泊邮寄来了。

这封信胡院士一直带在身上，他没有给任何人看过。

胡院士拿着那封信说："张教授在信里面告诉我一个极大的秘密，这个秘密隐藏了很长时间啦。"

我们都停下手中的事，围拢在胡院士跟前。

我猜想很多人都在心里嘀咕，什么秘密啊？

胡院士说："罗布鬼耳有可能是进入地心之门的入口。"

"地心之门？"我问。

"是的，我现在还不知道那里到底会有什么，但是张教授对这个发现好像情有独钟，非常认可他自己的这个观点。

"张教授在信中告诉我，他更加确信地心中央是神秘的宇宙之门，或者说是宇宙之心！"胡院士说。

我一听这话，先是静静地一笑，这张教授还真是挺奇怪的，到现在人类都不完全了解宇宙，更别谈宇宙之心了。

马辉睁大眼睛听着胡院士的话说："胡院士，那地方肯定有宝藏吧！？"

胡院士笑了笑说："你说呢？"

这么一句简单的话，让马辉两眼放光，浮想翩翩。

梁子使劲给了马辉一脚说："你他妈的就这么点追求，你那点花花肠子我还不知道，又在想你老婆孩子热炕头的事情了吧。"

马辉站起来笑嘻嘻地说："滚犊子，我才不像你那样，用裤裆思考事情。"

马辉和颜悦色地对胡院士说："不好意思啊胡院士，这孙子就这样，没文化别跟他一般见识。真有宝藏，我也要给国家。"

这家伙又在搞自己的小算盘了。

看到马辉那一脸的铜臭样，我也真想上去给这家伙一脚。我心中怒骂着，谁让这样的家伙进到我们的队伍来的啊，我真想揍那家伙一顿。

这时候马辉恨不得拜服在胡院士脚下，大喊胡爷。

因为多了马辉这出戏，原本似乎还有很多话的胡院士，一下子憋了回去，也开始笑着和马辉侃大山去了。

渐渐的，周围安静了下来，利用这个闲暇的时光，能休息的抓紧休息了，晚上还有路要赶。

一直等到黄昏落下，周围黑蒙蒙的时候，我们车队又一次出发了。

黄昏在上，沙土在下。

车沿着没有路的地方，一直向北，向北，还是向北。

在那些巨大的沙土里，谁知道有什么东西在等待着我们。

随着周围的温度慢慢地降低，我们的车上也迎来难得的凉意。周围一望无际的戈壁滩，让我顿觉荒凉许多。

王小虎指挥着马辉开车，因为作为头车的我们，必须带领好所有的队伍，以免出现意外情况。

胡院士在车里告诉我，如果要进入到罗布泊腹地，必须找一个地方建立大本营，将部分物资留在大本营，然后其他人继续搜索，这样也能轻松一些。

谁也不能保证这些车能在这样的地方跑多远，到时候想走回来是不可能的，必须建立营地，提供后勤保障，这样或许才有保障。

我对胡院士说："那你看将这个地方安排在哪里比较好？"

"据我了解，还有张教授告诉我的一些情况看，在罗布泊有个叫'苦泉子'的地方，那里可以作为我们的基地，只是……"

"只是什么？"我问。

"张教授说那里时常有沙漠巨蜥出没，不知道现在安全不。"

"沙漠巨蜥我还没见过，但是沙漠里面的四脚蛇我倒是踩死过不少。"马辉开着车说。

"咱们还是多注意，虽然张教授只是给我提了个醒，想来应该不是什么问题。"胡院士说。

"嗯，我知道了，还是注意点为好。"我说。

"哎，也不知道这张教授到底是为了什么要来这里，我就想不明白了。"胡院士说。

"当时是什么情况，他来这里啊？"我问。

"哎，事到如今，我也不能隐瞒你们什么了。"胡院士有些悲愤地说。

隐瞒？

难道这个老爷子，还给我们这帮子大头兵下了个套不成？我心里顿时觉得有种五雷轰顶的感觉，难不成这老家伙忽悠我们来给他当垫背的？

"在解放后，我和张教授那时候也年轻，获得了一批珍贵的资料，是民国时期关于新疆的资料。"胡院士说。

"民国时期新疆的资料？"我问，"这也很正常啊。"

"是很正常。"胡院士说，"可是就在这些资料里面，有不正常的东西。我们在资料里面发现了一条神秘的线索。"胡院士说。

外面开始起风了，在这样的沙漠里，起风很正常。

罗布泊，像一只巨大的耳朵倾听着这个世界四面八方的声音，而那鬼耳则是进入另外一个世界的大门。

胡院士接着说："这份文件显示，在很长一段时间里面，包括国民党、苏联人、日本人、希特勒在内都对新疆的罗布泊地区有着非常浓厚的兴趣。"

3

靠！我在心里想，这么多人对一个连死人都不想来的地方产生这么重的兴趣是为什么呢？难道就因为这个地方像一只耳朵不成？

胡院士说得很奇怪，也很神秘。

人迹罕至的罗布泊充满了神秘色彩，这里被称为生命的禁区，发生在这里的传奇故事常常伴随着失踪和死亡，但罗布泊有着诱人的另一面，它是世界地质演变的活化石和气候变化的记录仪，是探险者和科学家的乐园。罗布泊，历史上曾是一个烟波浩渺的湖泊，湖面超万平方公里。这里曾是一个物产丰富、景色秀美之地，历史上，罗布泊的湖水养育了楼兰古城的居民。西汉时人们称罗布泊为"盐泽"，东汉班固撰修的《汉书》，则将罗布泊称之为"蒲昌海"。元代称之为"罗布淖尔"，这个称谓一直延续到近代。最新研究表明，上世纪初，罗布泊湖里还生长着数十斤重的大鱼。但如今，这一切已变得面目全非。

"您说的这些我都知道，也了解到一些，能不能说说那些我不知道的。"我说。

胡院士笑了笑，然后抬起头看了看外面匪夷所思地说："你看这片沙漠，曾经嘈杂而辉煌，后来某种神秘的力量，让它成了现在的样子，还有它外形酷似人耳，加上吞噬张教授的那个不断来回移动的鬼耳，这一切的一切都让我想起了那些资料里面的东西。"

是啊！眼前这片让人望而生畏的沙漠，确实存在着太多的未知之谜。我心中隐隐地觉得眼前的问题，并不是我们想象中的那么简单。哪怕是一个小小的事情，说不定都会葬送我们的性命。

"你们应该看过一些关于二战期间德国在西藏的探险吧？"胡院士问。

"你说希特勒他们啊？"马辉这家伙一心二用地说。

"没错！"

我问道："这有什么联系吗？"

"当然有，而且有着非常大的联系！"胡院士说。

"和罗布泊有联系？"

"是！"

"难道纳粹来过罗布泊？"我问。

"去西藏只是一个幌子，纳粹真正要找的是地心之门，据说那里有种神秘的力量，希特勒对此颇为相信。"胡院士说。

1938年，经希特勒批准，纳粹党卫军头子希姆莱派遣"德国党卫军塞弗尔探险队"奔赴西藏进行探险考察，探险队的队长是恩斯特·塞弗尔，一位博物学家，时年二十六岁。其他四名成员是：布鲁诺·贝格尔，一位人类学家；恩斯特·克劳泽，一位植物学家和昆虫学家，同时也是官方的摄影家；卡尔·维内特，一位地球物理学者以及埃德蒙·格尔，探险队的管理者。进入西藏只是掩护，而他们真正的目的就是寻找这种元素，一种可以让动植物拥有无限生命和动力的东西。大家都知道汽油可以让机械运动有动力，但是汽油不可以用到人身上。电磁体可以在机械之间进行动能转化，但是如果放到人身上呢，结果就是人必死。不过此元素可以在动植物、机械之间进行能量转化，例如用水做发动机，利用空气动能做成喷气发动机，但是它们之间必须有一种东西进行连接，以保证无限的动能，强有力的永不消失的能量，就是这个元素。德国人不但发现了它，而且在试验阶段应用了它，制造了我们现在都无法做出的碟形飞行器，因为此元素实现了永动能，就解释了为什么人感染了它就不死的原因。聪明的德国人提炼了这个未知的东西并且做出了永动能，永远不会消失，就好像一杯水倒入另一杯水然后又倒回来的道理一样。当初德国人也想做出拥有这样元素的战士，但是他们并没有掌握如何控制，所以只能消灭。

这支队伍从西藏当地人口中得知有一个名叫沙姆巴拉的洞穴，据说那里隐藏着蕴含无穷能量的"地球轴心"，谁能找到它，就可以得到一种生物场的保护，做到"刀枪不入"，并能够任意控制时间和事件的变化。1939年8月，考察队回到德国，受到希姆莱的热烈欢迎。希姆莱向塞弗尔颁发了"党卫军荣誉剑"。1943年1月，纳粹在慕尼黑大学设立了以瑞典考古学家斯文·赫定的名字命名的考古与人类学学院——斯文·赫定学院，塞弗尔经希姆莱推荐，被任命为首任院长。与塞弗尔同行的贝尔格也被希姆莱提升为党卫军高级军官。由此可见，纳粹分子的第一次西藏探险活动，受到了纳粹高层的充分肯定。

但是他们寻找的洞穴并不在西藏而是在罗布泊，即大家所熟悉的耳朵眼，但是他们是怎么找到耳朵眼并进入的？

德国在西藏探险寻找"地球轴心"，找到它，就可以得到一种生物场的保护，做到"刀枪不入"。大家注意了，那是得到一种生物场的保护并且刀枪不入，并且随行中有瑞士传教士和英国医生。探险要传教士干什么呢？医生当然可以理解为有人生病可以立即诊治，但是医生为什么是英国而不是德国的？传教士在欧洲中世纪是骑士，他们在外表上像修士僧侣，但其实质却是军人；他们脑子里装的不是《圣经》，也不是祈祷词，而是"战斗"；他们的武器不是说教，而是利剑和长矛；他们刀光剑影的日子里也充满了凶险，其实他们干的活都是神秘不可知的。根据史料记载，所谓神圣之地就是世界轴心。只要翻转这个轴心就能改变历史，获得大量的力量而战无不胜。喜欢玄学的对此深信不疑，而且来此探险还有个目的，就是追寻传说中有记载的神化的雅利安民族的最后一支消失的地方，即西藏和罗布泊一带。他们对当地西藏人都做过很严格的体检调查，包括骨骼的尺寸，眉毛的分布，眼睛的大小等都做过调查，就是为了找到传说中的纯种雅利安民族的遗留血统，然后带回本国为希特勒的人种计划的实施奠定基础。

其实这都是最肤浅的皮毛，党卫军开始的时候知道得并不多，只是凭主观判断，认为西藏是世界最高地，肯定有特别的地方，包括生活在那里的人，所以做严格的体检。虽然一无所获，但并不是没有得到经验，在西藏最肤浅的调查让他们知道这种东西根本不在普通百姓的身上，所以我们现在知道的只是党卫军在西藏探险，但是对于新疆的探险几乎是没有一点记载，这就是德国人的高明之处。

"可是我们拿到的资料里面，有当时在新疆的一些外国人记录的资料，其中就有很多德国人以各种形式来到新疆，然后又神秘地消失，还有前些年在罗布泊发现了一批德国纳粹军人的尸体。"胡院士说。

"胡院士的意思是说，当年德国人有可能真的在罗布泊找地球轴心？"我问。

"确切地说，他们相信罗布泊那个巨大的耳朵是进入地球轴心的秘密通道，而这幽灵般的鬼耳则是那秘密通道的大门。"胡院士说。

"战争狂人不只是将战火燃烧在武器上，还将战火引入到这片沙漠里，而除此之外，当时的日本人、苏联人、国民党都对这片土地虎视眈眈。"

"难道他们都相信这里有着巨大的秘密？"

"你说呢？"胡院士反问我，"这片土地难道现在不是真的隐藏着巨大的秘密吗？况且现在我们能够静下心来解开这个秘密。"

我点点头表示认可。

眼前的这些事情，完全超乎我的意料，看来必须有心理准备，谁知道接下来还会有什么事情。

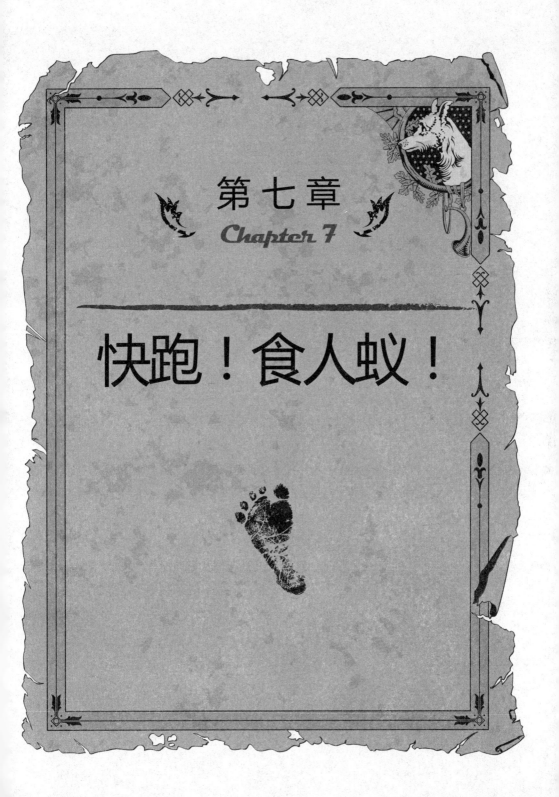

第七章
Chapter 7

快跑！食人蚁！

1

沿着没有路的沙漠行进，是一件恐怖而痛苦的事情。你根本分不清楚东南西北，驾驶员会慢慢地疲惫，直到睡着。

马辉一直保持着极好的架势，这也是常年训练的结果，可是这位胡院士却不一样，他强忍着颠簸，在车上眯了好长时间。

虽然是浅睡眠，但是我看着他睡觉时脸上的表情，好像很痛苦，很害怕。我想应该是做梦的缘故。

马辉一路上对这片沙漠的造物主问候了几十遍，然后心情十分不爽地又开始骂我，说什么我带的这破路，非要来这样的地方，鸟不拉屎。

我也没有话说，实在是这地方太差了。

凌晨时分，我们找到了宿营地。

此刻已经深入了罗布泊深处，谁也不知道我们在哪里。

最为奇怪的是，在罗布泊有着很强大的电磁干扰，你根本无法与外界保持畅通的联络，这一点让人很苦恼。

胡院士和我们五个人简单地做了一个总结。

"这一天才是个开始，我们的开头还算不错啊！"胡院士说。

"不错？"梁子反问，"我觉得糟糕透了，已经有辆车差不多要折在这里了。"

梁子已经告诉我这件事情了，那也没办法！这样的路况，再好的车也受不了啊。只好先修修，等到了苦泉子再说。

"休息一下，我们应该再有半天的路程就可以到达苦泉子了。"王小虎说。

092

"希望一路上不要有什么问题。"我在心里祈祷着。

清晨的沙漠寂静而安详，只有风静静地吹着。

我躺在车盘下面，为的是躲避一下阳光的暴晒，沙漠里的阳光是可以晒死人的，这也是我的好法子，可以不用搭帐篷，省了不少力气。

正当睡得踏实而舒服的时候，我觉得身下的沙子动了动，我这人有个毛病，就是睡觉特别浅，尤其怕光，有什么声响第一时间就能感觉到。

这也是多年来当兵练出来的基本功，必须对周围的环境改变有着敏锐的嗅觉。

我正睡得踏实，突然感觉这身子下面的沙子里好像有一大堆蛆虫不断地搅合着沙子一般，脊背感觉到一股子麻痒，我心中大惊，突然从车底下爬出来，将衣服脱下使劲儿找啊找啊，然而却没发现什么东西。

再看我刚才所躺的地方，沙子就好像煮沸的水，不断地滚动着，我心中大惊，耳朵里传来悉悉索索的声音，周身一下子凉透了。

这家伙是什么东西？

我看着那些沙子滚动着，慢慢由小沙包变成一个春笋般的箭头。

我越看越觉得奇怪不已，心中也不免多了一丝担忧。因为在我所在的酒泉沙漠，根本没有见过这种东西，所以我也不清楚它到底是什么。

从那滚动的沙包上，突然裂开了一个不小的洞，从那洞里涌出来一只黑色大蚂蚁，这只蚂蚁有成人拇指大小，周身乌黑，甚至它的眼睛都是黑色的。身上一节一节的，显得精致得很。

那只大蚂蚁好像是先锋一样，先用触角在周围试探了一下，左右前后都试探了一遍之后，这家伙估计没发现什么危险，然后钻进那滚动的沙丘里面，我看着还觉得有些意思。

然而就在这时，那滚动的沙丘里面，一下子涌出来成百上万只黑色蚂蚁，四散开来，我看着它们好像游击战士一样，不断地向外奔跑着。

我的一件外套还撂在车底下，它们就这样对那家外套发起来强有力的攻击。一大片黑衣蚂蚁就这样抢占了我的外套，我看着它们在那件外套上不断地撕咬着，心里一阵麻麻的紧张感。

不出三秒钟，我的衣服就消失不见了，而且是不留痕迹。

正在我观察那些蚂蚁啃食我的外套的时候，突然觉得大腿上一阵酸疼之感，我赶紧将裤腿揭起来，一只大黑蚂蚁正在我的小腿上，用那我肉眼都能看见的黑色钳子使劲地啃食着我已经有些麻木的小腿。

我心中大惊，一只手下去直接将它拍成了肉泥，然后扔在地下。

我突然觉得这些黑蚁没有我想象得那么简单。

这时突然有人尖叫着跑了起来，然后在地上使劲地揉动着身体，将衣服脱了下来，在沙地上不知道发生了什么情况。

我赶紧跑过去一看，好家伙，又是那些黑色蚂蚁。

胡院士看了一眼那些黑色蚂蚁之后，大喊道：“快走！快上车！”

马辉还在迷糊当中大骂道：“不就是些蚂蚁吗，怕什么啊怕！我一脚下去能踩死十个。”

“去你妈的吧！”梁子骂道，“你丫现在踩十个我看看。你赶紧睁开眼睛看看情况吧。”

马辉迷迷糊糊地睁开眼睛，眼前的一幕吓坏了这家伙。

黑压压的蚂蚁正在四处搜寻着可以吃的东西，地上的杂七杂八的东西都没有放过，睡袋、衣服一扫而光，所过之处没有留下任何痕迹。

我招呼着所有人赶紧收拾东西，然而奇怪的事情就发生在了我的眼前。

我看见李卫平一个人静静地站在那一大堆黑色蚂蚁面前，像一座雕像一般。更为奇怪的事情就在这一刻发生了。

我大喊一声“李卫平”。

他回头看看我，然后示意不要出声。

我睁大眼睛看着，心想这家伙难道真是个疯子，不怕死啊？

其他人此刻都忙得不亦乐乎，生怕那些黑色大蚂蚁跑过来，可李卫平这家伙居然迎头赶上，好像巴不得黑色蚂蚁赶紧到自己身边来似的。

震惊的一幕发生在李卫平对我示意嘘声之后的那一瞬间，我以为那些饿疯了的黑色蚂蚁会一拥而上，将这个不算健壮的家伙一口口地分成几十万块。

我看着那些蚂蚁滚动着周身黝黑的肤色，在已经有些炎热的沙漠里，像一群黑色的浑水野兽，越来越多地堆积在李卫平眼前不远处。

然而最为奇怪的一幕出现在了我的眼前，只见远处那些黑色的蚂蚁静悄悄地停在了李卫平远处，如果让我说得更为准确些，也就是以李卫平影子为轴画了一个圆，这些黑色蚂蚁就那样围绕着这个圆。

它们就像是接到了某种信息，很认真，而且有规律地围绕在李卫平周围，如果这个时候能从高空看到的话，肯定会很奇怪的。

一大片黄沙，你一眼就能看到那个黑色的句号。周围是黑色的密密麻麻的蚂蚁，而中间则站着一个人。

李卫平就这样站着，对视着那些黑色蚂蚁，这一人一群蚂蚁，突然之间达到了某种美妙的平衡感，人不动，蚂蚁不动。

如果说，这蚂蚁很快将李卫平吃掉，我心里也就踏实多了，而且会带着某种对鲜血的快感离开，可是让我觉得奇怪的地方就在于，李卫平这家伙好像天生有种能力能够控制住这些蚂蚁的行动。

"李卫平，你在干什么？"我说。

李卫平显得很累，说："快上车！要不然我挡不住了。"

我听着李卫平的话，有些蹊跷，但是又觉得好像没有什么问题。

再看别的地方，有些蚂蚁已经在对其他人骚扰了，也觉得李卫平的话有些道理。

"那你咋办？"

"别废话，快点离开这里。"李卫平咬着牙说。

我一听觉得这家伙好像很痛苦似的，忙大喊一声："快上车！离开这里。"

马辉看着心里发慌大喊一声："上车，赶紧离开这鬼地方吧。"

我看着那些黑色蚂蚁在不断地抖动着身子，似乎意犹未尽一般，其他战士已经在收拾东西，将能带走的尽量带走。

马辉上车，将爬进驾驶室的蚂蚁通通消灭干净，然后打火发动车第一时间带着我们几个先跑了出来，其他的车也跟在了后面。

"妈的！好悬啊，差点就让这些家伙给吃了。"马辉说。

"这是沙漠食人蚁，我们估计刚好睡在了它们的窝上。"胡院士说。

从后视镜我看到梁子在车上也不知道拍打着什么，估计是那些蚂蚁又跑上来的，其他车上也有人大喊大叫。

"妈的！这些东西真这么厉害？"马辉问。

"幸亏我们发现得早，要不然现在连骨头都剩不下。"胡院士说。

王小虎顺手拍死了一只蚂蚁，然后在座椅上将手上的蚂蚁尸体蹭干净说："这东西听老兵说见过，但是像这么多的还是第一次。我们这些新兵可真是头一次，看来真的是很厉害。"

我悬着的心总算是平定了下来。

这算是出师不利，谁知道这些小小蚂蚁居然也能要人的命。

"小虎，你们以前训练就没遇到过这种蚂蚁？"我问。

"嗯！"王小虎说，"听老兵讲起过。"

"那你给我们讲讲吧。"我说。

"就是，这事情讲讲我们心里也好有个底。"马辉边开车边附和道。

"好。"王小虎说。

2

　　遭遇沙漠食人蚁的事情是从一个晚上开始的。

　　夜晚的大漠，气温由白天的四十多度，骤然降到十度以下。地平线上升起了一弯新月，天空繁星密布。四周是死一般地寂静，既听不到野驴、野骆驼的嘶叫踢咬，也没有鸟雀的啁啾。寸草不长的沙丘，风吹着沙粒翻滚，发出怪异的"呜、呜"声。营帐外拴着的战马，不知为何发出尖利的嘶鸣。搜索组长闻声到营帐外看看，没发现异样情况，便和衣睡下了。战士们因连日在沙漠跋涉、巡查，早已疲乏不堪，这会儿一个个鼾声连连，正做着各自的梦。

　　第二天清晨，战士们起床为战马饮水、添草料时，突然发现一匹枣红马不见了，只在拴马处留下一具马的骨架！骨架白生生的，几乎见不到一丝肉。旁边有几匹马，在腹部、腿部也有几处被撕啮的伤口，正渗着黑红的血。一道五六公分深的小沟槽，从拴马铁桩边，穿过戈壁，伸向远处的沙梁。

　　究竟是什么怪物吃了马匹？必须探个水落石出。组长命令战士们就地待命，自己带领一名战士，肩挎冲锋枪，各骑一匹快马，顺着小沟槽向远处沙梁奔去。

　　两个多小时后，两人狼狈不堪地策马回到了宿营的高地。组长跳下马，用嘶哑的嗓子喊道："我们遭遇沙漠食人蚁了！立即投入战斗！"他指挥战士们一面将马匹向营帐收拢，一面从车上取下备用汽油桶，以及军用锹镐，并以最快速度，围绕宿营地挖出一条宽一米多，深六十公分的环状壕沟，并往壕沟里注入汽油。

　　稍后，战士们耳边就传来了怪诞、恐怖的"呼、呼"声，只见密密麻麻的黑蚂蚁，个个如同黑巫婆毒蜘蛛，正争先恐后跳跃着，向大本营扑来！说时迟，那时快，战士们迅速将汽油点燃。随着"轰"地一声响，营帐周围燃起了一圈熊熊烈火。无以数计的食人怪蚁，争先恐后，纷纷跌入沟内烧死，发出骇人的"啪、啪"声。战马惊恐地嘶鸣！战士们手持铁锹严阵以待，注视食人蚁的动向！

　　十多分钟过去了，沙漠食人蚁的疯狂攻杀，终以惨死而告结束！战士们从惊骇、紧张中回过神来，跳着、喊着："没事啦！没事啦！"他们恍然大悟，正是有了食人蚁这个沙漠动物的煞星，才使这儿方圆百十公里内，没有野兔，没有地鼠，没有飞鸟，甚至连沙漠中常见的蜥蜴也毫无踪影！

　　"真有这么厉害？"马辉问。

　　"我也不知道，我这些都是听他们说的，真的沙漠食人蚁我这是第一次见到。"王小虎说得很认真。

　　"妈的！听你这么一说，我心里更紧张了，看来以后睡觉我还是睡车上，怎么死也都比被食人蚁吃了强。"马辉说。

　　"你小子能不能积点德，想点好的！"我说。

　　"和平你小子不怕啊。"马辉说，"我可不想SB地被一群该死的蚂蚁吃得连骨头都不剩，你想想那些蚂蚁从嘴里钻进去，然后从肚子里面钻出来，你一点点地感觉到自己身上的肉慢慢地掉下来，但是你的意识还是清醒的，那该有多恐惧啊。"

　　"什么话到你嘴里，都变得血淋淋的。"我说。

　　听着马辉的话，我倒也觉得有了几分道理。

　　这伙沙漠食人蚁出现，让我一下子对这片罗布泊沙漠有了更为深刻的印象。看来沙漠并不是死寂的，在这沙子地下肯定有着另外一个世界，一个杀戮的世界。

　　"和平，咱们跑得也差不多了吧？"马辉问。

"应该差不多了。"

"那咱们是不是停下来休息一下。"

"不行，这些蚂蚁对周围空气的分辨能力超乎异常，不能在这里逗留，继续往前走。"胡院士紧张起来。

这位老爷子，刚才遇到沙漠食人蚁的时候倒是淡定得很。此刻却像个孩子一般，激动得不行，是坚决不让停车的。

"还是赶紧往前跑！那些沙漠食人蚁的行动速度比我们想象得要强。"胡院士说。

对于这位有着极高学术造诣的学者的话，我不得不听。

"马辉，别磨叽，赶紧往前走。"我说。

"哎！没了回笼觉，现在只能硬着头皮了。别说我没提醒，这路人能受得了，车可不一定受得了。"马辉说。

"那也没办法，凡事保命要紧，况且我们的事还多着呢，这才开始。"

"行，一切听你的。"

"别啊，什么叫一切听我的。"我说，"如果你觉得有反驳的意见可以告诉我的，我真的不会对你做什么的。"

"切！"马辉不屑。

"如果你愿意下去吃烤食人蚁，我愿意开车。"我说。

"别了，你就把那些蚂蚁留着吧，它们也是生命，饶恕它们，在这样的环境里生活挺不容易的。"

"你真是菩萨心肠。"

胡院士终于将身上最后一只蚂蚁找到拍死了，然后长出一口气说："这食人蚁果真厉害。"

我看着他腿上有些地方已经被蚂蚁咬得流血了，赶紧给上了些药。

胡院士心里这才踏实下来说："真是防不胜防，太可怕了。"

"还好发现得早，要不然咱们估计损失就严重了。"

"嗯！"胡院士接着说，"再走一段时间咱们休息吧，太热的话，对所有人都不好。"

"在这个距离可以休息吗？"

我很认真地问这个问题，是因为我确实不好判断这伙食人蚁会不会再跟上来，别到时候又来个措手不及。

胡院士看了看时间说："咱们已经跑出来三个多小时了，应该没什么问题。咱们今晚上努力一下，明天就能到苦泉子了，在那里卸载好东西，搭建大本营，后面的路可长着呢。"

"后面的路啊，马辉你小子负重要多些。"我说。

"不会吧，后面的路车进不去？"

胡院士嘿嘿一笑说："你觉得那里有路吗？"

"还没有路啊？天哪，这下子完了。"

"胡院士，咱们就不能弄些骆驼吗？"我说。

"骆驼？"胡院士说，"有骆驼又能怎么样，咱们进的是罗布泊，可不是什么别的沙漠戈壁滩。还好到苦泉子之后，起码水是不缺少的，我们可以以苦泉子为基地，向龙城出发。那里离龙城直线距离也就一天的脚程，对我们来说不算什么困难，就是有什么困难，我们还可以退回基地。"

"这样也好。"我说。

就这样车在沙漠里跑来跑去，继续转悠了一个多小时，快到中午的时候，车队停了下来，然后安排午饭休息。

为了保险起见，安排了人坐在车顶上观察周围动向，这样其他人也能安稳些。

我刚安排完工作，梁子这家伙偷偷地来到我跟前说："那李卫平是不是快死了！"

"怎么了？"

"我哪知道是怎么回事。"梁子一脸无辜地说。

"到底怎么了？"我问。

"我也不知道，但是他自从遇到食人蚁之后上车就好像变了个人似的。"梁子说。

原来这李卫平最后被梁子他们车拽上来之后，在车上一下子就躺展了，而且浑身抽搐得厉害，嘴角冒白沫子，额头上的汗滚珠子一般地往外流。

3

我一听梁子这话，心想难道是出了什么问题不成？之前李卫平这家伙和那些食人蚁还保持了很好的协调嘛，到底是怎么回事呢？

"那他现在在哪？"我问。

"在车里。"梁子说，"易志军在那照顾着，我还是第一次看到易志军这家伙手忙脚乱呢，他吹牛说自己的医术水平是极高的，救死扶伤，这下子可难住那小子了。"

我看着梁子绘声绘色地在那讲李卫平的情况，完全没有悲伤之意，心里顿时有些厌恶地说："你他妈的还能一脸的高兴劲？他再不怎么样，也是咱们这个团队的成员，但愿我哪天挂了，你也能这么带着高兴劲儿告诉大家。"

梁子一听我话中带刺就说："我这不也是没辙么，赶紧给你说说。你快去看看吧，别真的出事了。"

"好！"我说，"大家都是出生入死的兄弟。"

"我懂。"

我快步走到最后一辆车，车门开着，易志军正在车上忙活着。

　　我远远地看见易志军一会儿按李卫平的胸脯，一会看看他的眼睛，一会拍拍脸，易志军这家伙头上的汗珠好像比李卫平的还多似的。

　　听见我走过来，易志军停下手里的活说："这家伙也不知道怎么了，感觉没受伤啊，可是身体的这种反应我又检查不出来。"

　　"什么叫检查不出来？"我问。

　　"就是李卫平的身体没有受伤，很健康。"易志军说。

　　"人都成这样了，还很健康？"我反问道。

　　"真的是这样的，你不信你试试，这脉搏，这胸口，这人身体的温度他都符合，而且身体机制都完全正常，我现在是束手无策，除非将他送到基地医院，做全身检查说不定能弄出来。"易志军说。

　　我一试之下这才觉得确实有些不对劲，心跳什么的李卫平都和我差不多，可是为什么他会是这样的呢？

　　"如果说真有问题的话，就是他的体温比别人的高些。"易志军说。

　　"这有什么问题吗？"

　　"没有，因为人的体温总是不那么固定，只是……只是这家伙的体温居然到四十度了。"易志军说。

　　"是在发烧？"我问。

　　"不是的！刚开始给他量体温的时候，我吓坏了。五十度！"

　　天哪！

　　第一时间我在脑海里只能找到这两个字，天哪！人的体温达到五十度，那这还是人吗？早就烧残了，没烧残也是落个精神病。

　　"怎么会这样？"我问。

　　这李卫平我才认识不到一个月，别就这样不明不白地死在这沙漠里啊！我心想，难道问题出在之前我看到的那一幕？

　　我问易志军："李卫平会不会中毒？"

　　"不会，这完全不是中毒的症状。"

"那到底是怎么了。"

"最让我奇怪的是，他的体温不是往高的走，而是越来越低，我再量一下。"易志军说。

"往低走？"我心里越来越觉得这李卫平本身就是一个充满秘密的人。

易志军量完体温，脸上浮现出一种坦然的笑说："正常了，他的体温正常了。"

"那就好！"

易志军在做了一个检查之后说："看来他的身体好像好了，没事了。"

"这就没事了？"

"是啊！我也不知道，这事很奇怪！我第一次遇到，这么快地恢复，这么高的体温，居然让他没死，想不明白。"易志军疑惑地说。

"人没事就行！"我说，"好了，让他好好休息一下吧，我们去吃饭。"

易志军和我将车门关上，然后吃饭。

午饭后，留下梁子在车顶放哨，其他人都各自找了阴凉的地方，赶紧补充睡眠去了。

我想来想去还是到车底下，在那里睡着安全。

可没睡一会儿，一双手将我从睡梦中拉了出来。

我睁眼一看是李卫平，这家伙现在满脸红润，感觉像是没事人。他看着我笑了笑，我也回笑。

我从车底下钻出来，然后找了块阴凉的地方，抽烟看着李卫平说："身体恢复得挺快啊，不错！"

"让你们担心了。"

"你这人到底是什么变的，怎么会出现那么高的体温？"我问。

"我也不知道，自小就这样。"

"你怎么将那些食人蚁逼得不进攻你呢？"

　　李卫平一笑说："我说我有某种特异功能你信吗？"

　　"我信！"

　　"我说你也有，你信吗？"李卫平说。

　　"我有特异功能？我还不知道啊！如果真有，我怎么逼退不了那群食人蚁，你看这腿上还有被咬的疤呢。"我说。

　　李卫平严肃地说："这个世界并不是我们想象的那样，你很特殊！能量比我的大很多，只是时间不到，你的能量在体内还被封锁着，会有一天的！前提是我们找到那地方，然后活着出去。"

　　"我觉得你这人很神秘，说话神经兮兮的。"我并没有诋毁李卫平的意思。

　　"找时间我会告诉你的。但不是现在，那个老院士比我们想象的要知道得多，要复杂得多。别轻易相信你的眼睛，它其实最容易欺骗你。"李卫平说。

　　"我不明白。"

　　"经历过这次的事儿，很多事情你就都明白了。"李卫平说，"小心点地下。"

　　说完话，李卫平就离开了。

　　我看着李卫平远去的身影，脑海里却不断地闪现着他所说的"小心点地下"，难道李卫平在提醒我，这地下有东西不成？

　　我突然一笑，在心里有个念头，难道我和李卫平话说多了，自己也神经质了不成？

　　被李卫平吵醒，我一下子没睡意了，看着梁子坐在车顶上。这家伙很会享受，在车顶上还给自己搭了一个小帐篷，用来遮阳。

　　我走过去喊道："梁子，你去睡会儿吧，我来！"

　　梁子闻讯，屁颠颠地从车上跳下来高兴地说："还是你小子够哥们，知道我站累了。"

　　"行了，别在大沙漠里拍马屁了！赶紧滚蛋睡觉去吧。"我说。

梁子也是钻到了车底下，我爬到车顶，举目四望，周围一片荒凉寂静，真有些怕了！这次任务比我以往所有的任务都让我感觉到害怕，那是一种很奇怪的感觉，我看着远处，一片苍茫。

有些白色的东西在阳光下泛着银色的光，我知道那是戈壁滩里的盐碱，也是因为这些东西，很多耐寒的植物无法生存。

我一时觉得心里有种空荡荡的感觉，这么多年来一直都没有过这种感觉，或许人在极度寂寞的情况下，心里会有这种滋味吧。

烟在空中被风吹得四散，周围的空气中有股子沙子味道，远处的大地被中午的烈日炙烤得好像着了火。

我脑海里突然浮现李卫平那小子与食人蚁对峙的场景。

也不知道为什么，我突然觉得李卫平这小子有些不简单，虽然他不是军队出身，但是他周身的那种神秘感，让我有强烈的窥探欲。

那些食人蚁的出现，让这次考察工作开始显得非常不顺利。以往面对的是穷凶极恶的罪犯，而这次我面对的则是大自然这个无处不在的刽子手。

"你在这愣什么呢？"易志军站在车下面问我。

"瞎想呗！"

"去睡会儿吧，我来值班。后面的路还长着呢，有什么好想的。"

"那蚂蚁咬过人不会有什么其他症状吧？"

"不会。我都检查过了，这些蚂蚁也就是比普通蚂蚁更具进攻性，其他倒也没有什么，别担心。"

"那我就放心了。"我说。

"有什么不放心的，这些家伙，这个时间段是不会出现的，太热了。"易志军拿了一根烟点着。

我发现这些当兵的还都喜欢抽烟，或许是为了排解寂寞吧。

易志军接着说："现在这温度，戈壁滩上的温度能达到五六十度，那些蚂蚁对温度非常敏感，这会早在地下睡着呢。"

　　我一想也对啊，现在沙漠的温度太高，蚂蚁根本扛不住。

　　"等到晚上那些家伙才会出现祸害人，我现在就怕晚上遇到它们。"易志军吸了一口烟，吐出一个烟圈，用中指直接戳掉，接着说，"晚上最好绕着那种突兀些的沙丘走，因为像这种食人蚁可是大军团作战，如果我们真遇到那种大军团式的食人蚁，估计就没今天早上那么好脱身了。"

　　"怎么对付这些食人蚁军团？"我问。

　　"火攻。"易志军不假思索地说，"唯一的办法就是火攻，要不就是找大型水源，但是你也看出来了，这样的地方哪有水啊。我们只能用火烧它们，但是这个法子也不一定管用。"

　　"不管用？"我问。

　　"也没什么了，这样的食人蚁为了食物是不择手段的，哪怕是牺牲自己的队友。"易志军说得很快，好像那一幕就出现在自己眼前一般。

　　易志军绘声绘色地说："那些食人蚁军团会先让一批蚂蚁去试试那火势，然后在地上抱成团，直接朝那火堆冲过来，最外层的食人蚁会被烧死，可是里面的食人蚁是活着的，从火堆里出来之后，它们会吃掉同胞的尸体，然后对敌人发起进攻。"

　　"我靠！这他妈的也太恐怖了吧。"我听得浑身冒汗。

　　"你以为呢，在南方的雨林里，大象见了大型的食人蚁军团都躲得远远的，那么一头好几吨重的大象，一眨眼的功夫，你就看到一堆白骨了。所以啊，见了这样的食人蚁军团，自认倒霉，求天神保佑吧。"易志军说。

　　"还真让你小子把我说的心里有点胆怯了。"我笑着说。

　　"你小子我知道不害怕，看你那镇静的脸上估计从来都没写过害怕两个字吧。"易志军笑了笑，"我是害怕那些新兵蛋子，他们可不一定见过那些东西。如果我是你啊，我就安排他们在这边的基地等着，谁知道后面会遇到什么东西，别到时候还没怎么着呢，这些家伙先哇地一声哭了。"

"行，你这话有些道理。"我说。

"好了，不跟你扯犊子了，你赶紧休息休息，黄昏的时候咱们还要出发呢。"易志军说。

我听了易志军的话，转身下车，滚到了车底下，扯起了呼噜。

第八章
Chapter 8

黑刺大腭蚁

1

这一觉睡得浑身舒服。

我从车底下钻出来，这个时候阳光已经不是那么浓烈了，反而多了些温柔。沙漠的昼夜温差大一些，虽然如此，下午还是热。

我喜欢这种贴着地气的睡态，这样子感觉心里踏实。当然，早晨发生的事情可不那么愉快，很显然，在地上睡觉要防止那些让人讨厌的虫子的骚扰。

我出来之后，看到的一幕，差点没把我气吐血。

只见车顶上此刻坐着的人是马辉，这家伙坐姿很正规，然而当我抬头细看，这才发现，原来马辉在车顶上坐着打盹呢。我看着这家伙头跟断了一样，一会掉下去，一会抬起来，早就有心思跑上去，给这家伙两脚。

我鼓足了力气，对着上面的马辉大喊一声："马辉！"

这家伙果然被我吓着了，噌地一声，赶紧站起来，大喊一声："到！"

马辉以一个正规的军人站姿，就这样直挺挺地站在车顶上，阳光打在他身上，这家伙的眼睛还在半睁不睁着。

我哈哈一笑骂道："让你个毛驴子站在上面放哨，那整个是让我们找死啊，别说没什么情况，如果真有什么情况，想让你传递讯息估计难了。"

"哪有啊，哥们正在神游呢，都被你小子给捣乱了。"马辉揉了揉眼睛说。

"我说马辉，你小子能不能像个军人啊？"我说。

"我哪点不像军人了，不就是站岗放哨的时候偷偷地眯了几眼嘛，妈的！又不是什么大不了的事。和平你小子敢说自己在新兵连的时候，晚上放哨没睡过觉？瞎忽悠谁呢。"

这小子钻起牛角尖来还是一愣一愣的。

我笑了笑说："以后注意点，千万别出事了。"

"我知道。"马辉说。

我顺手给他扔上去一根烟，马辉点着抽了一口，一下子有了精神头说："你以为哥们愿意在这上面睡觉啊，脸晒得跟猴屁股似的，这不是我开车，你们都享福嘛，我现在不好好补充，晚上开到哪个沟里去，你们不就完了。"

"让你小子把话都说完了，快给老子滚下来，该在哪待着在哪待着去吧。"我说。

"你不睡了？"马辉问。

"看见你那副欠揍的样子，就是想睡都不敢睡了。"

"那好，你就在这上面继续站岗放哨，我再去眯会儿，晚上的路还长着呢。你有本事晚上开会儿车试试，光说不练假把式。"马辉说。

"行了，赶紧给老子滚吧。"

马辉兴冲冲地耍了一回嘴皮子，然后离开了。

这家伙这几天也确实是累坏了，一路上多亏了他这头车，要不然大家伙还真不好找路。

让马辉好好休息，晚上的路还长着呢。

正当我坐在车顶抽烟，无聊的时候，胡院士从帐篷里走了出来。

脸上的疲惫感早已消失得无影无踪，可是我从胡院士的眼神里看出来一丝担忧，这是我之前没有看到的。

"怎么了？"我问。

"我觉得有些事情需要和你商量一下。"胡院士说。

"您说。"

胡院士从一个小包里拿出一个玻璃瓶。瓶子手掌大小，透明的瓶子里面一只蚂蚁还在蠕动着身子。

"这是哪里来的蚂蚁？"我问。

"就是咱们早上遇到的那批食人蚁，我顺手抓住了一只作为标本。"胡院士说，"我发现这食人蚁有问题。"

"食人蚁有问题？我没明白你的意思。"

"就是这些食人蚁我没有见过，而且产生了变异。"胡院士说。

我从他的脸上看出来丝丝忧虑。

"您是说有外力影响到它们的生长了？"

"没错！"胡院士说，"蚂蚁的自我更新能力很快，我觉得有可能是核爆造成的。"

"那能说明什么？"

"以前所谓的食人蚁其实是我们对它们的恐惧的称谓，现在很少遇到这样的事情了。但是这次的食人蚁不一样，它的脾气感觉很暴躁，而且有着极强的攻击力。"胡院士说。

从群体来看，蚂蚁们跟人一样也过着一种忙忙碌碌的生活：每天总是找食物、筑巢，蚁后不停地繁殖后代，一旦有天敌来犯便群起而攻之。别看这种昆虫十分弱小，可是一旦抱成团，它们的力量却不容小视。食人蚁的食性极杂，从地面上的各种动植物，到枯枝腐肉几乎无所不吃。在北非尼罗河流域，生活着一种长近1厘米的黑蚂蚁，别看它们貌不惊人，却有着一副大胃口，无论多大个的人或兽类，都在它们的猎取范围之内。这种蚂蚁因此也被当地人称为"食人蚁"。

当一个黑蚁群发现了一头野牛的尸体，就会从四面八方涌上来。几十分钟后当蚁群散去，你能见到的，就只剩一具白惨惨的骨骸了。

而当老虎、狮子等大型食肉动物，甚至包括人，一旦遭遇到这种蚁群，如果反应不及有时同样会遭遇厄运。

小小黑蚁，之所以能在非洲大地上横行无忌，靠的就是"蚁多势众"。然而，这种黑蚁却有个致命的弱点：它们不会挖洞穴居，只能在陆地上生活。

　　于是，旱季的非洲大陆上常常燃起的草原大火便成了它们的灭顶天敌。

　　但黑蚁们自有避火的妙法：当它们感知野火即将烧来时，不会游泳的黑蚁会铺天盖地爬向河边，迅速地背向里腿朝外一个抱一个，一层叠一层，汇聚成一个个篮球大小的蚁团向河水滚去。在被火光映红的河面上，亿万条蚁腿变成了桨，划着难以计数的蚁团向对岸滚动，而外层的黑蚁会被湍急的水流淹死，蚁团也越来越小，等到了对岸，有的只剩下垒球大小……

　　上岸后它们则会迅速散开，然后排列好队伍寻找聚集地，重新开始新一轮的生息繁衍。

　　黑蚁的群体虽然庞大，纪律却相当严明：进食时，当一只黑蚁咬到一口食物会快速离开把位置让给后者；大队进发时，排头和断后总是最强壮的黑蚁，老弱病残者总有两只以上黑蚁抬着前进；当"先头部队"遇到危险或障碍，它们会迅速相互传递信息，立即掉头，几分钟就能够排尾变排头从而迅速逃离险境。

　　能够在复杂多变的非洲大陆上生存并壮大，黑蚁只能依靠集体，它们的一生紧紧地附着在集体之上，直到生命的最后一刻。

　　"所以我们要有充足的心理准备，这些食人蚁看来不简单啊。"胡院士说，"它们蛰伏了那么久，这次杠上我们，我猜测它们还会进攻我们的。"

　　随着地表温度逐渐降低，我觉得大地之下，真的有一群食人蚁军团在慢慢地靠近我们。

　　在我旁边的胡院士，正津津有味地将那只蚂蚁放在太阳底下暴晒，玻璃瓶子里的蚂蚁似乎也感受到了周围空气的变化，在瓶子里不断地转动着。

胡院士看着瓶子里面的蚂蚁，嘴角流露出一股子惬意的满足感。

我突然觉得他有点变态倾向了。

"这是黑刺大腭蚁，可是奇怪的是这种食人蚁绝对不会长得这么大的啊！"胡院士边看边说。

"怎么，它还变大了？"

"没错！这家伙现在的身体比以前足足大了两倍还要多，我第一次见这么大的羯蚁。"胡院士说。

"难道会更厉害？"

"我给你讲个故事你就知道了。"

2

第二次世界大战期间，在东南亚的缅甸战场上，日本远征军在对战英军的战斗中开始渐渐地失去开始时的锋芒，而转为防守甚至开始败退。日本陆军司令部为挽回败局，制订了一个奇袭计划，派出一支日军精锐部队长途跋涉，迂回穿越中国和缅甸交界的原始森林，直插英军后方。岂料，一场毁灭性的灾难降临到这支日本部队头上。而造成这场灾难的就是一群变异的黑刺大腭蚁。

当时这支队伍的指挥官名叫小林彦左，他有着一副保养很好的白净面孔，身体匀称结实，举手投足颇有几分儒雅之气，与不少飞扬跋扈不可一世的日军将领相比，显出几分沉稳和静穆的气质与风度。然而，他又实实在在是法西斯军国主义的狂热崇拜者。在日军将领中，他是以敢打敢拼与富有心计而闻名的常胜将军。

几日前，当司令部决定派一支精兵穿越原始丛林，以奇兵突袭英军后方时，参谋部的所有人员坚决反对，理由是这片原始丛林历来无人敢于涉足。丛林中毒蛇遍地，野兽众多，犹如一口巨大的陷阱，派兵进入，无异于自寻死路。但小林彦左却不肯相信，凭他无人匹敌的常胜部队，难道竟会在什么丛林面前裹足不前？他力排众议，请缨前往。在做好各种准备工作后，他率领精心挑选的两千士兵，踏入原始丛林。

进入丛林三天后，除了几十名士兵死于或伤于毒蛇、野兽的袭击之外，并无太大损失，这自然得益于充足的准备工作。

眼下，小林彦左脚下踩着不知堆积了多少年的又厚又松的落叶，仰头看看又高又壮、遮天蔽日的树林，呼吸着清新湿润又带着阵阵陈腐气息的空气，心里嘲笑着参谋部那群胆小如鼠的家伙们。

不一会儿小林彦左睡着了，睡得很香甜。他不会知道，他的士兵们同样不会想到，一支组织严谨、无坚不摧的庞大的蚂蚁大军正以楔形队列向他们逼近。

蚂蚁王国中也有语言交流，严谨而完整的蚂蚁王国体系，其组织结构丝毫不比人类社会逊色。工蚁担当楔形前端的先锋角色，兵蚁是主力兵团，蚁后居中调度指挥，两翼是最强劲的食肉成蚁，弱小瘦老的蚂蚁们位居最后。它们长途跋涉，浩浩荡荡，向着小林和他的部队推进。

最早的信号，是位于部队宿营地左翼负责警戒的士兵那恐怖得惨绝人寰的嚎叫声。上午九时，小林彦左的甜梦被迫中止。他突然听到几十名上百名士兵同时发出的厉声嘶嚎。那叫声，既凄惨，又恐怖，完全属于那种发自肺腑、撕心裂肺的绝望哀嚎。小林彦左的心突然收缩。

传令兵高野飞奔而来。高野原本红润的脸膛，此刻已灰中透青，嘴巴鼻孔也错了位，整个面孔扭曲得没了人形，只顾呼哧呼哧地大口喘气，说不出半句话来，一只手哆哆嗦嗦地指向身后。

小林彦左瞟了一眼高野身后，他的嘴巴在猛然张开之后挪了位，并再也无法还原。

他看到，丛林的地面，铺满了厚厚的一层黑褐色蚂蚁，黑压压一片，望不到尽头。当时他根本来不及看清这种蚂蚁的大小和形状，大脑中只跳动着毛骨悚然的两个词：蚂蚁，蚁群。蚁群以小林彦左不及反应的速度，潮水般向前推进，推进，距小林彦左大约只有七八米远。转眼间，蚁群铺天盖地地爬满高野全身，在一声又一声凄厉的尖叫声中，高野跌倒在蚁群里，迅即被蚁群淹没了。小林彦左清楚异常地看到，高野被蚁群吞没时，那两只目眶尽裂的眼球中射出的是怎样恐怖绝望的神情！

小林彦左的脑袋轰的一声越发膨胀起来。他不知道，这么一支庞大的蚁群，为何突然聚集起来，又为何直扑他和他的士兵？他的两千名士兵眼下还存留多少？但小林彦左懂得，此刻，用腿远比用脑更为明智，更加有效，他完全顾不得什么风度，大叫一声，转过头拼命逃去……蚁群仿佛在铺设一幅巨大无边的地毯，伴随着恐怖的唰唰声，漫无边际地汹涌而来。在无数士兵的尖叫声中，小林彦左只有一个念头：快逃，快逃……湖面近在咫尺，他不顾一切地跳进湖水中。片刻间，湖面四周也铺满了蚁群。

少量蚂蚁试探着爬到湖里，不一会儿，便沉到湖中不见了。小林彦左在齐胸的湖水中停了步，他环视着湖边的蚁群，突然心中一动，原来这凶猛的蚁群是怕水的！小林彦左暂时摆脱了生命之危，朝士兵们的宿营地望去。目力所及，一片黑褐色，除了蚁群，还是蚁群，仿佛整个世界，再没有其他颜色，再没有其他生灵。在浩浩荡荡、无边无际的蚂蚁王国中，仅仅存留着的几百名士兵还在无望中作着最后的挣扎。零零星星的枪声，断断续续的手榴弹爆炸声，并未给这惨烈之至的画面增加一丝亮色。恰在此时，小林彦左的眼前一亮。他看到，不远处，几名士兵正手持火焰喷射器对准身边的蚁群疯狂地发泄着仇恨。

在黑褐色的蚁群中，在有限的范围内，火海笼罩，烈焰升腾，几十万、上百万只蚂蚁在湖边团聚，越聚越多越聚越大。转瞬间，湖面四周就突然出现了数百上千大大小小的蚁团，它们相继滚下湖面，滚动着向前漂移。顷刻间，湖面上布满了难以数计的黑褐色的蚁团，蚁团抱得很紧，最外缘的蚂蚁不时掉落水中，身死湖底，而蚁团仍一如既往地朝着小林彦左他们移来。小林彦左和士兵们的内心，此刻已被巨大的恐怖感所征服。

他们曾经听说过食人蚁的残暴，但亲眼目睹，却是开天辟地头一回。而蚁群井然有序奋不顾身地以蚁团涉湖，更使他们心惊胆战、魂飞天外。小林彦左毕竟身经百战，他朝着身边手足无措的特种兵大声喊道，烧死它们，快烧死它们！几名士兵强打精神，哆哆嗦嗦地手持火焰喷射器，对准离得最近的蚁团喷吐着火焰。熊熊火焰冲天起。蚁团在燃烧，湖面在燃烧，几十个上百个蚁团被火焰吞噬。在人类发明的凶猛的火器面前，它们也是无能为力的弱者。

然而，蚁群实在太庞大了。对于整个蚁群而言，这点损失简直可以忽略不计。一簇又一簇的蚂蚁又在湖边团聚，前赴后继、源源不绝地滚下湖面，向前漂移……小林彦左保养很好的白净面孔，已经如同绿中透蓝的湖水，带有几分鬼气，火焰喷射器已无火可喷，在顽强凶猛、义无反顾的蚁团面前，小林彦左和他的士兵已经无计可施。

大大小小的蚁团极有耐心地朝着被称之为人的这几个怪物缓缓漂移，靠近，散开。贴进湖面的蚂蚁很快葬身湖底，而其他的同类则涌上人的身体，带毒刺的牙齿凶狠地咬住手、胸、颈部、面颊……浓烈的蚁毒注入人的躯体内，当成百上千的毒刺猛地刺入小林彦左的躯体时，他的惨叫声，比他的士兵们更加尖厉，更为刺耳，也更加绝望。尖叫过后，一片寂静。

　　小林彦左沉入湖水，几名士兵也相继消失在湖水里，沉寂了不知多少年的湖水极不情愿地颤抖了片刻，一切又复归平静。碧绿的水面，可见一大片一大片蠕动挣扎着的蚂蚁。

　　在预定时间，日军司令部没有收到小林彦左如期发出的无线电波。

　　尔后，也没有再接收到任何信号。大惑不解的日军司令部首脑们派出另一支部队深入丛林搜寻，终于在一个不知名的湖边，他们惊恐地看到了这样的场景：湖面以西大约三四平方公里的地面上，触目可见一副副骷髅架，有的完整，有的散落。不仅皮肉，凡毛发、衣物等有纤维、有蛋白质的物品，无一例外一无所剩。而骨架附近，武器、手表、金属纽扣、眼镜等则完好无损。经搜集，按骷髅计算，共计1964具。出发的2001人，共有37人下落不明。在现场，还搜集到部分体形巨大的蚁尸。

　　日军终于明白了事情的真相：小林和他的部队，毁灭于黑刺大腭蚁。

　　但是当发现黑刺大腭蚁时，众人都惊呆了，这种蚂蚁大如拇指。但是以前遇到的这种蚂蚁并没有这么大，它们也通常生活在热带的森林里，每隔两三百年有一次集团性大爆发，数以亿计的蚂蚁聚集成群，浩浩荡荡地朝着一个方向作长途迁徙，疯狂地吞食一切可食之物。看来，正是这些恐怖的食人蚁瓦解了日军偷袭的阴谋。

　　"一群变异的食人蚁军团奇袭了那支精英日本军？"我问。

　　"很明显，除了这个解释没有别的。"胡院士说。

　　"那你觉得我们也有可能重蹈覆辙？"

　　"这正是我担心的，因为这种变异黑刺大腭蚁身上的问题太多了！对它们的未知，我害怕会给我们带来灭顶之灾。"

　　"那你说怎么办？"

　　"我现在也无能为力，只能靠你和其他战士临场判断了，但是我奉劝一句，遇到这些蚂蚁，我们最好还是先跑为主。保命为上策。"

胡院士说。

"行，听你的！"我说。

我抬头看了看，黄昏已经降临，该是出发的时候了。

打开车门，使劲儿按了几声喇叭。

队员们从睡梦中被吵醒，一脸的气愤，但这也是没有办法的事情。必须颠倒时间，这样才对所有人都有好处。

梁子跑过来问："走？"

"嗯！赶紧收拾东西，早点出发，早点到营地，路还长着呢，小子。"

"你让马辉好好带头就行。"

梁子坏笑一下转身跑走了。

我一看马辉这小子没在人群里，赶紧在车盘下找，终于让我给找到了。马辉这家伙可真有能耐，那么大的车喇叭声居然没让这家伙醒过来，还睡得很香，呼噜震天响。

我二话不说，直接将手伸进去，一把将马辉从车底下拉出来。

马辉睁开眼睛不解地看着我："怎么了？"

"出发了，知道不？"

马辉疑惑地看着我，机械地说："哦！那就走。"

或许是被我吓着了，马辉居然没反抗，迷迷糊糊地往车跟前走。

3

或许是觉得哪里不对劲，马辉突然醒过来转身大骂道："你他妈的疯了啊，吓死老子了。"

我哈哈一笑说："谁让你小子睡得那么死，连出发的事都不记得了。"

马辉气冲冲地坐上车，直接打火，我也跟着上去了。

天色渐晚，我们一行也开始向罗布泊的更深处前行。

这里的夜色已经没有之前的那种吸引力了，而是一种无聊，呆滞的面瘫式表情，让人提不起兴趣。

马辉开着车，哼着调子，也不知道在那里搞笑什么。

胡院士一脸凝重，好像前面有什么不好的情况。

我问胡院士怎么了。

胡院士摇摇头说："有些累。"

"那你睡会儿吧。"

"睡不着，我总觉得有东西跟着我们，蠢蠢欲动，不知道你有这种感觉没？"

我闭上眼睛试着感受了一下，心想没有啊！周围安静得掉一根针都能听出声来。又一想，这支考察队，走到哪里都觉得有种很奇怪的感觉，让人不寒而栗，怪不得这老教授心里会有那种感觉。

或许胡院士有什么难言之隐吧，他还不愿意去谈晚上那种奇怪的事情。

我看着胡院士，总觉得这人有些奇怪，到底是哪里奇怪，我一时还说不上来，反正就一句话，这些人之间都有种奇怪的绳子拴着。

马辉对王小虎说："这地方果然够荒凉，我走了一路，除了沙子就是沙子。"

王小虎嘿嘿一笑说："那有什么办法，我这么长时间不也过来了。如果你待的时间长了就知道沙漠也有好玩的地方。"

"我可不那么觉得，这次让我进来沙漠，下次谁再让我来我跟他拼命。妈的，你看这地方路也没有，树也没有，一会出来食人蚁，等会还不知道出来什么东西呢。"

"你够乌鸦嘴的。"我骂道。

虽然我们表面上接受了很多现代化的教育，但是对于我们这些在刀口子上讨生活的人来说，很多事情还是信信，心里会踏实些。

马辉说："对不起啊，我掌嘴。"

夜色逐渐地浓密起来，周围一派谐和。

偶尔会有一些风声，在那些风声里我居然听到了狼嚎声，这可是难得得很啊。

胡院士说："越往这沙漠深处，越会有活力。"

马辉抽了一根烟，或许是困了，或许是烦了。

我也抽了一根，看着外面除了月光就是我们的车灯光，心里不免多了一丝忧伤。

就这也被马辉那家伙看到了。

马辉笑嘻嘻地说："嘿，你小子还真有那么点诗人的气质啊！脸上的忧伤，让人觉得能起一身鸡皮疙瘩。"

我笑了一下，并没说话。

后面的车打了几声喇叭，我从对讲机里询问出了什么事，后面报告有辆车出了问题需要临时修理，我们只好停下来。

车队一停下来，到外面感受了一下，突然觉得天色冷了下来。

我安排马辉去帮忙修车，我和梁子、李卫平去周围看看情况。

有战士升起火，将不用的东西通通烧掉，一是给我们三个人做记号，另外也是驱寒。

沙漠的晚上，还是很凉的！白天虽然感觉很热，可是到晚上就不那么舒服了。

我们三个人沿着戈壁滩慢慢地走到最高处，为的是能够一窥全貌。

然而，当我们爬上去的时候，发现周围还有更高的山丘，远处乌黑的天空下，居然有一座山，白晃晃的！

我看着这山，拿出从马兰基地离开的时候，那位胖司令给的军用地图，然而奇怪的是这地图上居然标示眼前根本没有这座山啊。

奇怪了，我心里想，难不成这山是从地里面新冒出来的？

在月光下，那山如一条长龙一般蔓延而去，白色的山体，明晃晃的让人不知道如何形容。

我将地图给梁子和李卫平都看了一遍，俩人也是一脸的疑惑。

梁子说："不可能啊，军用地图绝对不会出这种问题的。"

李卫平看着远处的山体说："这山有问题，我能感觉到。"

"你怎么看？"

李卫平睁大眼睛看着远处的山说："如果这山真的是新出现的话，那么就有问题。我们应该相信基地给的地图，这不会有错的。"

我和梁子点头表示认可。

"如果真是那样的话，这山的出现绝对不会那么简单啊，和平！必须去看看，说不定会有我们需要的东西也说不定。"

我听出李卫平话外有话，也点了点头。

看了一下周围的情况，除了那山以外，其他倒也很普通正常，我心里踏实多了。

我们三个人沿着来路，赶紧返回。

车已经修好，马辉修车的技术还是很不错的。

继续上车沿着没有路的戈壁滩往前面走，我早在地图上将那座山标示了出来，并起名为白山。

因为是白色的，所以我标示为白山。

胡院士显得很震惊地说："如果真是才出现的话，那确实应该去看看。"

我将地图给王小虎看了一下，然后让他带路去那里，还好路程上不算远，基本上在我们的寻找范围之内。

如果超出的话，王小虎也说很麻烦，并不一定能找到。

看山跑死马！汽车也一样，别以为看着山很近就认为它很近，等跑起来的时候就知道，那山其实离我们很远。

汽车的轰鸣声叨扰着这片宁静的土地，但是谁又能知道，这片土地是不是真的宁静过呢？

在王小虎的指挥下，我们沿着戈壁滩，左摇右晃地终于抵达了那座山。

山确实是白色的，好像一个出生的婴儿，尤其是在月光之下，这山显得更加美丽异常。

我是第一次看到这样的山，那山势不挺拔，反而缓缓地向上，慢慢地拔高。

胡院士看着山一脸的惊讶，一时说不出话来，半天憋出一个词："新生儿！"

我安排其他战士安营扎寨，看来在这里要忙活一下，也不能让所有人都在车上干等着，能休息的赶紧休息，顺带对车辆也做个检查。

我们几个人准备到这里面看看情况。

胡院士率先而上，边走边看山上的石头说："这山真的是新出现的，从这石头和周围的石头的颜色上就能判断出来。周围的石头因为长期暴晒、风化，显得沧桑许多，但是你们看这白山上的石头，白得如玉一般，但是它又不是玉。"

山势缓慢，倒也不像别的山那样巍峨挺拔，让人看上去颇有气势。这山的颜色与周围的灰黄色不同，完全的一身白色，尤其是站在这样的高处，月光如银，洒在这山体之上，有种如梦如幻的感觉。

白山绵延不绝，周围的大地也并没有什么不妥的地方，大自然的鬼斧神工每每让人感叹不已。

继续往上，突然李卫平示意我们前面有问题。

我们赶紧匍匐下去，悄悄地向前，顺着李卫平眼睛所在的地方，我们看到了惊人的一幕：白色的骨头。

而且是那种巨大的白色骨头，从远处判断，这骨头肯定不是人的！因为我们这帮子人对别的骨头或许不清楚，但是对人骨的判断力还是有的。

我示意梁子过去查看。

梁子悄然而去，到骨头跟前之后，先查看了一下周围之后示意我们，周围没有危险。

我们快步而去，眼前这骨头很整齐地保持着一个死前完整的姿势。

李卫平蹲下查看了一下骨头说："这才死不久！"

"什么？"梁子大呼。

"没错，这骨头上还带着血丝，但是你看这骨头上的肉却一丝都没剩！"李卫平说。

"能判断出是什么动物吗？"我问。

李卫平和胡院士细细地看了一遍那骨头，齐声说："爬虫类动物。"

胡院士接着补充说："我猜有可能是某种蜥蜴。"

"这么大的蜥蜴？"我问。

"是的！这么大的蜥蜴，我也是头一遭见到，但是事实就在眼前，这家伙一个小时前还活蹦乱跳，现在就成了白骨一堆。"李卫平说。

"那是什么东西杀死的？"

胡院士从那蜥蜴骨头周围找到了一些另外的尸体，拿到我们跟前。

我看到那些黑色的尸体，心里又一次被震惊了。

不是别的尸体，而是早上我们才遇到过的变异黑刺大腭蚁。

4

看来这地方之前发生过一场我们并不知道，但是完全已经能够预测到的恶战。

一群变异黑刺大腭蚁突袭了一只活蹦乱跳的蜥蜴，而且是得胜而归。

我看着那堆白骨，心里有种异样的感觉。

空气里还弥漫着那股子血腥味，周围的空气一下子凝固了。我看着其他人，脸上也是一脸的沉重，不知道该说什么好。

刚才的兴奋劲儿一扫而光，面对这么厉害的敌人，我们都觉得有必要对这种东西做个深入的了解。

胡院士将其中一块骨头收藏起来，然后说："看来这山并不是我们想象中的那么平静啊。"

"是啊！这山可通着下面。"李卫平语重心长地说，"这地方我总觉得透着一股子邪气，越往里面走，我越觉得不简单。"

听着李卫平的话，我也觉得这周围一下子给人感觉阴森了许多。

"看来之前的大爆炸，还有那莫名其妙出现的鬼耳，给这片土地带来的不只是神秘，还有不可预知的巨变啊！"李卫平说。

"我同意的你话，看来这地方还隐藏着更多不为人知的事情。"胡院士看着远处的山，接着说，"如果这山真的是近些时间出现的，说不定对我们研究罗布泊的地下有些帮助。"

胡院士这话倒是点醒了我。如果这山真的是这几天才出现的话，那么这白山里面肯定有我们想寻找的一些答案，说不定会给我们带来意想不到的结果。

我对胡院士说："看来今晚上我们要在这里过夜了，如果真能找到点什么东西，说不定对我们有大帮助。"

胡院士也点头表示同意。

李卫平对着白骨发了半天的愣说："我觉得你这个想法可不是一般的让人激动，你可别忘了这堆白骨不可能平白无故地出现在这里，如果这家伙不是一只，而是两三只，甚至是一群，到那时候，我们可就完了。"

"嗯！卫平说得对，这种动物我们不得不防，我觉得它的杀伤力不亚于变异黑刺大腭蚁，如果真的遇到的话，我们还是先保命为主吧。"胡院士说。

"怕什么，绝对不当逃兵！豁出去了，妈的！几枪就结果了它的性命，看把你们吓得！"梁子大义凛然地说，"亏你们手里还是有家伙的人，胆子就这么大点？"

"嗨，你小子有能耐了啊，那下次你打头阵？我看你小子能撑多久，我们这是多一事不如少一事，你能担保那些家伙就能轻易放过我们？它们在这地方生活了那么久，可不是白混的！"我说。

"和平，你可是咱们这支队伍的负责人啊！别让战士们小看了你。"梁子这家伙一反常态地说。

"我这是为大家的生命着想，我可不想在这里出事！让我的战士白白牺牲，你懂吗？你也一样，别什么事都说得大义凛然的，要靠实力，而不是嘴皮子！你那些嘴皮子的事，留着回去和马辉说吧。"我笑着说。

梁子估计是词穷了，自此消停了一段时间。

在此期间，我们沿着白山的一小块地方，转了一圈，因为是晚上，我们害怕走得太远出事。

按照胡院士和我的安排，一切事情只能等待第二天白天，谁知道晚上这鬼地方会有什么东西啊！白天做事情，人心里踏实些，起码能看清周围的环境。

回到出发地，战士们已经搭了帐篷，马辉这家伙早已经搞了些吃的，这让我心里安慰了许多，

梁子一口一口地吃着，边吃边说马辉这水平不错。在对所有车做了简单的修理之后，基本上没什么问题了。马辉将这个告诉我，我心里也算踏实了！如果在这样的地方没有车，那我们就只能干耗死了。

简单地吃完饭，开始两人一组值班。

这样的夜晚，危险说不定就在跟前，如果不安排值班，谁知道会出什么事情。这是我最为担心的。经过这几天的劳累，战士们都疲惫不堪，而且是日夜颠倒的行军，对人的身体功能是一个极大的考验。

李卫平坚决要求和我在一起值班，我将马辉和梁子安排在一起，这两个家伙话多，在一起不会瞌睡。

安排好，我现在睡了。

半夜，我去换了王小虎和易志军的班，这俩人倒是认真得很！

见两人都去睡了之后，李卫平坐到我跟前悄声说："和平，你觉得这地方咋样？"

我看了看周围说："不咋样，总觉得怪怪的！"

"除了这个呢？"李卫平神秘地问。

如果说除了怪怪的感觉，我内心里一直有种特别的感觉，那就是似曾相识！虽然那种感觉很轻微，但是我总觉得内心里有种特别的亲切感。

"你有没有觉得这里熟悉？"

李卫平的这句话，一下子点醒了我，让我心里顿时觉得这家伙好像能看透我的内心一样。

我睁大眼睛看着李卫平，这个人深邃的眼神里，那种混浊感是我

从来没有遇到过的。在黑夜里，我觉得李卫平周围有一片黑雾。看不清的李卫平，悄然躲在那黑雾里，好似黑夜鬼魅。

李卫平瞪着眼睛等我的回答，我不知道该如何形容内心那种奇异的感觉，也许是一种久违的乡思，我还是第一次感觉到。虽然这些年离家多，聚会少，和家里也是经常电话联系，也偶尔写信，可是这种奇怪的情感，我从来没有过，也是第一次出现。

"和平，你是不是觉得这里让你觉得亲切？"李卫平换了一个缓和的语气说。

"确实有这种感觉。"

"那就没错了！"李卫平低头看着脚下的白色石头，然后站起身来说，"你知道吗，我和你现在的感觉是一样的！我能切身地感受到这里每一块石头的脉搏，你信吗？"

我笑了笑，这家伙说得可真玄乎，很会抒情。

"我可没你那么有文化，我也没感觉到这石头的脉搏！就是觉得奇怪，怎么会有这种感觉呢？"

李卫平笑着说："你以为你来这里是组织上的安排吗？你以为全中国这么大的地方，就没有别的特种兵来做事情了吗？我可以告诉你，比你优秀的中国特种兵太多了，而且是数都数不过来，你就没想过这些吗？"

听李卫平这么一说，我心里倒是觉得有些不对劲儿了。虽然说我是一个优秀的特种兵吧，但是我也只是执行过几次任务，并没有遇到僵尸人一类的奇怪事件，所以我在这方面是缺少经验的。再一个，正如李卫平所说，全中国比我优秀的士兵多了去了，为什么会偏偏选上我！

我很疑惑地看着李卫平，李卫平笑了笑说："或许你不信，其实这一切都是我们有人预感到的。"

听了李卫平的话，我突然觉得这家伙说话越来越没边际了，什么叫有人预感到的，难道这人还能预测观天象不成？

李卫平认真地对我说："和平，或许你不信。我当初也和你一样不信，这个世界有着与我们眼睛所看到的不同的一面，真相总是留给少部分人。而大部分看到的是这个世界的美丽、奇妙，而少部分人在自身特有的能力之下，才会有那种穿透表层看到世界内部的本领，你则是其中之一。"

"我没听懂你说的是什么！"我疑惑地说。

"你没听懂很正常。我来自国安698办公室，你知道698办公室是做什么的吗？"李卫平问我。

每个人都知道国安是做什么的，但是其内部的构成没有人知道，更没有人能了解，更别说这种698的代号了。

我摇摇头，表示自己不知道。

"698办公室是中国神秘文化研究基地的代称，在这里聚集着一大批有着特异功能的人，他们观察着960万平方公里的土地上每一丝的变化。我们还与世界上其他的组织有着接触。"李卫平说。

难道这就是传说中的异能人士不成？我心想，好家伙，没想到在这里遇到一个，怪不得他能制伏那些蚂蚁。

李卫平又接着说："当初接到这个汇报之前，我们已经感觉到了很多事情！美国相关部门已经提供了他们的观察数据，他们发现自从我们的原子弹爆炸之后，罗布泊的情况不妙！原本不存在的大耳朵，突然之间出现了。"

"难道这东西不是自然形成的吗？"我问。

"是自然形成的，但是大自然的力量有着巨大的后台。"李卫平转身看了背后，好像生怕那里有什么人偷听，然后接着说，"胡院士之前说的关于希特勒让希姆莱去寻找地球轴心的事情，我们也知道过，而且当时盟国缴获了一大批资料。我们在后来也获得了一些与我们有关的内容，这些内容都指向了罗布泊而非西藏。"

“难道说，希特勒真的找到了？”

“那倒未必，这些事情现在谁都没有一个结论。但是这罗布泊的事情倒是真的，你的到来也是我们安排的。”李卫平说。

“你们为什么选我？”

“不是我们选我，而是你选择了这里。”李卫平轻轻笑了一下，“698办公室的人都不是自动找上门去的你知道吗？像我，就是一个普通的山里娃，突然一天，有一个中年人来到我们家，对我父亲说了些什么，那些话我是不知道了，后来父亲就送我去当兵了。”

“你也是当兵出身？”

“我当了没两天，那个中年人就找到我，说了一大堆冠冕堂皇的话，然后就让我去了北京，进了698办公室。”李卫平说，“能进698的人，必须经历一场开启心灵之门的过程，那样才能发现自己的与众不同。而这个过程，又必须由698的人来负责！而你，有人早已经感知到了。”

我听着李卫平的话，心里嘀咕着，难道还真有这样的事情不成？我还真的会与众不同啊，我一直都没感觉到啊。

“你现在感觉不到不是因为你没有，而是时间不到。我们这些人，本身就是世界的宠儿，不是万里挑一，而是几百万里挑一！所以，我可不想你这样的人才就这么白白地浪费了。”

“不会是拿我开玩笑吧。”

“你觉得我像开玩笑吗？你觉得我收拾那些蚂蚁，是靠什么啊？”李卫平反问我。

没错，这家伙确实不简单。起码对付蚂蚁的那招，反正我是没那本事。

“为什么会是我呢？”我问。

“这不是你的问题，而是命运选择！我希望你能快速地成长起来，这次任务就是对你最大的考验，你的力量是698建成以来最强的，起码到现在没有人能够对付得了你。相信我！"

"你让我相信你？凭什么？"我说。

是啊，凭什么让我相信一个疯子的话？我在心里想，如果真是这样，我他妈的岂不是成了一个异类了，我还有一大帮子士兵在基地等着我呢。我可不想做什么异能人士，更不想去698。

李卫平这家伙看着我一脸的无辜，心里不知道我骂了多少遍了。

"行了，别骂我了。"李卫平说，"你骂一句，我能听到一句。"

"什么，你会读心术啊？"

我心惊这家伙居然能知道我在心里想什么，那以后岂不是没有秘密可言了。

"我可不是能读懂所有人，但你我能读懂！胡院士我就读不懂，这因人而异。况且读心术也是很耗费体力的，每次读心之后我都需要好长时间才能恢复。"李卫平说，"可当你拥有了这种能力的时候，你才发现它太棒了，会情不自禁地去使用。"

第九章

Chapter 9

食人蚁军团

1

我看着李卫平满足的表情，心里也羡慕了许多。如果一个人知道自身有着与众不同的能力，那是一种什么样的感觉呢？我在心里默默地想，其实那样也不赖吧，会不会有着更大的抱负呢？

"今天给你说的，你千万别说出去。"李卫平静静地总结，"你的能力确实让我惊叹，起码你是那种敢打敢拼的人，而我不是！我才当了几天的兵，现在也就是和普通士兵能力差不多。"

"你来这里的目的是什么？"

"我来这里的目的和你一样，因为我感觉到在这罗布泊的下面，在那个游移不定的罗布鬼耳里面，有着奇特的东西在召唤我！可是，698其他的人却没有这种感觉，这是从来没有发生过的！除了一个人知道。"

"谁？"

"就是告诉我要带上你的那个人，他非常神秘！是698的大老板。"

"你们那是大老板啊？"

李卫平笑了笑说："我们把老大都喊做大老板！他可一般不会出现的，除非是真正的大事件。而罗布泊的事情就是如此，你也是他钦点的！"

"我可真够有面子的！"

"那是当然了。"李卫平说道，"我们后面还要经历很多很多的事情，能力越大，所要承担的责任就越大！你也一样。进入这里，我就觉得很不一般，有一种东西在强制压迫着我，这也是我经常流汗的原因。"

"什么东西?"

"这东西我也不知道,但是能够感觉到,它和这次罗布泊的事情有着巨大的联系,所以我们要加倍小心,这罗布泊可不像我们想象中的那样美好!这次任务也不是想象中的那么简单。"

"我明白!"

"你压力很大,这次任务对我们来说都是考验,希望我们一起努力!"李卫平说。

"嗯!"

天色黑暗,一派祥和景象!谁能知道在这祥和之下酝酿着什么呢?

我和李卫平做了这次交谈之后,周围一下子安静了下来,一切都显得那么正常,又有些与众不同。

换完班,我自顾地睡去了。躺在地上,头顶一派安静,或许是已经过了睡觉的时间,我怎么也睡不着。我就这样四肢伸展,躺着,想着。李卫平的话,让我开始对自己重新做个认识。

我有什么与别人不一样的吗?我在心里问自己,思来想去,总觉得自己和别人没有什么不同啊,除了有些坏以外,并没有什么特别之处。可是李卫平的话,让我不得不重新认识自己。

难道我的脑子里面,我的身体里,骨头里,有着与众不同的能量?这对任何人来说,都是一件难以入眠的事情。我怎么都想不通,为什么会是我,为什么会是我这么一个普通的士兵?

我的心里总觉得这很别扭,接受不了。

或许李卫平是为了安慰我也说不定,但是李卫平身上的神秘气息却很重,这也说明我当初的判断是正确的。李卫平这个家伙,脑子里的想法就是不一样,而且做事情总是出乎意料,对付那批蚂蚁也是如此。

天空无比黑暗,我内心却是激荡不已。我在心里怒骂一句:"去他妈的,什么特异功能都是胡扯蛋,先把眼前的事情解决掉再说吧。"

骂了一句,我心里一下子舒服多了。

眼皮子也开始重了,慢慢地闭上眼睛,心里也明晰许多。

我觉得身体的细胞已经能够感受到周围的变化,空气清澈,然而空气里面总是有股子血腥味,我知道自己是在做梦了。

这种梦,都是因为李卫平的那段话,让我觉得好像自己能够感受到周围似的。

第二天天亮得早,我也起得早。

吃过早饭,因为当天晚上有很多疑惑,我们几个人商量了一下,要再一次到白山里面看看,或许能有什么发现。

安排其他战士好好休息,我、胡院士、李卫平、易志军、马辉、梁子六个人开始往白山上面走。

走了一截子,胡院士突然停脚说:"你们觉得不,这山比昨天高了。"

我抬头看了看,并没有觉得这周围没什么不同啊。

我转头看着胡院士,意思是这怎么可能?

胡院士也明白我们的疑问,转身说:"昨晚上天黑,我们都是随便走着上来的,可是今天我走着觉得比昨天累。"

"您老人家是不是累了啊?"梁子说。

"不是!"胡院士非常认真地说,"我是一个老汉了,我对周围的判断比你们年轻人要准确。"

我点点头,觉得胡院士说得有道理。一个老人,很容易注重周围的环境变化,尤其是爬山这种体力活,虽然胡院士年纪看起来不大,但是事实上却非如此。

"难道胡院士你的意思是说,这山还在变化?"我问。

"没错,看来这山还在升高。只是这种升高的变化,我们还没感觉出来,或者说它只在晚上升高。"胡院士说得很模糊。

几个人都惊呆了,觉得不可思议。

"没事的！"胡院士笑了笑说，"这样的地质问题，经常出现，大家别紧张，又不是什么大事情。"

"吓我！"马辉说。

"既然没事咱们就往前走吧！"我说。

然而胡院士却一脸的忧愁，这忧愁一扫而过，倒也没有人注意。还好我眼快，刚好看见，倒是心里没当回事。

清晨的白山，在晨光中，颜色突变，不是之前我们所看到的那种乳白色，而成了眼前那种淡淡的血红色。

在一座才被命名的山脉上行走，让人顿时觉得美妙了许多。现在观察，这白山，也就是四五百米高，从我们停车的地方开始，一直延伸好几公里的样子，在周围的戈壁滩上，形成一大片高低不同的小山丘。

说它是山，是因为在戈壁滩上，出现这样一片石头包确实难得，但是现在看来它却像一片山丘。

走过昨天我们遇到的白骨，现在那白骨泛着一阵黄色，或许是因为氧化的作用吧，倒也没有昨晚上见到的那么恐怖了。

马辉因为没有见到这个，问了几句之后，倒也不说话了。或许是意识到，这周围可能有危险吧。

沿着白山最高处，我们一直往前走，周围荒凉无比。与之前见到的戈壁滩不同，起码戈壁滩上偶尔会出现一些骆驼刺什么的，这白山则不一样，什么都没有。甚至连一只蚂蚁、一只小蜘蛛都没有遇到过。

随着太阳升高，周围也开始热了起来。

白山就这样静静地躺着，像一条白色的小龙。我们看着眼前蔓延过去的山势，心中不免多了一丝暖意。

走了一路，没有发现任何东西，这让我们觉得很奇怪。

或许是看着太多了白色，我觉得眼睛有些酸疼，就在我揉眼睛的那一刹那，在白山的一个角落里，我看见一片黑色！

这里怎么会有一块黑色呢？我心想，赶紧揉揉眼睛，再细看！不对啊，那黑色分明是一支步枪的造型啊！

我大惊，这里怎么会有步枪呢？难道这里有人，我赶紧跑过去，将那把枪拿了出来！

拿到手里，我端详了一下，看着眼前这把枪，我心里震惊了！

天哪！这是二战时期，德国最棒的空降兵才能配备的步枪啊！它就是最著名的FG-42步枪。

这是一种单发半自动步枪，只装备了德军的空降部队，产量仅10000支左右。口径为7.92mm，配有一个20发的弹夹，并且有脚架支撑。枪重大约10磅，在自动射击时，即使有脚架支撑也是相当难以控制的，因此，有经验的射手为了提高射击的准确性，往往都是选择单发射击。

梁子一帮子人看到我找到一件武器，赶紧围拢过来，七嘴八舌地评价这把枪。这些家伙都是用枪的好手，哪能不知道这枪啊！

马辉将枪拿在手里，试着瞄了瞄准头，然后说："妈的，纳粹人的枪就是皮实，现在准头还这么好！我看这枪如果有子弹，说不定还能打出去呢。"

奇怪就奇怪在这里，这把枪居然没有子弹，这让我觉得有些匪夷所思。

胡院士将枪拿在手里掂量了一下说："这里怎么会有纳粹精锐伞兵的枪呢？难道他们真的在罗布泊找到了地球轴心？"

"如果真的是这样，罗布泊的事情比我们想象中的还要复杂。"我说。

顺着遍布白山的碎石，我们继续往前走，不多会我们又找到了纳粹德军的水壶，倒也没什么让人惊讶的。

胡院士边走边说："当初得到的秘密资料也说过这些，看来这次真的得到验证了。白山从我们脚下的土地里面升起来，那么这些德国军人肯定已经到了下面，看来这地下说不定存在着一个比我们想象的还要巨大的洞穴，甚至有可能是一个与众不同的世界。

2

胡院士越说越兴奋，感觉他马上将会有震惊世界的大发现似的。

"如果真的是那样的话，这里面的东西绝对够让世界为之一振啊！看来张教授已经到了那里，他真的到了那里。"

胡院士从一开始的激动，变成了现在的自言自语，甚至有些癫狂。我看着他的脸色一会儿高兴，一会儿沉思。

我对胡院士说："还是坐下来歇歇吧！我看你也累了。"

然后让马辉和梁子先到前面看看，有没有什么新的东西。

胡院士喝了点水，感觉好多了。他说："我刚才有点失态了，但是太激动了！确实是一个很伟大的发现，没想到我们居然在这里找到了历史迷失的一环！希特勒当年的很多举动，到现在依然让人津津乐道，成为了永远的谜。"

"难道还有别的说法？"我问。

"有人说希特勒没死，带着他的亲随进入了他梦寐以求的地球轴心，这一切都让人猜想。谁知道呢，很多秘密永远被尘封了。"

"希特勒不是自杀了吗？怎么会逃出去呢？"易志军说。

"别相信那些历史，历史上所说的都是骗人的，我从来不相信历史课本。说白了，历史就是胜利者给自己的子民竖立的骗局。"胡院士说。

"行了，咱们对这些不做猜测，做好本职工作就成。"我说。

这时候，马辉急匆匆地跑回来了。

"哥几个，你们最好过去看看。"马辉喝了口水说，"前面发现了一些不寻常的东西，我觉得你们肯定感兴趣。"

我看马辉这神经兮兮的样子，不像是在开玩笑。

我们在马辉的带领下，以极快的速度向前跑去。

马辉这家伙边跑还边说："妈的，就没见过这么奇怪的事情，你们看了就知道了。梁子那货都傻眼了。"

我心里想，有什么事情能让梁子这家伙震惊呢？死人，还是僵尸？这些都不可能啊，见得多了就没什么了。

沿着高低不平的白山顶部，我们几个人跑得飞快，一运动水分流失特别快。

远远地看见梁子那小子在不远处站着，死死地盯着我们跑来的方向大喊："你们他妈的快点，这地方真的是奇了怪了。"

当跑到梁子所站的地方时，眼前出现了让我们震惊的场景！当我看到那一幕的时候，心里顿时觉得眼前有些晕乎的感觉，周围的空气一下子凝固了！仿佛天地之间没有了别的，只有这可怕的让人不知道该怎么形容的场景。

此刻我们所站的地方，是白山一个高崖之上，在那高崖的下面有一个不大的平台，在这平台上干干净净的一大片二战德军头盔！

那些头盔也不知道经历了多少岁月，经历了多少风雨洗礼，此刻散乱地摆在我们脚下的平台上。

看着这么多头盔，我觉得应该有一个整编连的人数。如果这真是德国军人的话，应该在一百到一百五十人！站在高台上，远处的风吹来了白山的泥土气息，周围一览无余，没有遮拦。

细看之下，那些头盔曾经摆放的印记隐隐还可以看见。站在这高处更能看得明白，正因为风沙将那些头盔吹得四散。但是这白山正如胡院士分析，出现得晚，那些头盔也是最近的大风才吹乱的，原本的地方此刻站在高处看到了一片片比周围略白的圆圈。

细看那些圆圈组成的图案，居然是SOS。我们每个人都知道SOS意味着什么，意味着需要救援。

SOS是国际莫尔斯电码救难信号，并非任何单字的缩写。国际无线电报公约组织于1908年正式将它确定为国际通用海难求救信号。这三个字母组合没有任何实际意义，只是因为它的电码 ...— — —...（三个圆点，三个破折号，然后再加三个圆点）在电报中是发报方最容易发出，接报方最容易辨识的电码。SOS=Save Our Ship（国际通用的）船舶呼救信号 Save Our Souls（拯救我们的生命！），Save Our Ship（拯救我们的船员！），Stop Other Signals（停止发送任何其他信号！），Sure Of Sinking（船就要沉了！）等。

船舶在浩瀚的大洋中航行，由于浓雾、风暴、冰山、暗礁、机器失灵、与其他船只相撞等，往往会发生意外事故。当死神向人们逼近时，"SOS"的遇难信号便飞向海空，传往四面八方。一收到遇难信号，附近船只便急速驶往出事地点，搭救遇难者。

"难道这些人疯了？在这里摆上这些东西，难道他们需要救援不成？"马辉看着眼前的一幕说。

"头盔在这，人却不在了，你们不觉得这里面有问题吗？"李卫平说。

"人到底去哪里了？走，我们下去看看。"胡院士说。

这里面肯定出问题了，第一时间我脑海里闪现过这个念头。这么多头盔摆在这里，而且不是纳粹图案，也不是别的，而是救援！这里面肯定有着极为不寻常的事情，必须要搞清楚。

这些人到底经历了什么事情，或者说他们遇到了什么，这是我们当下最为关心的事情。

找到一条能够下去的崎岖山道，我们下到平台。

我拿起一个钢盔，很明显这是纳粹时代党卫军特有的M35头盔，更接近卵形。装备这些头盔的士兵也很不简单，多是党卫军里面精英型的战士，这一点从二战史上可以找到。

马辉和梁子在清点钢盔数，数了两次，最后发现不多不少，刚好是一百个头盔。

"看来，他们来了一百个人！"梁子说。

"来这么多人，看来当时这里很热闹啊！"马辉在一边看着头盔有些兴奋地说。

李卫平绕着头盔转了一圈，然后回到我跟前，对我和站在我旁边的胡院士说："你们不觉得这些头盔有问题吗？你看，谁能够阻挡一支训练有素、战术精良、战斗力震撼的纳粹精英士兵？而且让他们在这里摆出了如此震撼的救援信号，这只能说明一点，他们对当时的情景很害怕，很绝望。如果一个士兵明知道战斗下去可以获得胜利，是绝对不会发出救援信号的。"

"我比较同意李卫平的观点，而且这白山是因为地壳运动而出现在我们眼前的，那么在它的下面，曾经发生过什么？是什么让这些人如此害怕？"我说。

"还有一点，正如之前大家所推测的，这些人去了哪里？他们不可能就这么摆了一个救援信号的标志，然后走人了吧？"梁子说。

易志军也点头对梁子的这个疑问表示赞同。

"没错，人去了哪里？"我说，"如果这些人真的遇到了什么不测的话，起码能有人跑出来吧，怎么在这里连尸体都没有见到呢？"

"你们说的这些问题，说实话也是我的疑问，现在谁都无法解答你们的问题，除非进到下面。"胡院士说。

"看来，这下面可不安稳啊！没我们想象得那么简单。"我说。

一边的李卫平，对我点了点头然后说："咱们这次罗布泊之行，可能会获得意想不到的结果啊！"

"我说过，这罗布鬼耳的出现肯定有规律可循，只是我们以前没有发现而已！如果它真的是地球轴心的大门，那么我们的发现绝对能够震惊世界。"胡院士有些激动地说。

"我可不想干出什么震惊世界的事情，更不想去什么地球轴心啊！这些人的今天，说不定就是我们的明天啊，我可提醒你们。"马辉说。

"嗨，你小子现在开始打退堂鼓了！当初你直接说不来执行这次行动不就成了嘛。现在怂了啊，你没机会了，回不去啦！"梁子笑着说。

"我他妈的千错万错，就不应该跟你在一支队伍里，不去也要去啊！要不然回去被你这大嘴巴给传出去，我岂不是要丢死人了。"

"算你小子有种。"梁子笑着说，"我以为你小子真的要离开呢，没想到是烟雾弹啊。"

"行了大家别吵了。"我说，"看来这里的问题很严重，我们必须赶紧走，必须马上离开。"

我突然有种不祥的感觉，这种感觉一直隐隐地在我脑海里不断地提醒着我，好像这周围有成千上万双眼睛在盯着我似的。

"怎么了？"李卫平走到我跟前问。

"我觉得这山有问题，还是赶紧撤吧。"

3

"走到这里了，哪怕是刀山火海我们也要一探究竟，你小子这会儿打什么退堂鼓啊，也不嫌你的队员笑话。"李卫平看着我说。

我心想，靠！我这不也是为了队员着想，老觉得这里面有不对劲的地方，但是又说不上来，并不是我胆小怕事。

"行了，你小子就别在心里嘀咕了。你知道我能读出你心里的事情，还在那里说自己不怕事。"李卫平笑着说。

我呵呵一笑说："我把这茬子忘记了。"

马辉和梁子在一边收拾了几个头盔，带上准备回去做个研究。

我对李卫平说："你有没有觉得这地方真的有些不对劲儿啊？周围好像有什么东西在盯着我们。"

李卫平偷偷斜了我一眼悄声说："自打我踏到这山上，就知道这地方不对劲儿，为什么偏偏别的地方没有出现山，就这里出现了呢？所以，我们要小心点，这地方我觉得有些邪门，处处透着一股子邪气。"

"那咋办？"我问。

"我也没有别的办法，但是这地方的发现足够说明很多事情。我敢打保证，这里面还有别的东西，肯定比我们想象中的要艰难得多。你要做好准备，说不定等会儿有恶战啊！"

李卫平这家伙说话，给人感觉总是有点阴阳怪气的，好像什么事情都不重要，什么事情又都很重要似的。

他嘴里的话，一般人刚接触会觉得这家伙就是个神经病，不是神经病也是神经病刚痊愈，脑子还不灵活。

可是接触了这么长时间，尤其是和李卫平多次的谈话，我觉得这家伙是我们这些人里面唯一比较清醒的，也是唯一能够让我心里有点底的。

胡院士在那里转悠了半天，也不知道在找什么东西，反正显得很焦急。

我示意李卫平看看胡院士，李卫平轻轻一笑说："这老爷子脑子比我还不正常，他肯定是在找什么自己关心的东西吧。"

"你不是会那个什么术吗？不会偷偷地窃取点东西啊？"我问。

"你以为什么东西都可以随便用啊，那都是有度的，况且也是针对某些人才能有某种功效。"李卫平说。

我走过去，胡院士还在低头找着，嘴里念叨着什么，我听了半天没听清楚。

"胡院士，您找什么呢？"我问。

一边的马辉听到我的问话，说道："老爷子鬼迷心窍了，估计是在这里找点什么金银财宝一类的东西吧。"

"哼！你们这帮小孩子，懂什么啊？"胡院士不高兴地说，"这地方有我们需要的很多资料，你看这些头盔，很显然，他们是和这座山一起出现的，那么我是不是可以做个猜想，这地方的东西比我们想象得要丰富得多，说不定下面是另外一个世界，还有一个张教授也在下面。"

"你是说这里说不定会有张教授留下的线索？"我问。

"既然能收到张教授的纸条，我猜想，这里面肯定有个巨大的风洞口，张教授也是发现了那个巨大的风洞口，才让纸条从那个风洞口漂了出来。"胡院士说。

梁子停下手中的活说："胡院士，你这话忽悠小孩子还成，骗我们可就有点难度了。你也不想想，如果真有风洞口，那张教授咋不自己逃出来，非要在那里面等着我们呢？"

"哼！你们这帮小兔崽子懂什么啊？如果真的有那么容易出来，还用纸条传递出自己的讯息啊？"胡院士接着说，"况且这下面也不是什么人都能进去，我猜想张教授肯定是发现了什么东西，要不然不可能这样呆呆地等在下面的。对于一个研究人员来说，没有比重大的发现更为重要的事情了，况且像这样巨大的发现人生不会有几次的，年轻人。"

我听着胡院士的话，倒也觉得有几分道理，所以也随着他的目光不断地找寻起来，可是白山这一片，基本上让我们找完了，还是没有找到任何有用的东西。

　　我给马辉和梁子说，让他们将那些纳粹头盔堆在一起，然后周围用石头垒起来，不管如何，这些军人和我们的职责是一样的，人既然死了找不到尸体，我们只好用陪伴他们的头盔来作为纪念吧。

　　都是军人，都有父母。此刻放下那些曾经的杀戮，但愿他们的灵魂能够得到安息吧。

　　收拾完这些东西，我们也觉得差不多了，该离开这里了。

　　胡院士叹了一声气，看来他再次失望了。没办法，事实就是如此，眼前的这座白山，真的有太多的神秘吗？我在心里想。

　　我们五个人看天色还早，觉得应该再往前面走走，因为这样说不定会有别的发现。

　　也许是因为刚才说话太多的缘故，此刻六人倒是话少了。

　　继续往前走，我们已经到了山顶比较平坦的地方，此刻俯视山体，突然眼前被一块明晃晃的东西反射的阳光所吸引，我敏锐地察觉那东西肯定不是山体本身所有的东西，而是人为的。

　　我喊过来李卫平，让李卫平看了一眼，李卫平也觉得那东西肯定是人造的。

　　正在这时，马辉和梁子在另外一边发现了不对劲儿。

　　"和平，快过来！"马辉喊道。

　　我们五个人迅速围拢到马辉跟前，马辉看我们围拢了过来，示意卧倒。

　　我们都明白，这家伙肯定是发现了什么东西，一定有危险。

　　我、李卫平、易志军、胡院士四个人，赶紧匍匐到他们俩跟前，顺着俩人所躲的一块石头往下看去。

　　眼前的一片黑压压的东西，突然让我们咋舌。

　　天哪！

　　眼前出现的是一片黑压压的，不知道有多少的蚂蚁，在这白山的石头山上，它们的行踪越发地清晰了。

在眼前所能看到的区域里，整个半山腰都好像被人为地上了墨汁一般。可是眼前的这个墨汁绝对不是那种静态的，而是慢慢蠕动的。

我看着眼前的这批行动快速的食人蚁军团，心里有种痒痒的感觉。浑身的鸡皮疙瘩，在一刹那间犹如雨后春笋长了出来。

谁曾想，如果我们再多走一段路，说不定就在山腰处和这帮子食人蚁来个面对面，到时候谁死谁生还是两说。

其他人也看得眼睛不眨一下，我猜想这帮子人也是第一次见到这样巨大的场面，上千万只蚂蚁就这样出现在我们眼皮子底下。

所有人的喉结都在不断地上下移动着，空气中弥漫着一股子尘土味，虽然我们离那些行进中的蚁群有些远，但是这并不妨碍我们观察它们的一举一动。

这群食人蚁军团，真的是太多了，多得以至于我都无法用语言形容。

胡院士悄声说："看到没，这才是真正的食人蚁军团，我们之前见到的那些都是小打小闹的。与这些比起来，那些只能算散兵游勇，现在信我的话了吧。"

我点点头。

马辉声音干干地说："我们不会真的遇上这些家伙吧，我可不想就这样死了，那岂不是要让我的一世英名，毁于一旦？"

"你不会，放心吧！它们才不喜欢吃你呢。"梁子说。

"这样的蚂蚁，如此的行进速度，看来肯定是遇到什么东西了，我猜想它们是赶着去赴宴啊！"易志军说。

"赴宴？"我问。

"那你说，这些蚂蚁跑得这么快，是去做什么？"

易志军这家伙不说话则已，一说话倒也是有些意思。虽然易志军的话有些开玩笑，但是很明显，这群蚂蚁的行进速度确实超乎想象，好像有什么东西在强迫着它们以最快的速度往前赶。

4

胡院士听易志军这么一说，心里好像明白了许多。

"按照常理来说，出现这样大群的蚂蚁，肯定是因为遇到了什么猎物，要不然不会有这种情况。"胡院士说。

听胡院士一讲，我也想起一些。小时候也经常将蚂蚱的腿全部去掉，那样蚂蚱没有死，但是跑不动了。

将这样的蚂蚱放在离蚂蚁窝不远的地方，会有几只蚂蚁发现，然后很快就会有一大批蚂蚁跑过来，一起咬死这只蚂蚱，然后将它拖回窝里。

难道这些蚂蚁也是要去拖一只猎物，我在心里猜想。什么样的猎物需要这么大的阵势啊，莫不是恐龙一类的巨型动物。对于这样的蚂蚁来说，一头大象根本不在话下。

我想着想着，脑海里突然冒出来之前见到的那堆白骨，难道这群蚂蚁是要去找那东西不成？

李卫平看着我，目不转睛地看着我。我也看着李卫平，心里觉得有种怪怪的感觉，这李卫平的眼神好像突然之间和我有些一样似的。

李卫平悄声对我说："看来这群蚂蚁肯定是遇到什么劲敌了。"

"劲敌？"马辉问，"什么样的东西能斗得过这样的一支食人蚁军团啊，是我早就能跑多远跑多远了。"

"你小子就知道跑，当兵的人的脸都让你丢完了。以后别告诉我是当兵的，要不然我弄死你。"梁子边看蚂蚁边说。

"哼，你牛！你来给我试试看，这些蚂蚁，你怎么对付？这样的蚂蚁，如果撞见，不死才怪！而且死相绝对是惨不忍睹！"马辉笑嘻嘻地说。

说话之际，那些蚂蚁已经浩浩荡荡地从山腰处消失不见了，举目望去蚂蚁群似乎已经离开了。剩下的就是些在后面打扫战场的蚂蚁，已经成不了气候。

我们六个人悄然起身，偷偷地从山头退了回去。

胡院士召集大家坐在一起，然后说："看来，这山上还有别的东西啊！"

"别的东西？"我问，"胡院士你的意思是说，这里还有其他我们不知道的东西吗？"

"我觉得这群蚂蚁军团的行动绝对不是我们想象的那么简单，你觉得呢？"胡院士这话是说给易志军的。

易志军想了想说："我也觉得有这种可能，要不然这些蚂蚁是不可能倾巢而出的，我看这里面一定有文章。"

"会不会和之前我们看到的那堆白骨有关呢？"我说。

"你是说之前我们看到的那堆白骨吗？"胡院士问。

我点点头算是回应。

"这一点倒也是很奇怪啊，我觉得那白骨是因为遇到这蚂蚁军团才成那样的，要不然这白骨也不可能被吃得一点肉都不剩。看来这白山，也并不是我们表面所看到的那样啊！"

"看来这群蚂蚁的动向，值得我们去看看啊！"李卫平沉默了半天，终于说了一句话。

"那咱们就去看看，但是千万要小心，这些蚂蚁可不是吃素的，人家现在不叨扰咱们，并不代表它们不会拿我们当干粮。"胡院士说。

"我们都明白，谁都不想死在蚂蚁嘴里，那种痛苦，我相信大家伙都不想试试。"马辉说。

"可是咱们现在要不要去看看，这群蚂蚁到底是怎么来这里的，到底是因为什么才变成这样的？"李卫平说，"我以前可从没听说过这沙漠里有这种蚂蚁啊，而且我觉得这蚂蚁的出现，意味着更大的阴谋。"

我心里也是忐忑不安，觉得李卫平的话有些道理，这群蚂蚁和这座山出现在这里肯定有原因，说不定会有什么不同寻常的阴谋。

我一直在想，我们是不是正在往一个圈套里面走去，这一切都是为我们准备的，为我们量身打造的？

"行了，那咱们就这么决定了！去看看，到底是什么东西吸引这么一群蚂蚁军团。"我说。

马辉和梁子在前，我们在后。每一步都走得很谨慎，生怕弄出什么声响，被这群可怕的蚂蚁发现，到时候就是跑也跑不了吧。

沿着山顶，我们悄然往前走。

这是我安排好的计划，因为下到半山腰，说不定会被蚂蚁军团发现，到时候可就完了，现在是不能打草惊蛇，远远地观察一下就成。

我们六个人在山头上走了半天，也没有见到蚂蚁的痕迹。

"看来这群蚂蚁突然从我们眼前蒸发了，太可怕了！"马辉说。

"这很正常，它们的身体小，在哪里都可以随便钻来钻去，我们则不行，眼睛所能看到的也就是这方圆几公里的东西，再远点，再小点，什么东西都看不到。这就是人类，一种本身并不出众的动物。"易志军说。

"行了，咱们别扯那些没用的啦，还是先找找那群蚂蚁到底去了哪里。妈的！难道是我们眼睛花了不成？"我说。

"我靠，和平，你嘴上说得轻松，这地方可大了，咱们找起来可真够难的，况且那蚂蚁，说不定人家窝就在这附近，直接到窝里面去了也不一定啊。"

"马辉，你小子别那么多怨言，如果你不好好找蚂蚁，我今晚上让你和梁子睡一起，到时候看你睡得着睡不着？"我威胁道。

"好啊，你小子和梁子合起伙来欺负我，这可不是你一个队长应该做的事情啊，我内心很受伤。"马辉笑着说。

突然，易志军做出嘘声的手势，似乎他听到了什么。

我们都不敢说话，生怕有什么东西是我们漏掉的，易志军在地上听了半天，站起来对我们说："它们就在这附近。"

我这次突然觉得易志军这家伙比我想象中要厉害得多，不光是懂点医疗，居然在很多方面都让人眼睛一亮。看来当时选这批队员的时候，基地还是下了很大的力气啊！

"到底听到什么了？"马辉急忙问。

"我听到，有石头滚落的声音。石头滚落，说明在某个地方一定有打斗。看来那群蚂蚁找到了自己想要找的东西了。"易志军说。

"到底是什么东西，你知道吗？"我说，

"能弄出那么大声响的，我看绝对不是什么小东西了。"易志军说。

胡院士一听，顿时来了精神，说："那咱们就快点去看看，说不定能有什么发现啊！走！"

说完话，他第一个快步向前走去了。

"这老爷子还真有意思，居然连死都不怕啊！"梁子说。

"就你话多！赶紧去保护他，没他我们这次任务可就悬了。"我说。

第十章
Chapter 10

蜥蚁恶战

1

话说，随着人的运动量加大，这头顶的太阳也越发毒了。我们一群人也不知道走了多长时间，只觉得身体的水分流失越来越快，但是依然看不到那群蚂蚁的身影。

我问易志军："那群蚂蚁你确定就在这附近吗？"

"你应该相信我！"易志军说。

看着易志军那一脸的严肃劲儿，我觉得不应该怀疑他。

易志军看着我的眼睛，似乎在说：既然你不信，那我走到前面去。

说着，易志军率先甩开我们，一人走在最前面，头也不回。

我摇了摇头，这家伙真是一头倔驴，一句话说不好，就跟你翻脸，非要认死理。我突然之间对这易志军重新打量了一番。

继续走了大约二十来分钟，易志军突然停下了脚步，我看到他的衣服被风吹得呼呼地飘了起来，看来这地方已经到了这山顶的尽头。

易志军先是看了一眼下面，然后示意我们爬下，匍匐过去。

我们按照易志军的示范，照做不误。在这样危险的境况下，每一步都要小心为妙，要不然到死都不知道自己错在了哪里。

来到易志军所在的地方，我们睁大双眼看去。就在远处二十米左右的地方，一座山洞出现在了山坳里。

一群黑压压的蚂蚁，正在对五只巨大的蜥蜴发起攻击。

我们一看到那些巨大的蜥蜴，心里头顿时一凉。这些巨大的蜥蜴长得犹如大象一般，但是从身体灵活性上判断，这些家伙肯定要比大象灵活好多倍。

此时正是蚂蚁和蜥蜴对峙的时刻，我们一帮子人赶到的也正是时候。

先看那些大象一般的蜥蜴，皮肤黝黑，身上居然长着手掌大小的鳞片，每一片都在太阳底下泛着黝黑的光。

这些蜥蜴也不知道在这里生活了多久，但是看情形，背后那个洞穴应该是这五只蜥蜴的巢穴。

"我的妈妈啊。我还是第一次见到这种蜥蜴，能长这么大啊！太可怕了，那岂不是这种蜥蜴也要吃人了吗！？"马辉说。

"这蜥蜴真的好大，我也是第一次见到，太可怕了。大自然的鬼斧神工，真的太让人难以置信了。如果不是见到，我真的以为世界上不会存在这种蜥蜴呢。"胡院士也看得出神。

"这种动物真的会长这么大吗？如果不是亲眼所见，我根本不会将它们考虑在这个重量级别里面去。"易志军说。

是啊！谁都不会去研究一只蜥蜴到底能长多大，况且是长得要按吨计算。目测看去，这些蜥蜴至少也有四五吨的样子。

这几只蜥蜴都是长得虎背熊腰，一看也是生活得非常幸福。爪子之间的肉片都能看得很清楚，每个背上黑色的鳞片泛着无比美丽的黝黑之光。如果放在平时，这些蜥蜴早就应该进动物园了。

可是现在却不同，它们面前有强敌，而且是非常多的强敌——一大片一大片，根本数不过来的食人蚁。

我们看着眼前这一幕，心里都难免是一惊啊！果不其然，这些蚂蚁原来是发现了这么一顿美食啊。

"这蜥蜴在新疆也是很普通的东西。沙漠里、戈壁滩上到处都是，但是也没见过这么大的啊！如果真有这么大的蜥蜴，我他妈的早就被吃了。"马辉笑着说。

从马辉嘴里我知道，原来在新疆人们把蜥蜴都叫做四脚蛇，你不招惹它它也不会伤害你，还说它们至少有三条命，你就是用刀把它们剁成三四截，它们还会自己连接起来，继续活下去。

"我不信，试过几次，仔细观察它们，那些被截断的身子不停地扭动，仿佛长了眼睛似的，方向感极强，朝着被隔离的躯体盘旋着蠕动，慢慢地移动，两节身子只要一接触，很快就粘合在一起，看得我浑身发怵，我相信它们真的会死而复生，夜里经常梦到被我砍断的四脚蛇爬上床来找我索命。那时我们住的都是地窝子，我给姐姐说，地窝子没有门槛不行，四脚蛇会钻进来的。姐姐不听，我说离河边这么近，难说没有水蛇一类的东西爬进来。大人都说我胆子太小，只有四角蛇怕人，哪有人怕四脚蛇的？！记得小学一年级时，同班同学很多人患了腮腺炎，俗称大脖子，我也未能幸免。住院时每天打十几针，天天做梦都是四脚蛇来找我索命……"马辉说。

"你还有害怕的东西呢？"梁子挖苦道。

"哎，小时候的噩梦啊！现在倒是不怕了，那东西也就是一小生命嘛。哥们哪会跟它斤斤计较啊！"

"怕就怕嘛，现在又没人说你什么。"梁子挖苦道。

"这么一看，我觉得是早有预兆的。我果然是很怕四脚蛇，尤其是眼前这么多条的四脚蛇，我估计一辈子都忘不掉了。"

"没事，有哥儿几个给你撑着面子，你还怕它们吗？你手里有枪，嘟嘟嘟的几下子，这些东西不都死翘翘的了？"

"以前这些东西小的时候，还成。现在你看看，都长这么大了，我看难啊！"

"看情形，这些蚂蚁是势在必得啊！"李卫平说。

"现在鹿死谁手还不知道呢。"马辉看着远处正在变化的一幕说。

梁子则不这么看，他悄声说："妈的，我看这些蜥蜴是凶多吉少，这些蚂蚁可是有备而来，你看看这阵势，你没听胡院士说啊。这些蚂蚁所过之处寸草不生，更何况，这数以万计的食人蚁，咬一口下去，可不是什么好受的事。"

"它们能咬进去再说吧。"马辉说。

马辉这话是有些道理的，因为这些巨蜥沙蜥的保护鳞片也不是吃素的。你想想，长这么大的躯体，能没两把刷子吗？我觉得这些蚂蚁肯定会吃苦头，到时候打起来谁胜谁负还是有很大的变数。

胡院士看着远处的对峙，搓了搓手说："看情形，这些家伙斗争也不是一天两天了，说不定它们两家子有世仇啊！"

"那你的意思是说，这些家伙在这里经常开战了？"我问。

"看这些蚂蚁轻车熟路，我觉得有可能是真的经常在一起厮打。你想想，这附近又没什么吃的，蚂蚁和这种巨型沙蜥相互伴生，能不在一起经常斗争吗？看来这些家伙也是早有准备啊。"

"我说胡院士，看不出来啊，您老还是个全才。"我笑着说。

"闲得无聊的时候，我也经常做做野外工作，研究一下这些小动物，我觉得挺有意思，也算是对枯燥的工作做一个补充嘛。"胡院士说。

然而，等我听胡院士说完这些话，突然脑子里滚过一件事。这胡院士从认识到今天，从来没有人告诉过我们他到底是做什么工作的。而胡院士每次说到自己的工作，也是一笔带过。

可是我觉得这胡院士绝对不简单，能接触到那么多绝密的资料，还能进到这里，绝对不是一般普通的研究学者。

看着胡院士那张已经有些老年斑的脸，我突然觉得这样的专家太少了。但想到晚上胡院士的种种不正常的行为，我又觉得这人是那么神秘，那么奇怪。

"看，这些蚂蚁动了！"梁子说。

我们赶紧转头，就看到浓烟滚滚。其实那不是浓烟，那是蚂蚁一起行动给人的幻觉。

这些蚂蚁好像被什么东西指挥着一样，每一个动作都显得那么统一，协调。倒是那些巨蜥给人一种笨拙感。这倒也不影响它们的发挥，我想，不管如何，它们的身子倒下去，滚一下都会死一片蚂蚁，这就是它们的优势。

蚂蚁们的优势则是豁出去了，死就死了！以数量取胜。

蚂蚁动，巨蜥也要动。

这种敌我斗争的方式和我们的作战真的有很大的相同之处，当然不同的就是我们多半选择远程攻击，能悄无声息地将敌人消灭掉，就是最大的胜利。可是这种面对面的冷兵器作战，很少在正面战场上遇到。

这两种动物，都是自然界法则大浪淘沙之后，留下的世界奇观啊。

蚂蚁们以最快的速度将巨蜥所站的位置包围了起来，而且这个包围圈以极快的速度在缩小。

看来这些蚂蚁要给这五只沙漠巨蜥最后一击了。看着那些巨蜥依旧是静悄悄地在那里站着，我心里有些着急了。

"你看到没，这些巨蜥也是实在没办法，因为它们踏出一步就意味着死亡。别小瞧食人蚁，它们能够在自然界生存下来，可不是靠那种简单的本领。"胡院士说。

"这些蚂蚁到底要怎么样？"我问。

"明摆着的事，要吃了这群巨蜥。"梁子说。

"就你事多！"马辉悄声怒骂道，"还不赶紧好好观察，那天老子给你弄一群蚂蚁，吃了你。"

"好了，别吵了。"易志军说。

胡院士看着远处的情形说："这群巨蜥有可能今天真的会没命啊！我看这群蚂蚁确实是有备而来，估计也是这群巨蜥倒霉吧。"

"看来是没办法了。"我说。

"我现在比较关心那群巨蜥背后的山洞里，会不会有什么东西。"胡院士说。

2

眼看着这战争一触即发，胡院士这老爷子脑子就是不一样，还能想到那巨蜥背后的山洞。

此刻我才认真地看了一眼那山洞。

这山洞刚好位于一个拗口处，周围的石头堆积成了一个不规则的圆形，远远的看去，在这白色的山峰上，倒也是壮观得很啊。

除了能看到洞口的形状以外，其他的倒也不是那么明显了。因为距离远的缘故，我们也没有办法观察。

胡院士看着我们将眼睛都转到山洞那边说："你们想想，这么多士兵的帽子出现在这山上，那个洞，他们肯定也看见过。说不定在那洞里有我们感兴趣的东西也不一定。"

"你觉得那洞里会有东西？"我问。

听胡院士这么一说，我心里也觉得那山洞里应该会有东西的。看来这地方果然是别有洞天。

"我是这么认为的，你想想，如果真的有什么东西的话，说不定对我们进到罗布鬼耳里面有帮助，起码让我们了解下面到底有什么东西啊！"胡院士说。

李卫平突然开口："胡院士说得对，我看这山洞不简单，有可能曾经真的有人进到里面过。"

听李卫平这么一说，我心里踏实多了。

"那就是说，我们等会儿不管咋样都要到那山洞里去转转喽？"梁子说。

"怎么，你怕了？"马辉说。

"没有！"

我笑着说："等会儿它们两败俱伤，我们就可以渔翁得利了。"

"没那么简单，我觉得这些蚂蚁可不是那么好对付的，况且它们的肚子可是直肠子，吃了就拉，拉完了就要使劲地吃！所以啊，咱们还是要早点盘算，看来这地方真的不是那么好待的。"胡院士说。

"您说得对！看来咱们要早点做准备，这样，我让易志军回去给那边安排一下，让战士们早点做好准备，把东西都收拾起来，我们一回去立即出发，不再耽搁。"我说。

"就这样办吧！"胡院士说。

其他人也点点头表示答应。

我将易志军叫过来，悄声安排他："回去收拾好东西，等我们回来出发。除此之外，安排专人看好我们的柴油、食物和水，不能马虎。"

对这支队伍的战斗力我很放心，但是就怕在这大漠里面，食物和水出了问题，到时候就难办了。

易志军说了个"是"，然后一个人沿着来路往回去了，不多会儿就消失在了白色的山土之间。

看着易志军离开，我心里也稍微有些轻松了。不管如何，这支队伍不能出什么闪失啊。

正当我这边安排完任务，心思还在易志军身上的时候，那边的蚂蚁和沙蜥的战斗已经打得热火朝天，不分你我。

胡院士说："荒漠沙蜥是生活于荒漠或半荒漠地区的蜥蜴类，外部形态有许多适应荒漠生活的特征，上/下睑缘鳞的游离缘尖出构成锯齿状，鼻孔内有能自主启闭的瓣膜，耳孔及鼓膜均隐于皮肤内，营穴居生活，一般筑洞于较板结的沙砾地斜面、沙丘和土埂上，也有在砾石下筑洞的。食物主要是各类小昆虫，例如蚂蚁、鼠妇、瓢虫、椿象等。"

"等等，老爷子你的意思是说这沙蜥也吃蚂蚁？"马辉问。

"当然，你想想这样的地方，不吃蚂蚁还吃什么东西去啊！"胡院士说，"它们是这沙漠生态环境的一环，咱们今天看到的这些，肯定几百年、几千年来都是如此吧。"

"黑刺大腭蚁和沙漠巨蜥看来是冤家对头啊，怪不得这见面就刺刀见红啊！"马辉说。

"开始了！"李卫平说。

我们转身一看，那黑压压的一片蚁群已经开始集结，不断地向前推进。或许是意识到眼前这个强敌的厉害吧，五只巨蜥也自然地往后退，但是它们的动作却是普通得很。

这巨蜥也很奇怪，它们的每一个动作都给人很缓慢的感觉，甚至每一次头的运动都要经过好长时间。

它们可以保持一个姿势长久不动，你甚至会怀疑它们已经死了。

这些沙漠巨蜥也不知道在这里生活了多长时间，又或许它们和这白山一样也是刚刚出现在这里的。

我问胡院士："这沙漠巨蜥难道真的是罗布泊本身就有的吗？"

胡院士想了想说："这样的沙漠巨蜥我之前确实没有看到过在罗布泊存在的记载，这蚂蚁倒是有些耳闻。"

"看来这罗布泊真的不是我们想象中的那样。"马辉说。

"其实我关注罗布泊，一开始只是关注它的过去！"胡院士说，"罗布泊的真正魅力在于——曾经是全国第二大的内陆湖，而今却成了寸草不生的荒漠。据《汉书·西域传》所载，该湖'广袤三百里，其水亭居，冬夏不增减'。这无疑还小看了这个湖，这个湖面积约有三千平方公里，但是，这里现在只有盐壳还在，甚至不留下一片水痕。探险者们追随着法显和玄奘的脚步来到这里，不是为了找所谓的'八百流沙界'，一段故事不足以让人甘冒如此的危险。"

"原来它曾经这么大啊！"梁子看着远处的蚂蚁说。

"是啊！正是因为它太大了，消失得太快了！就像这湖原本是一个好着的锅，不知道哪天突然漏了，而且漏得特别快，水很快就消失了，而且你还不知道这水到底消失到哪去了。"胡院士说。

"水就在咱们脚下！"李卫平说。

"脚下！？"我问。

"没错，是在脚下。"

"这怎么说？"

"这白山如果真的是从下面上来的话，我觉得完全有这种可能！"李卫平说，"这白山的成分我看了一下，大概都是石灰岩。因为这石灰岩石是水长期浸泡形成的，所以我猜想，说不定这罗布泊真的某一天突然漏水了，而且漏得很严重。"

"如果水真的是漏了，漏到了地下！那么肯定会有漏水的口啊。"梁子说。

"漏口？"马辉道。

"漏口！"胡院士陷入深思。

"如果是这样的话，那么那个时而出现，时而消失的鬼耳会不会就是这个漏口呢？"我大胆地猜测。

"对啊！"胡院士显得很激动地说，"这鬼耳我们现在不知道到底是什么力量在推动它，但是罗布泊的湖水被称为游弋的湖水，完全有可能就是咱们之前发现的那个罗布鬼耳造成的，它是连接地面与地下的一条纽带，我看完全有这种可能！和平，你这个想法很大胆啊！"

"呵呵，我是瞎猜的！"我说。

"你这瞎猜也是有一定证据的，因为我之前看到过一些关于这方面的文字记录。"胡院士说，"其实我当时也当故事来看的，现在想想，确实有可能。张教授曾经说，罗布泊极渊处于万古不灭的沉寂之中。自有天地万物以来，就为日月所不照。"

胡院士讲道："1901年4月，著名的外国探险家斯文·赫定在沙漠中发现了一座佛塔。其中出土的古老经卷里也提到过'极渊'。经文中以梵禅语将其描述为'无始无终的噩梦'。可惜具体位置至今已经不可考证。"

然后胡院士给我们讲了一个他看到的，到现在还无法考证的传说。据说，后来有人发现了一些关于"极渊"具体位置的线索，并在罗布泊荒漠西南方的某个区域下找到了一处形成于主岩体固结时期的"原生洞穴"。

到了1955年，由苏联提供重型钻探设备和专家团，耗时三年，终于借助"罗布泊原生洞穴"的天然结构，挖掘了一条直接通往地底近万米的"洞道"。苏联人习惯把地底深渊形容为"地球望远镜"，指用来窥探地心物质的通道，所以这条进入极渊的洞道，就被命名为"罗布泊望远镜"。

1958年底，"罗布泊望远镜"终于被成功挖通。当时有一支中苏联合考察队，在穿过洞道作进一步探索的时候意外失踪。随后中苏关系出现裂痕。苏联专家团撤离的时候，找借口故意炸毁了"洞道"。同时销毁了大量宝贵的资料和数据。苏联人在地底发现的一切秘密都被永远埋在了"罗布泊望远镜"极渊之下。

"那这支考古队为什么没有记载？"我问。

"那是什么年代了，别说你们，我自己其实都不知道。估计现在很多东西，还无法解密吧。"胡院士说。

"别讨论了，那些事情等回去咱们慢慢说吧，你们还是先看看这里到底是怎么个情况吧！"梁子悄声说。

"怎么了？"我问。

"开始了！"

"快看看！"

3

我们赶紧回过头来看眼前这场动物界的巅峰对决。

只觉得眼前一片涌动的黑暗，越发焦躁起来，谁也都不敢眨一下眼睛。

而眼前的那五只巨蜥，似乎也意识到了事态的严重性，不敢掉以轻心。它们不断地变换着头部，呈现各种姿势好观察蚂蚁的动向。

嘴里的舌头不断地试探出来，好像在感知周围空气似的。

蚁群已经蠢蠢欲动，随着气温越来越高，我们几个趴在这里都觉得晒得快要化了，更别说这些在地上，一直苦熬着的黑色蚂蚁了。

蚂蚁们估计也是害怕到中午的时候，那太阳更为毒烈，那时就没有多少胜算了。现在看来，动手的机会已经到来了，如果再等下去，估计对蚂蚁们不利。

这两种动物都是感知自然界的高手，更何况都在这里不知道斗了多少时日了。眼看着大战将至，一场腥风血雨就要来临了。

看着远处的蚁群和巨蜥，我们心里也是忐忑不安，生怕露出什么马脚，被这种可怕的动物给发觉了。

蚂蚁们已经将触觉伸到了所有能够占领的土地上，甚至连巨蜥背后的石壁上也爬满了黑色的蚂蚁。

蚂蚁们等待着一个命令，我猜想，此刻它们的触角不断地碰撞着，不断地交流着讯息！

一瞬间，仿佛有什么无声的东西传递了一个命令。

蚂蚁们动了！

像一片黑色的乌云，突然之间游动了起来。

五只巨蜥突然变了阵势，形成了一个圆。看来它们也是早有准备，这样就可以对这些蚂蚁形成无缝隙观察，哪一个地方有蚂蚁过来，就有一只巨蜥可以对付。

蚂蚁们的第一波进攻就这样悄无声息地展开了，一大帮子蚂蚁黑压压地压了过来，围拢住了也是黑色的巨蜥。

黑色和黑色终于连成了一条线。

蚂蚁们不断地向前冲，而巨晰们则一点点地用巨大的身躯和爪子，对冲上来的蚂蚁一顿扫射。

怪就怪这些蚂蚁也确实是太小了，当然是和巨蜥这样的身躯比起来。蚂蚁们一次次地进攻，巨蜥一次次地化解。

因为巨蜥身上厚重的鳞甲，虽然有蚂蚁已经爬到了巨蜥身上，可它们根本不知道如何下口。

突然之间，蚂蚁们发现了一个可怕的问题，这些巨蜥的鳞甲太厚了，根本不是它们能咬开的。

眼看着蚂蚁就要败下阵来。

突然，一群蚂蚁在远处不断地围拢，然后一点点地堆积起来，堆积成了一只黑球。"啊！这是要做什么？"胡院士惊讶地说。

"这些蚂蚁抱成一团，难道还有别的法宝不成？"梁子说。

细看之下，原来不只是一个黑球，眼前一下子多了五个黑球。让人顿时觉得有些莫名其妙，为什么蚂蚁会突然之间有这种举动呢？

再看巨蜥和刚扑上来的蚂蚁之间的斗争已经分出胜负，以巨蜥的获胜而告终。五只巨蜥还是保持着原本冷静的模样，时不时地伸出舌头，舔一舔地上蚂蚁们的尸体。

蚂蚁的尸体已经黑压压地铺了一地，原本活动的黑云，现在已经成了一大片停留下来的黑暗。

五只巨蜥依旧保持着一动不动的姿态，眼前的黑色圆球也一只只地滚了过来。我从望远镜里看到，原来这些蚂蚁真的一个垒一个，形成了这么一个巨大的黑色圆球，蚂蚁们不断地涌动，使这个圆球向前推进。

这些圆球直径大约八九米，远远看上煞是好看。但是我们几个人都知道，这些圆球可是来索命的。

巨蜥发现了那些圆球。

此刻已经容不下它们思考，我看着巨蜥身体不断地抖动着，好像是害怕，又像是在不断地给自己打气，鼓励自己似的。

随着那些黑球不断地靠近，已经越来越近的时候，巨蜥们已经不像之前那么镇定了。

其他的蚂蚁已经到了背后的石壁上，像一群群等待死尸的秃鹫，就这样那些巨蜥还是很镇定，好像没有什么东西能够阻挡住它们的镇定。

头顶的太阳越来越毒辣了，阳光刺下来，像一把把小刀子，扎进我们包裹着衣服的后背。

如果现在有一点火星，我们说不定都能被烧着，成了一堆灰。

"看来，这次巨蜥也知道要出事了。"胡院士说。

"没错！胜负已分，看来，这场厮杀用不了多长时间就能见分晓。"李卫平说得很冷静，也很冷漠。

"巨蜥已经在心理上输了！"马辉说。

梁子转身拍了一把马辉说："你他妈懂个蛋啊！"

"哼，老子比你有文化多了！"

圆球已经靠近了巨蜥，五只巨蜥高昂着三角形的头颅，意志坚定，尾巴高高翘起，不断地在空中晃荡着。

我觉得那尾巴就好像我此刻的心跳一般，扑通扑通的！

我作为一个特种兵，经历的也不在少数。可是这次所遇到的和我之前的都不一样，我看到的是自然界最为残忍的厮杀，刀刀见血。不是你死就是我亡。

随着那些圆球的临近，我内心一次次地颤抖。

这些巨蜥们却按捺不住了，它们率先冲出去，对着那些圆球一通乱撞。

这些圆球本就是不那么稳固，现在经过巨蜥们用强大的身躯的一次次撞击，一下子就被冲散了。

然而每个巨蜥身上都落了一层黑压压的蚂蚁，正当巨蜥一个个清除这些蚂蚁的时候，那些被冲散的圆球又一次组合起来。

看来这些要命的黑色圆球的组建，就好比变形金刚一般经过无数次的历练。

那边的巨蜥还没有缓过神来，这边蚂蚁们的阵形已经列好，而且这次比之前的又大了一些。

巨蜥根本顾不了背上的那些蚂蚁了，转头接着又是一次冲锋，这次冲锋和之前收到的效果一样，也是冲散了。

可是蚂蚁们又一次组合了起来，一次比一次大，巨蜥身上的蚂蚁却一次比一次多，这可急坏了这些家伙。

巨蜥们实在没有办法，就在地上使劲地蹭，打滚。可是这蚂蚁是何等厉害的角色啊，它抓住一个可以下口的地方，是绝对不会松口的，直到自己生命耗尽。

巨蜥不断地在石头与石头之间打滚，这些虽然清除了一些身上的蚂蚁，可它身上的鳞甲也或多或少地掉了一些。

"这下子完了！"梁子说。

"连你这样的人都看出来了，看来这些巨蜥真的是凶多吉少，甚至可以说没有机会了。"马辉笑道。

我看着巨蜥身上那些掉了鳞甲的地方，已经渗出了一些黑红色的血迹，心中不免有些惊讶。

看来这些蚂蚁果然是懂行的啊，很是了解这些巨蜥的弱点在哪里。

这些巨蜥看起来坚不可摧，其实不然，它们雄厚的鳞甲算是唯一的保护神，如果没有了这东西，巨蜥也就是一顿肉而已。

　　就在我思考的这几秒钟里，战场上的形势已经变得不可收拾。巨蜥们之前的几次冲锋，已经让它们显得有些筋疲力尽，而蚂蚁们的车轮战却是越来越厉害，让人避之不及。

第十一章

Chapter 11

神秘日记

1

　　看着那些巨蜥们强忍着身上的疼痛和头顶的烈日，我觉得这场战争已经进入了尾声，很快这里将留下一大片白骨和无数黑蚂蚁的尸体。

　　再一次，黑色蚂蚁球体组建完成了，这次足足有十几米的直径，五只巨大的黑色球体，不断地滚动着，向着身边的猎物前行。

　　也不过半个小时的时间，这些巨蜥没有了之前的镇定，反而有些害怕了，看来它们也知道命不久矣。

　　俗话说：瘦死的骆驼比马大，这些巨蜥怎么可能就这样轻而易举地让蚂蚁们得逞呢？

　　巨蜥们掉转头，再一次向蚂蚁们的圆球上冲了过去。

　　这是一场残酷的反冲击！

　　这是一场血腥的厮杀和搏斗！

　　整个战场已经进入了杀红眼的状态，所有在场的动物，都已经开始展示兽性的一面。

　　我看着巨蜥们再次冲击那些圆球，是那么有决心，是那么抱着必死的愿望。就在那些圆球瞬间坍陷的时候，那些黑色的蚂蚁也一批批地落在了巨蜥的身上。

　　一开始巨蜥们还可以保持原本的姿态，然而就是那么半分钟的时间，所有的巨蜥开始在地上，不断地扭曲着，滚动着。

　　这种痛苦或许是我们无法理解的，成千上万只蚂蚁在它身上撕咬着，一点点地咬着它鲜活的肉身。

　　我看着地上那些正在痛苦挣扎的巨蜥，觉得这真的是一场畅快淋漓的厮杀和搏斗。

"结束了！"胡院士说。

"本就该是如此结束。"李卫平说，"这些蚂蚁我看也是在这里等了好多天啦，这下子它们可以美美地吃一顿了，然后什么都不用愁！就可以在窝里等上些日子，再出来找吃的。"

"我看这些蚂蚁真不简单啊！妈的，现在想想都觉得后怕，幸亏那天咱们跑得快，要不然这事情落在我们身上，那我都要自杀而死，也不能这样眼睁睁地看着自己被吃了啊！"马辉说。

"你放心，到时候哥们一定给你一枪，这样什么事情都解决了。你不用为我担心，我一定一枪毙命，让你不受二次痛苦。"梁子说。

"我说哥俩儿，你们就不能说点吉利话，不讨个别的，也讨个好口彩吧！他二大爷的，这样说下去，我哪天要找机会收拾你们。"

我说着话，看着远处，那里已经尘土飞扬，五只巨蜥都已经倒在地上，使劲地将自己的身体在凹凸不平的石头上蹭着。看来那些蚂蚁应该很快就会解决完这场持续了两个多小时的战斗了。

随着时间的推移，巨蜥们的反应越来越弱，逐渐地变成了一摊黑色的湖水。我看着那些蚂蚁如疯了一般，寻找着可以下嘴的地方，有些蚂蚁已经顺着巨蜥的嘴巴、屁眼钻了进去。

数不清的蚂蚁此时此刻迎来了它们的盛宴，我亲眼看着那些巨蜥身上的肉，明显一点点地少了，一点点地露出白骨，最后只剩下黑色的蚂蚁，在那些白骨之间跑来跑去。

"还没有五分钟，这些巨蜥就成了一堆白骨！"胡院士说话的时候，很轻松地了擦了擦额头上的汗。

胡院士接着说："太可怕了！这样的蚂蚁，你说谁遇到不害怕！看来，这才是沙漠里的王者啊！"

"这样的东西要怎么对付？"马辉问。

"你根本没机会出手，唯一的办法就是跑！能跑多远就跑多远，千万别停下脚步。"李卫平说。

胡院士接着总结说："还有就是点火，火攻是最有效的办法！很多驱虫药根本对蚂蚁没有效果，所以我们也要有所准备啊！千万别在这里栽了跟头。"

我们都点点头，对于胡院士的话，深信不疑。

五堆白骨已经摆在了我们眼下，那些黑色的蚂蚁也逐渐地退去，空气中只留下淡淡的血腥味。

这一切过去得太快，让人有些手足无措！我们目送着那些黑色蚂蚁消失在眼前的石头堆里，这才打定了下一步主意。

"那个洞我们要不要进去看看？"胡院士问。

"走到这里了，应该进去看看！"我说。

马辉和梁子对了一眼，马辉笑着说："我操，那里面如果还有别的巨蜥咋办，到时候我们可就是死无葬身之地了。"

"你小子就不能争点气啊，豁出去了！咱们来了就是要保护胡院士，找到张教授，这一切不就是你我分内的工作吗？还这么婆婆妈妈的！"梁子说道。

"嘿，你小子刚才给我使什么眼色啊，我还以为这是你的想法呢？"

"你别血口喷人，老子可不是你那样的货！我是第一个举手赞同进到洞里的人！必须的！"

我看着这两个活宝，在这里要了半天，笑着说："既然大家都决定了，那我们还是要去看看的！说不定里面真的有我们需要的东西也不一定。"

"行，那咱们走吧！"李卫平说。

我们五个人沿着山崖，找了半天，才看好一条能正好下到那个洞口的小路。说这是小路吧，也有些不太对。

因为这里也不知道多长时间没有人走过了，我们是这条路的第一批探险者。其实说白了，这条路就是一堆堆石头，堆积得刚好能到那山崖下的洞口。

我们一行人，总算踉踉跄跄地下到了下面。

眼前的景色比我们看到的还要惨烈。五只巨蜥的尸体，此刻白森森的刚好和这白山成了一体，地上全是黑蚁的尸体，有些还在蠢蠢欲动，马辉和梁子狠劲踩死了好几只，也算是报了之前被咬的仇吧。

五只巨蜥白骨旁边的石头上，满是已经有些泛黑的血迹，看上去有点渗人。

"来这地方可真不是什么好事情！我看咱们还是撤吧，这都死成这样了，别到时候那群蚂蚁再跑回来，杀我们一个回马枪，到时候我们就成了这样的白骨！"马辉说。

"嗨，我说你今天可真怪啊！能不能像个爷们一样！"

"格老子的，老子就是装一装也不成，你小子是不是看着我不舒服啊，你有意见就说出来啊！"马辉对着梁子喊道。

"吆，马爷你总算回来了啊！"

"老子不给你点颜色尝尝，你不知道马三爷几只眼！"

眼前的景色确实让人有些不太舒服，还好我们都已习惯了，这样的事情算什么，活人都被我们弄死过！

站在这些白骨旁边，眼前的那个不规则的洞口也刚好抬头就可以看到。洞口倒也是平常得很，没有什么能让人提起兴趣的。

我示意梁子和马辉在前，俩人手握枪，走在前面，率先进到了这个洞里。

幸亏来的时候都带了手电筒，这样还好些。

2

眼前的景色一下子变成了暗色，倒也让人有些不太适应。但是，很快我们五个人就对这个洞穴有了认识。

看布局，这洞穴很显然是一个自然形成的洞穴，洞里面满是各种乱石头，空气中弥漫着一股子臭味，让人觉得头晕。

虽然如此，我们还是强忍着往前走，谁知道这里面到底有什么东西。可有一点很明确，这里绝对是那几只巨蜥的老巢，没别的东西。

手电筒所能照到的地方都已经成了黑暗，看不到尽头，背后的洞口已经逐渐消失了。

"妈的！这地方可真够阴森恐怖的！"马辉走在前面说。

"那咋办，谁让咱们摊上了这事呢。"梁子说，"小心你头顶的石头，到时候磕个包那可有的看了。"

"别幸灾乐祸了，注意前方的动静。"

我们三个走在后面，倒是没有什么话可说。

看着周围，这洞穴也不知道是通向哪里，还算宽敞，容得下两个人面对面行走，倒不显得那么拥挤不堪。

我们顺着洞穴往里面走，越走越觉得不对劲，空气中弥漫着有点像腐尸的味道，周围的空气越来越浑浊。

我脑子越来越不清醒，而前面的两人也是如此。

"这洞进来一次，这辈子都不想进来了。"李卫平说。

"那咋办？"我问，"咱们还有更好的办法吗？"

李卫平不说话了，低头向前走着。

倒是胡院士好像知道什么事似的，眼睛滴溜溜地转，看着四周不断变化的石头与石头，生怕错过什么东西了。

我寻思着，这地方估计不会有什么值得我们看的东西了。当然，我是一个当兵的，不知道那些学术上的东西。谁知道胡院士能不能发现什么，起码能够让我们获得点罗布鬼耳的信息吧。

"嘘！"

突然前面传来了马辉的声音。

然后手电筒都关掉了，我们三个人也赶紧关掉手电筒，生怕出了什么问题。

幸亏离这两个家伙不算远，我和李卫平抹黑来到马辉和梁子身边。

我悄声问马辉："怎么了？"

马辉说："我刚才看到一个东西。"

"什么？"

"我觉得像是一具僵尸！"

"这里怎么会有那东西？"我问。

"谁知道啊！"

"也有可能是以前丢失的士兵，如果这些家伙真的没死，最后成了僵尸的话，这地方可真是一个躲避的好地方。"

胡院士这时也抹黑走了过来，悄声对我们说。

"你确定吗？"我问。

"那还有假，在这种事情上我哪敢马虎，你不信问问梁子！"马辉狡辩道。

"刚才确实有声响，但到底是什么东西，我真没看清楚。"梁子说。

我寻思了半天，细想胡院士所说的也有可能。如果那些士兵真的是丢了的话，那么这里面肯定有人成了僵尸也说不定。

"我们打开一个手电筒，都准备着。如果发现什么不对劲儿，都抄家伙丢过去，第一时间消灭掉，不能掉以轻心！"

"明白！"三人说。

我们拿着一个手电筒，光线一下子弱了很多，原本有些明亮的洞穴，给人一种黑暗之中的紧迫感。我还从没在这么狭小的空间里作过战，更何况现在是敌人在暗处，我们在明处。

突然，前方传来石头的滚落声。

"看来这里面果然不是只有我们！"我说。

"是人是鬼，我们见识见识就知道了！他二大爷的，豁出去了！"马辉的爆脾气又上来了。

"小心为妙！"我说。

"你就放心吧，我们多惜命啊，别说掉一根头发，哪怕是有只苍蝇在我跟前，我都要拍死它！"马辉笑着说。

"别开玩笑了。"

我隐约觉得脑海里开始浮现前方的画面，在黑暗中居然能看清楚前面的路了。

石头与石头之间，遍布着各种各样的骨头，看来这是那些巨蜥吃过的东西啊！我在这些骨头里面也看到了人骨，看来这地方果真是有人来过。

我在脑海里想，难道这都是幻觉？也不像啊，如果真的是幻觉的话，怎么会那么真实呢？

谁知道呢，随着脑海里景色的变化，我突然看到在一个角落里，蜷缩着三个已经瘦成皮包骨头的人。

我细细看了一下，确切地说这些已经不是人了，而是僵尸。

但是让人奇怪的是，这三个僵尸很高大威猛，显然不是中国人的体魄。等到他们移动，我看清楚了，这些人的军服居然是纳粹的！难道这些是德国军人？我被这个判断一下子震惊了。

就在我陷入沉思的时候，眼前的景象突然又消失了，我以为自己得了神经病，但是眼前的一幕真的太真实了。

真实得很可怕！难道前面真的有我无法预知的危险吗？

"梁子，马辉，注意前面的情况，别大意！"我说。

听我一说，我们四个人一下子形成了前进队形。胡院士站在中间，我们四个人分别负责前后，这样就是无缝隙防守了。

走着走着，这洞穴出现了一个拐角。

紧接着，我听见马辉和梁子的枪响了。

一阵急促的枪响在洞穴里传得很远，声音也很大。

虽然意识到了危险，但我不能回头，眼前我和李卫平可是保护着他们俩的背后，如果背后再跳出来什么东西，那我们可就有的对付了。

大概四五分钟的样子，洞穴一下子安静了许多。

"解决！"马辉和梁子喊道。

这时我和李卫平才回头看眼前的景象。

在拐角处的黑暗里，有个凹口，在那里蜷缩着三个僵尸。此刻三个僵尸早已经被打得没有了样子。

马辉、梁子和胡院士三个人惊讶地看着眼前的这一幕，我打开手电筒后也为眼前的景象惊讶了。

三个皮包骨头的僵尸，脸色白森森的，如果去掉皮就剩下骷髅架子了。然而他们的衣服却还算好，纳粹军人的标志依旧明显。

"这是那些人？"马辉一脸惊讶地问。

梁子说："应该是吧！"

"他们居然能活到现在，真是一个奇迹啊！"胡院士说。

胡院士看着眼前的三个已经死了的人，不由自主地蹲了下去，在他们身上翻来覆去地找着，可是半天什么东西都没找到。

"什么东西都没！"胡院士低头说，"奇怪了！不可能啊，像这样的战士应该会有一些日记什么的，因为以德国人的严谨来说，不可能没有文字性的东西啊！"

"胡院士你说的是日记吗？"我问。

"恩，应该是有的！大家还是分头找找吧，说不定在哪个地方呢！"胡院士非常认真而又沮丧地说。

"那咱们就分头找找吧！"我说。

我们四个人分头找了半天，也没有见到什么东西。

正要扩大搜索范围的时候，突然梁子被什么东西给绊倒了。

"他二舅老爷的，怎么嫌老子碍事啊！"梁子顺手从地上拿起来一个小包，正要扔出去，却停住了。

"这有个包啊！"梁子喊到。

胡院士一下子来了精神，快步走到梁子跟前，顺手拿起那个包。

这包也不知道在这里放了多少年了，但是从包的颜色看和那三个纳粹军人的衣服颜色是一样的，应该就是他们其中某个人的。

胡院士快速地打开包，这包里除了一副已经碎成片的眼镜以外，还有一个防水油布包裹着的笔记本。

胡院士将其他东西交给梁子，然后自己一个人打开本子。

3

这本子里面全都是我们几个看不懂的德文，我们四个人大眼瞪小眼，瞪了半天也没看明白什么。

马辉歇了一会儿站起来说："胡院士，咱们不会要在这等着吧？我看咱们还是先出去，在外面总比在这里好吧！"

胡院士听闻马辉这话，赶紧站起来笑着说："走！走！"

然后一个人带头往洞口走，我们四个人也赶紧跟上。

179

我问胡院士："这本子里面写的是什么东西啊？"

胡院士脸色一沉，然后说："这是一本日记，是属于一个叫恩斯特的士兵的。这个人应该就是你们刚才打死那三个人当中的一个。他虽然穿着一身军装，但其实不是军人，而是一个年轻的学者。"

"那他到底在里面写了些什么啊？"我问。

"这里面写的是他们进入一个沙姆巴拉的洞穴的事情。"胡院士说。

1942年11月28日，正是纳粹军队在斯大林格勒陷入重围、在非洲遭遇溃败之时，盖世太保头子希姆莱于这一天拜见希特勒，并递上了一份长达两千页的报告。他们进行了六个小时的单独会谈。希姆莱在报告中（其中流失的一部分于1990年被首次公开）提出了一个令人惊诧的建议——立即派遣由经验丰富的登山运动员和学者组成的特工小组前往西藏，去寻找沙姆巴拉洞穴。

作为一个彻头彻尾的邪教主义者，希姆莱顽固地坚信，如果把世界轴心转到相反的方向，就可以使时光倒流，让纳粹德国回到不可一世的1939年，还可以改正所犯的一切错误，重新发动战争并取得胜利。他的建议中附有地图，标明了沙姆巴拉的大概位置。这张图是纳粹分子1938年第一次西藏探险时绘制的。那次探险的摄影胶片战后在德国一共济会所在地被发现，根据官方说法，胶片在1945年秋天的科隆火灾中被烧毁。有传言说，胶片中拍摄有沙姆巴拉入口及世界轴心的图像。

胡院士说："英国历史学家维克托·普劳德富特说，1945年内务人民委员部军官在对被破坏的帝国大厦进行检查时，在地下室发现了一名被打死的西藏喇嘛的尸体。据悉，纳粹德国曾寄希望于神异玄虚的异教学说，希特勒在被围如瓮中之鳖、行将灭亡之际，还念念不忘沙姆巴拉，仍希望找到这根救命稻草。希特勒本人关于'奇迹'的讲话也证明了这一点。从1945年春开始，这些讲话就陆续传出。"

"不是说在西藏吗？怎么又出现在了这里？"我问。

"正如我之前所说，这里面问题太多了。为了让所有人转移注意力，或许一开始希姆莱是判定沙姆巴拉洞穴入口有可能在西藏，但在实地调查当中，才发现西藏的大面积陆地并不适合人类居住。也许正是这些调查，才让希姆莱认定罗布泊才有可能。当然这中间的故事我们现在不知道了。"胡院士说。

日记上记载，1943年1月，在绝对保密的情况下，纳粹五人探险小组从柏林出发，踏上了前往西藏的亡命之旅。由来自奥地利的纳粹分子、职业登山运动员海因里希·哈勒和希姆莱的心腹彼得·奥夫施奈特任领队。

不过，整个小组五月份就在英属印度被捕入狱。事情的前后经过无人知晓，但这群党卫军分子竟然很快成功逃脱，并在年底到达了西藏。此后发生了什么事情，至今仍是一个谜。

然而，这支探险小组去了哪里呢？一些历史学家认为，哈勒在西藏冒充从英国人手中逃出来的德国推销员，最终找到了世界轴心，但是他得到的世界轴心和沙姆巴拉的所在地并不是在西藏，而是在新疆，在罗布泊。

"根据沙姆巴拉的相关传说，地球轴心蕴含着巨大的能量，根本无法靠近。正因为如此，沙姆巴拉在神话中才被认为是控制全世界的中心。谁接触过它，谁就能成为时间的主人，还将拥有神奇的力量，可以获得生物保护场。不仅如此，还有传说称，沙姆巴拉的能量可令人长生不死。对此深信不疑的希姆莱甚至计划在找到传说中的世界轴心后，往沙姆巴拉空投士兵。"胡院士说。

"原来如此！难道咱们要进去的地方真的有可能是沙姆巴拉？"我问。

"按照日记上的记载，我觉得完全有可能！"胡院士说。

"这日记和之前那支希姆莱组织的科考队有什么区别吗？"我问。

"我也只是看了一点点，但是这个名叫恩斯特的人好像并不是那支科考队的人，他在日记本里面所写的日期也不对，他写的日期是1945年6月2日，而这个时候德国纳粹已经战败！"胡院士说。

"难道这里面有隐情？"

"走，咱们先出去再说吧！"胡院士说道。

这个时候，这个老院士却开始卖关子了，把人气得牙痒痒。但是我又能说什么呢，和其他三个人一起保护着这个老人，慢悠悠地走出来了。

眼前那个淡淡的白圆，慢慢地变大，到最后一下子豁然开朗，原本难闻的空气，一下子变得新鲜多了。

这个时候我才觉得原来沙漠的空气，也会比我想象得甜美。站在烈日下，虽然这个时候已到下午七点多，然而，头顶的阳光依然浓烈。这就是新疆，这就是可怕的罗布泊最大的怪兽。

我看着太阳，深深地吸了一口气说："胡老师，您老到底啥时候说这日记里面的东西啊？"

胡院士笑了笑，然后严肃地说："这日记里面记载了一个元首！"

"元首？"我问。

其他三人也围了过来，连原本对一切都不敢兴趣的李卫平也围了过来。因为每个人都知道那个元首指的是谁——希特勒。

"没错，如果这个叫恩斯特的人记载的时间没错的话，那么这个元首应该就是指当时的德国最高统帅希特勒了。然而，这上面写道：1945年6月2日，元首下命令启动'沙姆巴拉计划'，然后所有人都秘密地隐藏了。"

"'沙姆巴拉计划'？难道就和这个地方有关，还有不是说希特勒是死于自杀吗？怎么在这里居然还活着？"我一连抛出好几个问题。

"这个事情要从很早以前说起。据说，当时所有人看到的尸体是两具已经烧焦了的尸体，而非希特勒本人。唯一真实的就是埃娃的尸体。"

"如果希特勒真的跑了，那他为什么不带着自己的女人呢？"马辉问。

胡院士摸了摸日记本说："这是一幕非常棒的剧本。如果埃娃不死，谁都能猜出来那是假的，而埃娃死了，所有人都会认定这就是希特勒。"

"真是一个不错的妙招。"李卫平说。

"还有，1947年1月的一天早晨，艾森豪威尔缓缓打开一份标记着'高级机密'的黄封皮文件，这位美国将军、未来的美国总统读了这份文件内容后，忍不住倒抽了一口凉气。因为这份来自中情局特别间谍小组的报告证实了他长久以来的猜疑：纳粹元首希特勒并未在1945年4月30日自杀身亡，而是乔装打扮逃出了柏林。这份绝密报告称，中情局特工发现了可信证据，证明希特勒不仅没有死于二战，而且正藏身在德国海德尔堡附近的威恩海姆地区。并且还有证据证明他正在和纳粹余孽策划建立由他领导的'第四帝国'。可他什么也没找到。"胡院士说。

"我还看过一份数据。一份美国联邦调查局的秘密报告显示，希特勒拥有至少四个替身，这些替身都是由纳粹高级情报官马格达·泽特菲德帮希特勒找来的，马格达制造了四个以假乱真的替身。四个替身都和希特勒拥有同样的身高和体形，他们连走路和说话的方式都和希特勒一模一样。"李卫平说。

"这么看来，希特勒用替身然后自己逃走的可能性很大啊！"马辉说。

"他是死是活对我们来说已经不重要了，况且他现在也没能力再建立自己的第四帝国了。具体给我们讲讲日记里的东西吧，胡院士！"我说。

胡院士将日记本轻轻拿出来，然后说："其实我的德文也不怎么样，也只是懂得个大概。"

1945年6月2日，拉萨天气晴朗，空气一如既往地干燥。

今天上午我一直心慌，据说感觉到心慌意味着要发生大事。

前方的战事已经非常不利，元首还在指挥所有人继续为了伟大的民族而战斗，然而我知道这一切都是徒劳的，因为我们已经输了。

如果要赢，必须找到沙姆巴拉，找到那种神秘的力量。到时候我们的民族必然成为世界上最强大的民族。

吃过午饭，我的心慌终于带来了不好的消息。从柏林传来了柏林被攻陷的消息，我们所有人都愣住了，有的人在祈祷，更有人在哭泣。

而我，则觉得这对我们民族来说是一次解放。

就在这个消息到来不久，一个更为重大的事情开始了。那是我们在这里久久等待了很长时间一直期盼的。

元首在一个我们都不知道的地方，下达了开始"沙姆巴拉"计划的命令。

我们所有人都是为了这个计划而存在的，对外没有人知道我们在做什么。

为了我们伟大的民族，为了我们伟大的帝国。

我们必须进到"沙姆巴拉"，获得伟大的力量，建立我们真正的"第四帝国"。在那里我们将再次围绕在元首身边，和他并肩战斗。

好了，写到这里吧！我们该收拾东西了，去一个已经沉睡了许久的名叫罗布泊的地方，在那里有一个耳朵正在打开。

胡院士将这个日记读完之后，我心里顿时开朗了。看来那位战争狂人果然没有死，而是带着他的人去了沙姆巴拉洞穴。

那么这个人为什么会在这里，难道是出了什么问题吗？

"现在你们明白了吧？"胡院士说。

"看来希特勒在德国战败之后的一段时间里，应该是藏在某个早已经准备好的藏身地，在那里他继续操纵着位于世界各地的德国纳粹精英。看来，他早就知道自己的战争是不可能胜利的。"李卫平说。

"好了，天色不早了！我们还是赶紧回去吧，要不然今天都走不了！"我说。

第十二章
Chapter 12

食人蟻偷襲

1

"是啊！咱们要赶紧回去，别拖得时间太长。要不然队伍里会有别的想法，别到时候乱了人心。"胡院士说。

"有道理。"李卫平道。

眼前的白山，此刻在远处的烈日下，已经被炙烤得带上了淡淡的红色，看上去煞是美丽。

我们沿着来路往回走，眼前的景色现在已经不是那么新鲜，让人感觉有些枯燥。眼前是一片望不到边的沙漠和戈壁滩，谁能知道，就在刚才，或许世界上最后的几只巨蜥就这样死在了我们的眼前。

我们每一个人都犹如沙漠中的一粒沙子，而我们若碌碌终生，那等我们死去的那天，或许才能想起自己这一生。

但是我相信我自己，现在所经历的这一切对我们来说，都是难以忘怀的。因为它所发生的和现在所看到的，都是我们的人生财富。

漫无目的地走着，我心里却想着部队上那些家伙现在到底怎么样了，有没有好好练习，刘学军带着这帮子兔崽子是不是每天都在诅咒我，让我快点回去呢？

想着这些，我心里也不免有些哀愁。

胡院士脸上洋溢着一股子兴奋劲儿，因为他揣着的那个日记本的发现，将会产生爆炸性的轰动。

"对这次发现你怎么看？"李卫平突然问。

胡院士或许是被李卫平的问题给惊了一下，先是一愣，然后想了一会儿开口才说。

"虽然以前也听说过一些关于希特勒的事情，也看到过相关的一些文件，但是这次是真真实实地拿到了证据。"胡院士说，"你知道我们国家一直忙于研究自己的事物，很少去理会世界上那种风传的传说，然而这次能够知道罗布鬼耳和沙姆巴拉有着千丝万缕的联系，加上它又和希特勒的生死存在关联，这一切的一切如果能够呈现在世人面前，你可想而知啊！"

李卫平笑了笑说："我就说你老爷子心里肯定是有底的，要不然不会贸然行事。"

"其实在那之前，我也不知道该怎么办，我一心只想找到张教授。可是没想到，有了这么大的发现，我现在急切地想进到罗布鬼耳里面，或许那里真的就是传说中的沙姆巴拉！"

"现在不是或许了吧，胡院士。"马辉说，"事实摆在眼前，正如你所说，这白山是从地下才抬升到地面的，而且这些德国军人也出现在白山上，说明他们真的进到了里面，而且是出事了，出了很大的事。"

我比较赞同马辉的说法，希特勒的队伍肯定是出事了。而且这事情，比他们预想的要艰难得多。

这或许就是沙姆巴拉洞穴内，那种神秘力量所在。

那种神秘力量不属于任何人，它应该是凌驾于所有人之上，是大自然中最伟大的力量。我突然对自己脑海里无故冒出的这句话，有些手足无措。

"胡院士，你以前来过新疆吗？"马辉问。

"来过啊！来过好多次，我在年轻的时候就来过，那时候还没从事现在这个职业呢。"胡院士说。

"那你是不是也遇到过这类食人蚁的事情啊？"梁子说。

"当然了，那时候我们也遇到过，但是没这么危险，也不是这种类型的蚂蚁，当然现在回想起来，那时候也挺害怕的！说实在话，我这人胆子小，一直都是这样，要不然我这次也跟着张教授去了。"

“那给我们讲讲呗？”马辉问。

“好，咱们在路上，也没什么话，那我就给你们讲讲我遇到的食人蚁的事情。”胡院士说。

胡院士年轻的时候，来到新疆下乡。那时候的生活比现在艰苦多了，住的是地窝子，吃的是窝窝头，跟现在不能比。

刚来的时候，胡院士对这个地方充满了无限的好奇，什么都想知道。但是在他们所在的地窝子周边，却挖着很多一米深，两三米宽的水渠，当时胡院士对这个水渠觉得很奇怪。

胡院士是一个心思缜密的人，觉得这里面肯定有问题，就跑去问了当时的队长，队长说这是为了防止蚂蚁。

胡院士当时在心里想，蚂蚁有啥好可怕的！还能吃人不成？

队长笑着跟胡院士说，蚂蚁吃人的时候你还在娘肚子里呢。胡院士被队长嘲笑了一番，也只好回去了。

可是当天晚上就出事了。

先是队里的马因为被什么东西咬着了，疯了一般跑到不知名的地方，紧接着所有人都被喊了起来，原来是一种大蚂蚁骚扰人来了。

队长赶紧下命令，在水渠里倒进去柴油，将柴油点着，然后挡住了食人蚁。

也算是准备得早，胡院士这才明白，原来这地方的蚂蚁真的是可以吃人的。后来在队长的带领下，胡院士他们还去附近捅过蚂蚁窝，尽量将蚂蚁赶到更远的地方去。

“原来是这样的啊！看来这蚂蚁也确实很厉害！”梁子说。

“嗨，现在蚂蚁吃人的事情少了，你们根本不知道！”胡院士说。

“如果真要吃人，我宁可被打死也不能被它们给吃了啊！那样死岂不是太痛苦了。”马辉说。

“好了，你这话都说了好多遍啦！”

我们一行沿着夕阳，慢慢地往回走着。

完成了任务，大家伙的精神头也很足，不断地在路上讲着各种各样的笑话，随着太阳慢慢地落下去，周围的温度也降了下来。

我们沿着山上没有路的地方，尽量寻找着来时的路，虽然没有什么标志，但是返回基地对我们这帮子特种兵出身的人来说，一点都不难。

"不对啊！"梁子说。

"怎么了？"我问。

"这附近有股子怪怪的酸味，你们闻到没？"

我们顺着风吹来的方向，使劲闻了闻，我觉得空气中确实有种淡淡的酸味。

"我有鼻炎，反正在这样的沙漠里，很少能闻得出来味道。"胡院士说。

我觉得那股子酸味虽然轻，但是也不至于其他人闻不到。

"这里确实有股子酸味，很淡。"我说。

"没错，是顺着风吹来的！"李卫平说。

马辉也点点头，指了指风吹来的方向说："看来，是那边了。"

"走，去看看。"我说。

我们又寻着风吹来的方向，向前走了好几公里，虽然没有发现别的东西，但是这股子酸味却越来越重了。

"怪了，应该就在这附近，你闻，这股子酸味非常重。就跟把谁家的醋坛子给打翻了一般。"马辉说。

"难道这附近有谁家在酿醋不成？"

马辉白了一眼梁子说："你家把醋厂放在这啊，不赔死！"

李卫平看了看周围的地形，然后使劲儿闻了闻说："在那边。"

我们顺着李卫平手所指的方向看去，那边是一片坳口，也不见得有什么不对劲。或许是远的缘故，我们尽量走近了一些。

2

随着脚步的移动，眼前的景象越来越清晰。

马辉和梁子依旧走在前面，眼睛滴溜溜地转个不停。

眼前的坳口处，也不知道是什么原因，反正觉得酸味十足。马辉和梁子突然停住脚步。

"怎么了？"我问。

"快看！"

随着马辉眼睛看向的位置，我也愣住了！眼前的一幕，真是难以用语言表达。

白色的石头之间，成百上千个土块，呈蜂窝状，土质坚硬，里面冒出淡淡的酸味，有不少黑中带黄的大蚂蚁从中爬出来。

这些蚂蚁窝很多都是从一块石头与另外一块石头的接缝处出现的，然后不断地堆积，一直累积了好高。

我目测这些蚂蚁窝大概有五六米高，在那些高高的窝上，有蚂蚁在来回跑动，好像是在做一项伟大的工程。

"妈的，这地方原来是蚂蚁的老巢啊！"马辉说。

"看来，咱们这次是捅了蚂蚁窝啊。"梁子说。

"这地方的蚂蚁可真不少，如果我们能在这把它们给解决了就好了。"马辉说。

"你们怎么看？"我问，

李卫平和胡院士对视了一眼说："如果咱们在这里消灭了它们，后面说不定就好办多了。"

"你们那有手雷没？"我问梁子和马辉。

俩人相视一笑，然后从腰间各拿出来两个。

这手雷可是专门让我们带在路上防身用的，当时胖子司令让我们带上，我们还说这些手雷带上做什么用，今天看来是带得少了啊！

我看着这距离也差不多，如果能够一举将这些小东西给消灭掉的话，今晚上我们可以睡个安稳觉了。

见了这些东西之后，我心里老觉得不踏实。

我对马辉和梁子说："全扔出去，一个都别留！我们先撤了，你们俩搞完之后也赶紧跑过来和我们会合啊！"

我和李卫平、胡院士三个人起身离开了。

大概走出去十来分钟，只听见四声轰隆的爆炸声，然后我们三个人都笑了。

不多会儿，马辉和梁子也跑了回来。

"都解决了！？"我问。

"差不多吧，反正四颗手雷够这些蚂蚁吃一壶的！现在早已经是遍地蚂蚁尸体了，这一招可真够狠的，直接打人家老窝里面去了。"马辉笑着说。

"哼！没有我，你怎么能这么干净利落啊！"梁子说。

"好了，咱们赶紧撤吧，那些蚂蚁窝算是一举摧毁了，但是那些蚂蚁是生是死还是另外一回事呢。"我说。

其实对于杀死所有蚂蚁我根本不抱有幻想，因为它们太多了，根本不是一时半刻能解决掉的。

现在唯一的办法就是赶紧赶回基地，然后和其他人一同离开这个鬼地方，赶到胡院士所说的龙城。

我心里这么想的，脚底下自然也加快了步伐。

我们五个人此时心里也没有别的想法，就是赶紧回去。走了一天，也饿了一天了。那些军用干粮说实在话，我实在迫不得已之下才会想起吃的。

现在急需要补充水分和盐分，这样身体的功能才能恢复得很好。

阳光以极快的速度退去，所有东西的温度都在流失，我这时才觉得身上有些单薄了，但是没有办法。

我们终于在天麻麻黑的时候，看到了基地的亮光。

所有人都很好，一切都显得井然有序。

我们顾不上休息，招呼大家吃完东西之后，开车离开这个让人百思不得其解的白山。

随着白山逐渐消失在黑暗之中，我心中的一块石头终于落地了。

经过三个小时的长途颠簸，我们终于找到一个比较开阔，而且风也不大的地方，乘着夜色搭起了帐篷。

总算能睡个舒服觉了。我觉得自己的脸火辣辣地疼，似乎那里已经着火了一般。看着月亮在头顶，皎洁如玉，我顿时觉得这样的生活也挺好。

安排好值班的事情，我钻进帐篷，呼呼睡去。

半夜时分，我觉得好像有什么东西在撕咬我，虽然我明知道那种疼痛是外在原因引起的，可我就是醒不来了。

这时突然有人扯开我的帐篷，一把将我抓了起来。

我努力睁开眼睛，看到是易志军。这家伙此刻两眼如炬，看来是白天休息得不错。

我揉了揉眼睛说："怎么了？出什么事情了？"

"有蚂蚁！"

"有多少？"

"很多，数都数不过来！已经有战士被咬伤了！"

"赶紧收拾，撤！"

"咱们四周好像全是蚂蚁，这下子真没地方跑了！"

"没地方跑，那就找出地方，快让战士收拾东西，四周倒上汽油，点着了！"我说。

"啊！我操，这是什么东西啊。"

易志军没走出多远，我就听见了马辉的叫声。

马辉的叫喊声惊动了其他人。我也感到有东西在帐篷里爬，其他人纷纷爬起来看，不看不要紧，一看吓一跳：每个人的被窝上都有数量不等的蚂蚁。大家赶紧站起来，掀起被窝，不停地抖动，不断地扫，一会儿，蚂蚁都掉落在地。

或许很多人都没有认识到这次事情的严重性，有几个战士还站在那里，傻傻地看着眼前发生的一切。

我大喊："快收拾东西！"

其他人似乎也听出来我的意思了，估计是真的发生什么事情了，这才忙活着收拾东西。

大约两三分钟的样子，我觉得脚下的蚂蚁越来越多，而且正在不断地补充过来，可是那边的易志军还没有将柴油点着。

我急得对易志军喊道："快啊！"

易志军也不说话，推着一个柴油桶子，在那里转圈。

不多会儿，这火总算点燃了，也可以抵挡一会儿蚂蚁的攻势。

当周围被火光照得通亮的时候，所有人的眼睛里都写满了恐惧。

眼前的一幕让他们惊得目瞪口呆：鞋上、地上到处是蚂蚁！

大家二话没说，全部跳到地上踩的踩，扫的扫，掐的掐，打扫完"战场"，不知不觉，天已麻麻亮。

这时，大家才发现原本在黑夜里无法看到的地面上裂开了许多细缝，蚂蚁就是从这些地方钻出来的。

这些蚂蚁是从这里钻出来的，难道就是跟着我们一起来的吗？

正当我们将眼前的这些巡逻兵一般的蚂蚁收拾完的时候，我心中顿时觉得有些不对劲儿，这可不像是那些蚂蚁行事的风格，除非它们有更大的目标。

"咱们要赶紧撤！"胡院士走过来跟我说。

"刚才那些蚂蚁有可能只是来打个前哨，如果我没猜错的话，更多的蚂蚁就在来的路上，而且你没有发现吗？这周围的味道不对劲儿啊。"胡院士说。

"周围空气中有股子酸味！"

我的鼻子告诉我，这股酸味和之前在蚂蚁老巢遇到的是一样的，看来真正的食人蚂蚁军团已经在路上了。

梁子跑过来说："咱们咋办？"

"收拾东西快点走人！"我说。

"嗯！"

然而就在梁子刚走掉，我一抬头看到远处的山丘上，出现了一大片如洪水般的墨黑。

我知道，那真正的敌人来了！这可不是什么好兆头。

"不好了，咱们要赶紧！"我说。

"来不及了！"

胡院士看着远处说："看来这些蚂蚁和咱们昨天捅的那个窝的蚂蚁是一家子，看来它们是来报仇了啊！"

"那也要跑啊！活命要紧，还有更重要的事情呢。"

或许是被蚂蚁那股子味道所吸引，所有人都停下了脚步，看着远处。那批黑色的蚂蚁军团正在以极快的速度向我们袭来。

很快，在我们的周围，出现大群的蚂蚁，爬进我们还没来得及收拾的帐篷，还有我们昨晚上没来得及收拾的粮食、衣物，除此之外，就是不断地对人进行攻击，这一切都来得太突然。

而就在我眼前，居然还有另外一个让人震惊的现象。

一场惊心动魄的蚂蚁吃蚂蚁大战：一群红色的蚂蚁慌慌张张从地下爬出来，后面紧随着的是一群黑色蚂蚁。这些蚂蚁比红蚂蚁大，它们异常凶猛，抓住跑得慢的红蚂蚁，又啃又咬，还用嘴上针状长须扎进它们的身体。红蚂蚁毫无反抗能力，一会儿就一动不动了，然后，这些大蚂蚁上前咬住它们的尸体，慢慢地拖回一个个黑洞里。在大蚂蚁的猛烈攻击下，不到半个小时，几千只红蚂蚁就被它们蚕食一空。事后，我才知道，这就是非洲著名的"食人蚁"——巨头蚁。

3

"这蚂蚁和蚂蚁之间还有斗争啊？"我心里想。

然而，这些事情都已经不容我去多想了。眼看着蚂蚁越来越多，我们却无能为力，必须找到人，先让能走的就走掉。

这时我看到只顾往前走的马辉蓦地拉起裤腿尖叫：一个个黑色的大蚂蚁在他裤腿上挪动。

他知道这就是吃人的蚂蚁，二话不说，于是，一边拍打，一边喊梁子，喊着，喊着，他愣住了：只见梁子腿上腰上也有不少蚂蚁，他也正在用手到处乱打，下面是一层黑黑的蚂蚁尸体。再看脚下，全部是爬动的大蚂蚁。附近戈壁滩上、沙子堆里、地面布满了大蚂蚁，正争先恐后向他们爬来。半分钟内，爬来的蚂蚁足足有1厘米厚！

马辉和梁子马上掉头，向大部队所在的车上狂奔而去，边跑边喊："大家快点行动啊，要不然我们就要被这些蚂蚁吃了！"

两人的喊声这才让大家明白过来，原本谁也没觉得这些蚂蚁有什么好怕的。这时原本不太了解情况的战士们，看到了汹涌而来的蚂蚁，个个震惊得合不拢嘴。

这时四周都是蚂蚁，我们已经没有退路了。必须和这些蚂蚁拼了，要不然就没有活下去的希望。我猜想，这些蚂蚁肯定是认下了我们，寻着我们身上所带着的蚂蚁的气息找到这地方的。

"咱们要做好战斗准备啊！"

李卫平拿不定是跑还是留，正犹豫间，戈壁滩里忽地跑出一条蟒蛇，朝着蚂蚁群的方向窜去。它钻进蚂蚁堆的瞬间，身体就变粗了一倍，很快成了一座黑色的小山头。蟒蛇只挣扎了十几秒钟，就趴在那里一动不动了。

李卫平指着那蛇，对我说："看到没！这就是食人蚁！"

我猛然惊醒：不能跑，必须防御抵抗。在我思索的片刻，蚂蚁的先头部队已接近队伍中游。

我立即把队员分成三组，每组若干人负责一个方向。大家听后，迅速把堆在身边的还没来得及放上去的帐篷，垒成1米多高的围墙。开始，来的蚂蚁只有薄薄的一层，我们跳出围墙用脚踩，不久，所有的地方都是蚂蚁，涌进的蚂蚁越来越多，每人腿上爬有大量的蚂蚁。我一声令下，大家迅即跳进围墙，手持一根木棍击打地面上的蚂蚁。然而，蚂蚁越来越多了。

这时，易志军来到我身边说："和平，这个时候用火攻最合适了。"

我喊道："大家快去车上拿柴油！"

一会儿，围墙上燃起了一道2米多高的火焰，蚂蚁霎时化成一堆灰。由于恶臭难闻，我要大家退到中间。趁此机会，大家伙又动手在地上周围挖了一个圆圈，深约五十厘米，然后在里面倒上了柴油。

看着这一切，我觉得活下去有些希望了。

然而就在我刚出了一口粗气后，谁料，蚂蚁们竟找到了新的突破口。

蚂蚁们选择的突破口就是我们不远处的一块河床。它们沿此路径，经过几个小时的聚集，很快又把我们包围起来。

胡院士神情严肃地说道："食人蚁总是成群出动，每个群体至少有两千万只蚂蚁，它们穿越森林，所经之处不留下任何活口。它们杀青蛙、吃蛇蜥、啃飞鸟，只留下一堆阴森白骨，它们只需要几分钟就可以吃掉一头牛，没有人能阻挡它们。据我推测，这群行军蚁声势浩大，整个队伍宽约三公里，长约六七公里，我们必须赶快撤离到安全地带，否则就来不及了。"

"看来我们要找准机会，跑到车上去啊！"我说，"给兄弟们说，咱们准备跑到车上，开车离开！再这样下去，我估计很难撑住！"

我想到之前胡院士说的那些关于食人蚁的话。

食人蚁的食性极杂，从地面上的各种动植物、到枯枝腐肉几乎无所不吃。在原始丛林里，生活着一种长近1厘米的黑蚂蚁，别看它们貌不惊人，却有着一副大胃口，无论多大个的人或兽类，都在它们的猎取范围之内。这种蚂蚁因此也被当地人称为"食人蚁"。当一个黑蚁群发现了一头野牛的尸体，就会从四面八方涌上来。几十分钟后当蚁群散去，你能见到的，就只剩一具白惨惨的骨骸了。而当老虎、狮子等大型食肉动物，甚至包括人，一旦遭遇到这种蚁群，如果反应不及有时同样会遭遇厄运。小小黑蚁，之所以能在大地上横行无忌，靠的就是"蚁多势众"。然而，这种黑蚁却有个致命的弱点：它们不会挖洞穴居，只能在陆地上生活。于是，旱季的丛林里常常燃起的大火便成了它们的灭顶天敌。

但黑蚁们自有避火的妙法：当它们感知野火即将烧来时，不会游泳的黑蚁会铺天盖地爬向河边，迅速地背向里腿朝外一个抱一个，一层叠一层，汇聚成一个个篮球大小的蚁团向河水滚去。在被火光映红的河面上，亿万条蚁腿变成了桨，划着难以计数的蚁团向对岸滚动，而外层的黑蚁会被湍急的水流淹死，蚁团也越来越小，等到了对岸，有的只剩下垒球大小……

之前已经看到过这些食人蚁是如何对付那些巨蜥的了，如果今天不逃出去，我们必死无疑。

"梁子你和马辉先带胡院士走，我在后面给你们做掩护！"我说。

"那你咋办？"

"我没事！"我说，"李卫平，这次要看你的能力了，逼出一条路来啊！"

李卫平看着我，然后点了点头。

突然之间，我感觉到周围一下子有了一股子强大的气场，我知道这是李卫平在使用他体内的能量，来压迫这些蚂蚁。

蚂蚁好像突然之间被什么东西给吓住了，动也不动。

我看着李卫平头上豆子大小的汗，我大喊一声："跑！"

所有人都疯了似的向汽车跑去，然而我不能跑啊！李卫平还在这里，如果不能保护着他，那么我就要缺少一个大帮手。

我也不知道到底走了多少人，反正我觉得周围就剩下我们两个的时候，我一狠心，点燃了跟前的那些柴油。

我听到了蚂蚁被烤焦的"呲呲"声，我快意地叫道："死吧！死吧！你们这些小杂种！"

但是，这些世界上最庞大的昆虫军团也是最不怕死的。它们前仆后继，有越来越多的蚂蚁踩着同伴的尸体，源源不断地从那些似乎越变越大的缝隙里涌进。眼看着我跟前的柴油已经用完了，我越来越招架不住了。

李卫平这时已经虚脱了，站在我的身边，不断地擦着汗说："看来我们俩的任务是完不成了！"

"呵呵！那咋办，人都要死的嘛。"我说。

"好！"李卫平笑道。

正在我们俩觉得自己命不久矣时，突然一辆车从火堆里冲了进来。

"快上车！在这等死啊！"

我一听这是马辉的声音啊，抬头一看果然是这家伙。真是不要命了，居然敢开车回来接我们俩。

我和李卫平相视一笑，我看着他的眉毛和头发都被火烧得黏在了一起。

我们俩快速地上了车，然后马辉一脚油，冲出了火堆。

然而，当我们从火堆里冲出来的时候，王辉在对讲机里喊道："有人没有上来！缺一个战士！"

"我操！这不要命了啊！"马辉骂道。

"回去！"我说。

"回去干啥？"

"回去救他，说不定他还活着。"我对马辉说。

马辉骂了一句："都他妈的疯了啊！"

然后方向盘一转，再次冲到火堆里去了，然而出现在我们眼前的却是一队黑色的蚂蚁，夹杂着一个人撕心裂肺的尖叫声。

我看着眼前的那一幕，实在不忍心。

我拿出枪，一枪结果了那战士的性命。这样或许能让他少受些罪，虽然我不知道他的名字，但是我必须要让他少受苦。

4

沿着戈壁滩，我们总算追上了大部队。

大概又跑了一个上午，我们总算停了下来。

车上的人此刻都或多或少受了伤，易志军不断地给大家上药，安慰战士们。

队伍里弥漫着一股子忧伤的气息，因为有人就这样不明不白地死了。这或许是一个可怕的开始，也是一个让人沮丧的日子。

王小虎耷拉着脸走到我跟前，先是一个敬礼然后说："对不起队长，我没带好人，死了一个！"

"这不是你的错！是我的错。"我说。

"他就这样离开了。"王小虎说。

"我连他的名字都不知道，你要确定下名字，要记录下。回去一定要告诉他的家人，他是一个战士，死在了战场上。"我说。

王小虎两眼泪花涌现，敬礼，然后走开了。

这时易志军走了过来，他的脸色让我有了一种不祥的预兆。

易志军看着我摇了摇头，我知道那一下轻微的摇头，又宣告了一个战士的离开。易志军轻轻地对我说："那个战士不行了！"

"没得救吗？"我问。

"很难！如果这里是野战医院的话，或许能行。可是，这里不是啊！和平，我尽力了。"易志军说。

"哎！"

我两眼含泪，突然有种想哭的感觉。这是我这一生最难以忘怀的一天，我的两个战士，我的两个兄弟就这样没了。

易志军拍拍我说："过去看看他吧，你或许到现在还没跟他说上一句话。"

是啊！易志军的话让我一下子明白了，我和这些战士认识这么多天，一直都在车上，都在路上，根本没有时间说话。

我快步走到那战士跟前，此刻我才看明白，他悲惨的生命要以一个什么样的结局结束。

那个战士比我想象的要惨得多，他的身体比原先变大了一倍多，整个人就好像被什么东西给吹起来了。

战士嘴角发青，脸色苍白得让我想到白雪皑皑的祁连山。

那种青色的嘴唇只有遇到最大的疼的时候，才会展现出来。而此刻，这个战士所经历的就是我到现在都未曾经历过的痛苦。

这个小战士也就是二十出头的样子，长得白净，原本消瘦的身体裹在非常贴身的作战服里，然而，此刻我看到他的衣服已经包裹不住他的肉体。

我握着他颤抖的双手，他的眼睛里没有泪水，有的只是坚定的等待，等待着死亡。

他抬起头看了我一眼，然后一个敬礼，轻轻地对我说："队长，我走不下去了！"

我听着他的话，眼泪一下子夺眶而出。

我说："不！你必须走下去！"

"队长，我知道，我不行了！求你了，给我一枪！我真的太疼了，我肚子里有成千只蚂蚁！"

我转身看了一眼易志军，易志军摇了摇头，泪水也在他的眼睛里打转。

轻轻地将他的衣服解开，我这才看清楚。

原本常人一般的小腹，此刻居然有什么东西在那里面蠕动着，我知道那是蚂蚁，一只只地在那里撕咬着。

"队长，求你了！"那个战士眼睛已经血红，依旧坚定地说。

难道真的只有我才能这样吗？我在想，我的枪是用来对付敌人的，然而此刻面对这成千上万的蚂蚁，我的枪根本起不了什么作用。

"给他一枪吧，队长，求你了！"王小虎也喊道。

"是啊！队长，我们不能看着我们的战友，这样痛苦地死！"其他四个五个战士也含着泪对我说。

我点点头，拿出手枪。

这把手枪跟了我四年，四年了从没像今天这样让我感到可憎。

我慢慢地将枪掏出来，对着那个战士说："兄弟，我对不起你！"

"队长，来吧，这样我就解脱了！"那个战士说。

枪响。

人去。

一切都定格了。

我再次亲手杀了自己的战友，兄弟！这一切的一切，都让我觉得自己没用。这是一场多么心惊肉跳的遭遇战，一场我们与大自然的斗争，我们失败了。

胡院士走过来，看着眼前的一幕，然后点了点头说："和平，我现在知道了，那山就是一个巨大的蚂蚁窝！"

"嗯！"

"那山是从下面慢慢地被蚂蚁一点一点地累积起来的！"胡院士说。

我安排好其他人，让他们将这个战士火化，然后带上他的骨灰。

"妈的！搞了半天，这山原来是那些蚂蚁的窝啊，如果真是这样的话，他三舅姥爷的，我现在知道那帮子德国佬是怎么死的了，那是被蚂蚁给吃了啊！"马辉听到我们的谈话说。

"哎，现在说这些还有什么用呢？"我说。

"虽然没用，但是我们也能够了解到事情的经过了。"

梁子这时跑过来，我刚才安排他去查看车况，现在他跑来，阴沉着脸，我就知道肯定又没有什么好事。

"和平，车问题很多！我们估计用不成车了。"

晴天霹雳，这是我的脑海里冒出来的第一个想法，车这就算是报销了。

"为什么会这样？"我问。

"你是不知道，那些车基本上都被啃得差不多了，尤其是轮胎。"梁子说。

"那咱们备用的没有了吗？"我问。

"有是有，可是根本不够咱们这么多车啊！"梁子说。

"看来，咱们真的是没有办法了。"我说。

"那现在怎么办？"梁子问。

"能修好几辆车？"我问。

"两辆。"梁子说。

"那就先用两辆吧。"

我将通讯兵找来,让他赶紧与马兰基地联系。在这样的地方,现在也只能使用无线电与那边取得一点少有的联系。

罗布泊的奇怪之处就在这里,很多时候它没有无线电信号。还好,我们找到了一个能够进行无线电联络的地方。

将这边的情况对基地做了汇报之后,两辆车已经修理好了。

一辆越野车,一辆大卡车。

我让梁子他们将剩下的物资分成两部分,一部分带走,一部分留下。

这时我喊来王小虎,对他说:"现在咱们就只有两辆车。所以必须有人留在这里等待马兰基地来人,有人要继续跟着我们走。"

王小虎说:"明白!"

原本加上王小虎十个人的基地战士,现在只剩下八个人,我让易志军看了这八个人的伤势。王小虎的伤势还算轻,然后其他七个人都有着不同的情况,我安排四个人留下看管这些物资,也给了一个帐篷。

然后我们一起上了两辆车,继续沿着胡院士所说的路前进。

在车上,胡院士说:"既然如此,我看我们不必去苦泉子了,那里的沙蜥也不是开玩笑的,这次我们见了这些东西,说不定就和那边的差不多。"

"那你说我们从哪里走?"我问。

"现在看来,我们只能顺着眼前的这条无边无际的路,一直慢慢地往前推进,然后顺着这个点进到太阳墓区域,然后拐到土垠,最后抵达龙城,那里已经很靠近罗布泊湖心了。"胡院士说。

"这样走难度在哪?"我问。

"基本上没什么难度,但是很多路线我没有走过,我这也是从基地拿到的之前张教授他们走的路线,如果按照这个路线的话,我们只需要五天时间就可以到那里。"胡院士说。

"好！就按照你说的这个走，我们争取早点到那里，路上别耽搁！"我说。

"既然你同意，我们非走这条路不可了。"王小虎说。

"怎么，你怕这条路啊？"我问。

"我倒是不怕，但是很多人都说这条路是被诅咒的！因为它通向诅咒之城！"

"什么诅咒之城？"我问。

"就是曾经繁华，现在却空无一人的城市。"王小虎说。

"胡院士你知道吗？"我问。

胡院士点点头，似乎有很多话要说。

第十三章
Chapter 13

诅咒之城

1

"什么样的城会空无一人呢？"马辉边开车边问。

"那是一座曾经拥有很辉煌文化的城郭。"胡院士说。

"这个地方难道就是楼兰？"我问。

"没错，这地方就是楼兰！"

"那它为什么会被称为诅咒之城啊？"

"都是传说，以讹传讹而已，何必去想它？"胡院士说。

楼兰属西域三十六国之一，与敦煌邻接，公元前后与汉朝关系密切。关于古代楼兰的记载以《汉书·西域传》、法显还有玄奘的记录为基础。

《汉书·西域传》记载："鄯善国，本名楼兰，王治扦泥城，去阳关千六百里，去长安六千一百里。户千五百七十，口四万四千一百。"

法显谓："其地崎岖薄瘠。俗人衣服粗与汉地同，但以毡褐为异。其国王奉法。可有四千余僧，悉小乘学。"

据《史记·大宛列传》记载，早在公元2世纪之前，楼兰就是西域著名的"城廓之国"，有人口一万四千余，士兵近三千人。在大沙漠的腹地，有这样一个庞大的国度，立在丝绸之路上，却在很短的时间里就完全消失，于是，人们都在猜测楼兰为什么消失。

汉时的楼兰国，有时成为匈奴的耳目，有时归附于汉，玩弄着两面派的政策，介于汉和匈奴两大势力之间，巧妙地维持着其政治生命。由于楼兰地处汉与西域诸国交通要冲，汉不能越过这一地区打匈奴，匈奴不假借楼兰的力量也不能威胁汉王朝，汉和匈奴对楼兰都尽力实行怀柔政策。

汉武帝派博望侯张骞出使大月氏，缔结攻守同盟失败。此后派遣大军讨伐远方的大宛国，又多次派遣使者出使西域诸国。这些使者通过楼兰的时候，楼兰由于不堪沉重的负担，以至杀戮使者。汉武帝终于派兵讨伐楼兰，结果作为降服的证据楼兰王子被送至汉王朝作人质。楼兰同时也向匈奴送去一个王子，表示在匈奴、汉之间严守中立。

此后，汉远征军攻打匈奴一个属国时，楼兰王通匈奴，在国内屯驻匈奴的伏兵，激怒了汉朝廷。汉武帝再次派兵讨伐楼兰，直逼首府扞泥城，楼兰王大恐，立刻打开城门谢罪，武帝要其监视匈奴的动静。公元前92年楼兰王死去，招在汉朝作人质的王子回去继位，王子非常悲痛，不愿回国，由其弟继承了王位。

新王时间不长就死去了，匈奴趁这个机会以昔日在自己国家作人质的前国王的长子继承了王位，汉武帝听到这个消息后大吃一惊，迅速派使者前往劝诱新立国王至汉朝廷，欲扣作人质，未能成功。此后二三年间，汉与匈奴没有发生重大事件，表面上非常安定。

楼兰国境接近玉门关，汉使者经常通过这个关门前往西域诸国，要经过楼兰境内名为白龙堆的沙漠。沙漠中经常有风，流沙被风卷入空中形状如龙，迷失行人，汉朝不断命令楼兰王国提供向导和饮用水，因汉使屡次虐待向导，楼兰拒绝服从其命令，两者之间关系恶化。

汉武帝最终派刺客暗杀了新国王。为在汉朝廷作人质的王子婚配一位美姬后送其回楼兰继承王位。但是国王战战兢兢害怕遭遇暗杀。汉武帝在保护国王的名义下派部队驻屯楼兰境内，从而为讨伐匈奴和西域诸国获得了主动权。以上是汉武帝时与楼兰的关系，此后汉王朝势力衰弱，楼兰再次背叛。

"无论是玄奘、法显还是吴承恩，他们都没有看见繁华的楼兰古国，于是他们或者不提起，或者浮绘几笔，总之，这个曾经的丝路的重镇城市，没有福气成为玄奘他们的素材。但实际上，楼兰应该有更多的故事的，相比于西域三十六国的任何一个国度都不逊色，可惜，所有的传说都和罗布泊的水一样，淹没在沿伸至天际的沙里。"胡院士说。

在《大唐西域记》中，玄奘这样记录楼兰：城廓巍然，人烟断绝。这八个字，或许很多读者能从中看见一座荒弃的城，其他的，一无所有。一座曾经极其繁华的城市，只兴旺了四五百年，便人烟断绝了。至今，人们仍然在讨论这座城市中臣民的最终去向。

"几种说法似乎都可以看见影子，其一是环境恶化，当然，是楼兰人自己干的，他们把维系脆弱生态环境的胡杨，砍来建房、随葬、生火取暖。随着人口的增加，对木材的需求量也不断增加，于是，他们的城市只能被流沙攻占，而他们，还能留在这里吗？"胡院士说。

据《水经注》记载，东汉以后，由于当时塔里木河中游的注滨河改道，楼兰严重缺水。敦煌的索勒率兵一千人来到楼兰，又召集鄯善、焉耆、龟兹三国兵士三千人，不分昼夜横断注滨河引水进入楼兰，缓解了楼兰缺水的困境。但在此之后，尽管楼兰人为疏浚河道作出了最大限度的努力和尝试，但楼兰古城最终还是因断水而废弃了。

"难道就是因为这样，它才被称为诅咒之城吗？"我再次问。

王小虎见胡院士沉寂在学院式的讲述中，忙说："据说那附近有女鬼，听之前去过那里的战士说，晚上能听见她唱歌，白天甚至能看到她的影子。"

"白天？"我问。

"是啊，这就是我们为什么称它为诅咒之城的原因了。"王小虎说，"那么大的一座城，到现在人最终去了哪里还没有人知道，很多东西都原封不动地在那里，可人就是不在了，你说能不奇怪吗？"

我点点头，确实，对我们这些当兵的人来说，有点说不过去。尤其是在这样的大沙漠里，对于我们来说，沙漠的意思就是不适合人类生存！

"当然，丝绸之路的改道，使楼兰人借以立国的商业陷入瘫痪，这也是楼兰灭国的一个重要原因。但依据一种聚居惯性，这些似乎还不足以让所有的楼兰人从这片沙漠中消失。"胡院士说。

"为什么他们会受到现代人那么大的关注呢？还有其他的原因吗？"我问。

"历史上两位西行的大师为我们留下的文字记载，让我们看到了当时楼兰周边的环境。"

"哪样的文字记载？"

"法显和玄奘在提到楼兰周边的环境时，都用了几乎相同的描述：气候炎热、寸草不生、鬼哭狼嚎。前两点，很多在沙漠居住的现代人都在一种原始的状态下克服了，但第三点，却是无法克服的，那就是恐怖的死神。"胡院士说。

我这才知道，原来楼兰国笼罩着一层神秘而诡异的面纱。实际上，楼兰灭国，多少还是留下一些可怕的传说的，这些传说，甚至让玄奘和法显这样的佛教徒，不敢去拜望这座空城中还残存的佛塔。这个传说，也可以成为现代人的猜测：给楼兰人最后一击的，是瘟疫。这是一种可怕的急性传染病，传说中的说法叫"热窝子病"，一病一村子，一死一家子。在巨大的灾难面前，楼兰人选择了逃亡。楼兰国瓦解了，虽然逃亡的楼兰人一代接一代地做着复活楼兰的梦，但是，梦到最后，连做梦的人都消失了。楼兰，只留下干枯的残尸和惊心动魄的恐怖传说，令生人不敢接近。

"这么一说，他三舅四老爷子的，我们这去了不是要得这什么热窝子病吗？"马辉说。

"有点出息行不？"我说。

"我可不想得个什么怪病啊，妈的！到时候要死要活，都没办法！那多难受啊。"马辉笑嘻嘻地说。

"行了，你小子每次遇到大事的时候，比谁都狠，装起胆小鬼也真有一招啊。"

"这都被你看透了，真没意思！"

2

"你小子那点小心思有什么看不透的啊！别给我装了啊，小心我把你扔在这里，也好让我耳根子清静些。"我说。

"别啊，咱们还是说说正事吧。"

我笑了笑，看着胡院士。胡院士对马辉这家伙的话，也是摇了摇头，笑笑说："有这么个人解解闷挺好。"

"楼兰曾经繁华，可是那么多的人，怎么会一下子就没了呢？我看不可能吧。"马辉说。

"或许对你们来说，楼兰有些模糊，但是我们这些经常到罗布泊来的人，都必须深刻地挖掘楼兰的历史和资料。"胡院士说。

"我们对楼兰的了解，也只是停留在那一点点的小历史知识上。"我说。

"楼兰时期的罗布泊地区是一个非常繁华热闹的地方，沿着丝绸之路散布着佛塔、烽燧、粮仓、城址、驿站、民居、古墓等遗址，出土有汉、唐古钱币，丝、毛织品残件，漆器、木器、玉器、耳环以及玻璃器皿碎片等珍贵文物。这些荒原遗迹共同构成了古老的罗布泊文化。其中，孔雀河谷的"太阳墓"引起了考古学家的极大兴趣。"胡院士说。

"太阳墓？"马辉问。

"嗯！我记得好像是叫这名字。"

1979年中国考古队在楼兰地区寻找小河墓地的时候，意外地在孔雀河下游发现了被称做"太阳墓"的古墓沟墓地。考古学家王炳华这样描述他所看到的古墓沟墓地："这些排列得井然有序的木桩，像初升的太阳四射的光芒，深深地吸引着人们。"

古墓沟墓地是用七圈木桩摆成七个巨大的同心圆，由一排排6米长的木桩排成一道道的放射线，形成一个光芒四射的太阳，镶嵌在戈壁荒原上。墓就在环形木桩的中心地下，而且墓内葬的全是男性，头东脚西，平展展地躺在大地之中。统计一下，建造这样一座墓葬要使用大小胡杨木材六百多棵。他们没有意识到，如此大规模地砍伐身边的林木，正是在毁灭自身存在的基础。

这种太阳形的墓葬在古墓沟一共有六座，至今在其他地区还没有发现相同形式的墓葬。据专家推断，这个墓地应该是罗布人的公共墓地，距今约四千年左右。巧合的是，同一历史时期中，太阳崇拜也是埃及文化或希伯来文化的一个特点。如果说太阳作为全球人都能感知的一个天体，人类自发地进行太阳崇拜的话，那么，时间上的一致是否也太巧合了一点？还是古代亚非大陆之间有着不为现代人所知的某种联系？

古墓沟墓地也和小河墓地一样，死者使用草编的小篓，戴尖顶毡帽，但是二者的墓葬形式截然不同。这种形同太阳的墓地传达了古人怎样的文明信息？会是"太阳崇拜"吗？如果是，为什么墓主人的头朝向西方而不是东方？为什么太阳的中心埋葬的全是男性？他们的女人埋在什么地方？种种神秘诱人的谜团，有可能在不久的将来破解，也可能永远找不到答案。

"难道它和楼兰有着极为密切的联系？"马辉问。

"我看有可能。"我说。

胡院士看着我们俩在这一唱一和地说话，笑了笑接着说："你们俩可真能说，这一下子就让你们两个给划到和楼兰有联系上面了。现在很多中西方历史学家都无法搞清楚的事情，就这样，让你们俩一说成了事实了。"

"我们俩都是大老粗，您别当真。"马辉笑嘻嘻地说。

"在铁板河古墓出土的'楼兰美女'同样使人感到新奇兴奋。"胡院士说。

"楼兰美女，你说的不是那个干尸吗？"我问。

"没错。"

在20世纪初，斯文·赫定、斯坦因发表的古楼兰女尸的照片和贝格曼描述的"微笑的小河公主"，已经给我们留下了深刻的印象。应该说古楼兰人是很美的，尤其是女性。

1980年在楼兰古城西北的铁板河岸边，又发现了一片墓地，墓中出土了一具女性干尸，这位女性生前同样是一个美女，被考古队员命名为"楼兰美女"。这具干尸是一个中年女性，经对她身上裹的羊皮残片作碳—14测定，表明是一具距今3800年的古尸。她具有原始欧洲人种的体质特征，一张瘦削的脸庞，高挺的鼻子，深凹的眼眶，长长的眼睫毛历历可数，深褐色的头发蓬松地披在肩上。皮肤呈古铜色，胸部、四肢肌肉丰满，毛发、皮肤、指甲均保存完好。她静静地躺在沙地上永远地睡去，面容自如，神态安详，确实是一位"楼兰美女"。

"说起楼兰这座被诅咒之城，我们不得不讲讲之前一个叫斯文·赫定的人。"胡院士说。

在斯文·赫定所发现的"宝藏"中，有汉晋木简、纸质文书270多件，不少文书均有纪年，最晚的纪年为晋建武十四年（公元330年）。而这些竹简中，以《战国策》最为知名。也就是说，从楼兰城里发现几个汉文的竹简并不困难。而实际上，在所有的沙漠故城中，只有楼兰可以发现如此多的汉文卷宗，翻开历史，我们会发现，楼兰与中原文化的交汇最为深刻。汉武帝时，探险家张骞就带回了有关楼兰的信息。

《史记·大宛列传》中记载："楼兰、姑师邑有城郭，临盐泽。"说明公元前2世纪楼兰已是个"城郭之国"了。在汉文史籍中，公元前176年始见记录，至公元前77年即更名为"鄯善"的楼兰王国，留在文献中的历史十分短暂。张骞两次出使西域，开辟了东西方的通路，同时汉朝与当时强大的匈奴争夺控制西域的斗争也日趋激烈。公元前108年汉将王恢征服了楼兰。经过数次大规模的军事征战，汉王朝彻底控制了西域，同时也打通了东西方的贸易通道——丝绸之路。

《史记》还记载这个地方"出玉，多葭苇、柽柳、胡杨、白草，民随畜牧、逐水草，有驴马、多橐驼"。据《汉书》记载，楼兰是亚洲腹地的一个中枢城市，是中国古代通往中、西亚各国的咽喉重镇，是古丝绸之路南线上的一个中间贸易站。当时，从中国内陆通往葱岭以西的大夏（今阿富汗境内）、安息（古波斯，今伊朗境内）、身毒（古代印度地区）、条支（今阿拉伯半岛）、黎轩（今地中海地区）以及中亚各国，都要经过这里。在当时，匈奴是汉朝西北最大的敌人。公元前1世纪，在西汉王朝与匈奴的激烈斗争中，他们曾经努力维护自己的生存，自觉奉行"小国在大国之间，不两属无以自安"的方针，汉朝同匈奴进行了长达七八十年的战争，楼兰首当其冲。

直到公元前77年，大将霍光派傅介子刺杀了楼兰国王，另立其弟为王，迁都伊循城，楼兰古国改名为鄯善国。汉朝统治者应楼兰国王尉屠耆的要求，派司马一人、吏士四十至古伊循地屯田，在罗布泊地区设立粮库。楼兰古城在相当长的时期内保持了繁荣昌盛。在这一段时间里，频繁的汉文书往来，使中原文化对这座城市有了深刻的影响。而在塔克拉玛干沙漠中的任何一座城市，都不具备这种特质。

"于是，楼兰虽然曾经繁华无比，可能曾经存在过非常多的故事，可能每个故事都会让人痴迷，但没有人敢去挖掘，也无处去挖掘，只能任其荒置在一片残存的废墟中了。"胡院士说。

"或许你们会问楼兰曾经被'诅咒'过吗？其实我也不知道，但是我知道有一个人在自己的笔下就这样写过。"胡院士说。

原来在《书剑恩仇录》中，霍青桐给陈家洛讲了这样一个传说：那座迷城是一座被诅咒过的城市，进入城市里的人，如果随意碰满地皆是的财宝，那么他肯定无法从迷城里走出来，最终，会与那些财宝"同眠"在城中，而如果走进去的人不动那些财宝，不起贪念，那么这座城非但不是一座迷城，而且还会从地上涌出泉水来供人饮用。这座城市，就像是一座神人居住的城市，有着自己的思想。

"在楼兰古城遗址中发现的简牍，其年代记载都突然止于4世纪30年代，没有发现明确署有4世纪中叶及其以后的遗存。其中一枚有年代的简牍记录了这样的内容：'兹伟大国王上天之子都伽·伐色摩那陛下在位十一年七月，诸民远离国境。'伐色摩那是楼兰国王，于公元321—334年在位，按此推算11年应在公元332年。之后，我们再也找不到关于楼兰人的历史记录。"胡院士说。

1901年3月27日，斯文·赫定与向导爱尔迪克来到了孔雀河下游的罗布泊，他们的水囊漏了，想找水源，却发现铁铲遗落在前一站的路上。爱尔迪克只好原路返回去寻找这把铁铲。途中，遇到了强烈的风沙，爱尔迪克只能在一个土丘下躲风。风停后，一座古城出现在他的面前。城墙、街道、房屋一应俱全，但是却没有一个人。爱尔迪克以为见到了魔鬼的宫殿。他拾了几枚古币便匆匆离开这里，之后，楼兰便成为举世闻名的废城。

"而在法显和玄奘的记录中，这座城市似乎就是一座被诅咒过的'鬼城'，法显和玄奘甚至不愿意走近这座无人的空城。法显甚至记录了这个'诅咒'的内容：城区'多恶鬼热风，遇到皆死，无一全者。上无飞鸟，下无走兽，遍望及目，处求度处则莫所拟，惟以死人枯骨为标识'。"胡院士这样告诉我们。

在历史上，楼兰辉煌了近五百年之后突然神秘消失，在传说中，这个城市受到了"魔鬼的诅咒"，使得城中的居民被瘟疫折磨，为了躲避这城"诅咒中的瘟疫"，楼兰人逃离了这个曾经极度繁华的城市。这个"惊人的重合"再一次把楼兰推向书中那座"诅咒之城"的角色。

3

"或许你们不信，其实我也不信，但是对于很多事情，尤其是我们经历的这么多事情，我们应该好好静下心来想一想，这些到底预示着什么呢？"胡院士说。

"是啊！难道楼兰人真的遁形了吗？"我说。

"我看有可能。"马辉说。

"有可能个屁！"

"其实这些事情真的说起来，现在都没人能够明白。"胡院士说。

"明不明白是另外一回事，说不说可是您老的事啊。"我说。

马辉把着方向盘回头对胡院士说："胡院士，您老也就给我们磨磨嘴皮子，您也知道我们听不懂，我们权当笑话和故事来听了。"

"既然你们想听故事，那我就给你们讲讲吧。"胡院士说。

这是一段故事，一段不需要记录的故事，一个楼兰，一个传说，一个神秘的开始，但不是神秘的结束，对于曾经的楼兰子民而言，这种感觉更强烈。很多研史之人在猜测——楼兰人去了哪里，当一个国家里的居民，在瘟疫、战火的涤荡中远离一个曾经令他们荣耀的地方，即使是平安走出罗布泊在塔克拉玛干沙漠东南建起了鄯善国，他们仍然难逃最终的寂灭。对于他们而言，是一场绝对的灾难，而对于毫不相干的人而言，却只是一段无法记录的过去。写行记的玄奘也是如此，于是，楼兰真正消失的原因，就这样湮灭于历史的奔流中了。但无论如何，猜测，总在发现它的第一时间开始持续，所以，我们该感谢那个有点像小偷的斯文·赫定，我们可以从他对楼兰的发现开始猜测了。

什么地方可以出现一座无人的空城？这座城边上有一座通透的玉山？为什么这座城会有各种各样的传说？这座"诅咒之城"静立在西域的哪一个角落？

法显说这座城市"上无飞鸟，下无走兽，遍望极目，欲求度处则莫知所拟，唯以死人枯骨为标帜耳"；玄奘记录这座城市"城郭巍然，人烟断绝"。但是，他们俩都没敢走进这座曾经繁华无比的"城郭之国"，当然，这座城就是我们熟悉的名城——楼兰。

众所周知，罗布泊地区如今已经是几乎寸草不生的荒凉之地，那么，这里是否存在过动物呢？

司马迁描述这里"出玉，多葭苇、柽柳、胡杨、白草，民随畜牧、逐水草，有驴马、多橐驼"。在汉代，楼兰周边还是一片水草丰美的地方，这里有各种野生动物，楼兰的居民在这里牧养自己的牲畜，但是如今的这里，却是一点水也无存的死地。在清代，这里是否可能仍然有一大片沙漠中的绿洲呢？实际上，直至20世纪60年代，罗布泊里还有水，很多专家猜测楼兰人抛弃这个繁华的城市，是因为水资源骤减。据史书记载，当年的楼兰城内，胡杨森森，佛塔高耸，街巷纵横，行人如织。每年来往于楼兰城中的外国使团商队，多者两千余人，少者也有五六百之众。

史书称这里为"商吏倾城，无立足处矣"。在这样的环境里，城外的荒野中出现狼群并非是不可想象的事。但是，水资源在很短的时间里迅速消失，这里的环境不断恶化，最终变成今天寸草不生的荒漠。直至20世纪初，在这片无人荒漠里，还生存着野猪、鹅喉羚等多种动物，但后来都从这片荒漠中消失了。清乾隆年间，这里虽然已经非常荒凉，但至少仍然可以看见不少野生动物。此时，出现狼群的可能性仍然是有的。在北疆的古尔班通古特沙漠，虽然环境也非常恶劣，但沙漠中植被覆盖较多，水源也稍丰富一些，其间便能生存多种野生动物，如果与清初罗布泊的环境相似，则仍然可以暗藏生机。可以说，野生动物比人类更晚撤出这座无人空城的周边。

一场游牧民族的起义，使得"诅咒之城"成为一座死城。《汉书西域传》记载，早在2世纪以前，楼兰就是西域一个著名的"城郭之国"，有人口一万四千余，士兵近三千人，可谓一个泱泱大国，在这个国家里有没有可能诞生一位暴君？楼兰人的强悍，可以从他们被迫迁出罗布泊地区开始印证，由于至今无法探明的原因，楼兰人于公元4世纪左右离开了这个曾经显赫一时的城市，迁至塔克拉玛干沙漠东南的今若羌地区，国力大减，但恰恰是在这个时候，他们却开始了另一番争战。据史书记载，自从公元前77年，楼兰更名鄯善，其王庭一直在"伊循城"（据今新疆若羌县城东北80公里处）。在魏晋时期，鄯善国趁中原王朝无暇西顾之机，吞并了小国精绝（今新疆民丰县境内尼雅遗址），与于阗国并立称雄西域，直到公元5世纪末被入居西域的游牧民族占据。如此强悍的生命力，在西域诸国中是极为罕见的。在这样的国度里，出现一位"暴君"的可能性是非常大的。更为重要的是，楼兰最终灭国，同样是因为游牧民族的反抗，这个巧合令人几乎断定这座"诅咒之城"就是楼兰了。

只有这一座城足堪"诅咒之城"的重任，只有这一座城可以成为那座玉山迷城。

什么样的城市可以成为迷城？迷宫似的路，无法接近，一座完整的城市，必须在茫茫黄沙中。楼兰地处罗布泊西北角，城市被无数的雅丹地貌土丘包围着，极少有人能从一堆堆土丘中发现这座城市，而想走进这座无人的空城，如果没有很好的向导，没有很好的定位方式，几乎是一个"不可能的任务"。1901年，瑞典人斯文·赫定发现这座城，仅仅是一个极偶然的机会。时至今日，即使带着先进的装备，楼兰仍然难以接近。

在那个历史年代里，楼兰还是一座完整的城。而城市里，确实有着无数的珍宝。仅斯文·赫定一个人，就在这个城市里发掘出了大量汉五铢钱，精美的汉晋时期丝织物、玻璃器皿、兵器、铜铁工具、铜镜、装饰品、料珠和陀罗风格的木雕艺术品。之后接踵而至的考察团仍然不断地从这座城市里挖出各种各样的"宝藏"，所有沙漠中的废城都无法与这座城市相比。而实际上，并非是斯文·赫定首先发现了这座"沙中迷城"。清乾隆年间，曾经绘制完成的"嘉峪关到安吉延等处道理图"，上面清楚地标示着"鲁普脑儿"（罗布淖尔）；首任新疆巡抚刘锦棠及其后任魏光涛在1890年前后也曾命部属探察、绘制了"敦煌县到罗布淖尔南境之图"。现藏故宫档案馆的此图，在罗布泊西岸标示了一座古城址。而楼兰城，就在罗布泊的西面。

4

"诅咒之城的由来？"我问。

"进入楼兰就等于进入了一座死城，一座没有任何生命迹象的城市。然而，你在那里能够确切地感受到这座城市曾经的生命。而你会发现楼兰城好像是活着的，它有着与众不同的脉搏，悄然地躲在这个荒凉的地方。"胡院士说。

"城是活着的？"马辉问。

"我也不知道，我是听张教授说的。但是我对楼兰古城仰慕已久，现在刚好有机会可以去看看。"胡院士。

"其实我想知道，这个楼兰到底是怎么消失的？"我说。

"你没听胡院士说吗，是热窝子病。"

"热窝子病也就你能相信，我反正是不信的。"

"那个热窝子病，也就是传说而已，现在关于楼兰的消失之谜，还是一个非常让人疑惑的问题，争论也有很多种。"

"争论啥？"马辉眼睁睁地看着前面，然后问道。

"我又不是考古学教授，我只是好奇才关注。到底是争论什么，谁知道啊。"胡院士说。

"那到底是个什么样的争论啊？"我问。

"其实很多人常把'罗布泊'归于'楼兰地区'，严格地说，'楼兰地区'不能代替'罗布泊'。只是楼兰在罗布泊区域而已，至于它的消失，我觉得与罗布泊的消失有一定的联系，除了这个现在还有很多人有相当多的困惑。"胡院士说。

困惑之一："建兴十八年"是哪一年？

1901年，斯文·赫定在罗布人向导奥尔德克的带领下发现了楼兰，在他匆忙的发掘中，出土了一批木简，在随后的研究中，无意间发现其中一片木简上写有"建兴十八年"五个字。但是，在中国的历史上根本没有"建兴十八年"这个年号，西晋"建兴"年号只沿用了四年，即只到公元316年，公元317年之后应为东晋建武年号，而木简上的纪年却多出了十四年。这是怎么回事？

还有，在斯文·赫定之后于1906年进入楼兰的斯坦因，获得了大量的汉文简纸文书，其中，最晚的一件文书上写着"建武十四年"的纪年。其实东晋的建武年号只沿用了两年，早已终止使用了。此时，已经是晋成帝咸和五年（公元330年）。

我国学者黄文弼也发现过相类似的情况，在土垠遗址出土的72枚汉简中，最晚纪年为汉成帝元延五年，其实那时应该已经是绥和元年（公元前8年）。

对于这些历史上的迷雾，学者们推测，可能在"建兴""建武"和"元延"分别改变年号之前，楼兰道废弃，丝绸之路改道，楼兰地区和中原的交通处于断绝的状态，由于消息的闭塞，改变年号的事情不能及时传达到那里，驻守的官吏，不知道中原内地已经改朝换代，仍然沿用早已废弃的年号。可以想见，当年驻守在那里的官吏和士兵，他们不敢擅离职守，年复一年望眼欲穿地盼望着朝廷能够派部队来接替他们，有朝一日回归中原大地，好与家人团聚。

历史记载上的这些失误，同时也表达了这样一个信息，作为古丝绸之路的重要通道"楼兰道"并不是一直畅通无阻，而是时断时续的。正是有了楼兰的存在，才使这条交通线路经久不衰，历时四五百年。对于楼兰古道的消失，中国的史籍毫无记载，人们仍然无法确定楼兰道最终被废弃的准确年代。

困惑之二：罗布泊怎么会游移呢？

罗布泊曾经是我国西北干旱地区最大的湖泊，诞生于第三纪末、第四纪初，距今已有两百万年。历史上，面积最大时约有两万六千平方公里，上个世纪初仍达五百平方公里，当年楼兰人在罗布泊边筑造了十多万平方米的楼兰古城。

罗布泊是否"游移"，并不只关系着罗布泊的形成、演变及这一地区自然地理环境的变迁规律，同时也关联到罗布荒原上的繁荣、衰落，以至最后死亡的楼兰的命运。

多年以来，在国际地理学界，一些科学家坚持罗布泊是个会游移的湖，认为罗布泊从形成之日起，其位置和形态随着水量的变化而南北变动。1876年，沙皇俄国的军官普尔热瓦尔斯误把一个面积很大的淡水湖说成是罗布泊，这一观点当时就受到德国地理学家李希霍芬的反对。1900年，斯文·赫定在孔雀河下游进行了长时间的考察后，提出了一个著名的观点：罗布淖尔是"游移湖"。他认为，普尔热瓦尔斯所见的淡水湖是由罗布泊"游移"过去的，他称为"南"罗布泊，并宣布罗布泊的游移周期是一千五百年。后来，一个偶然的事件为斯文·赫定的"游移"说作了佐证，由于1921年塔里木河被人在拉依苏处开了一个流水口，通过这个河段，塔里木河大水就源源不断地进入孔雀河，并注入几近干涸的罗布泊，使罗布泊的水面大大地增加。这期间的时间是从公元4世纪楼兰废弃，到20世纪，差不多正好是一千五百年，斯文·赫定为这一发现十分兴奋。历史就是这样阴错阳差地导致了一个科学家的失误。

20世纪50年代以后，科学探险队多次进入罗布泊，开展了大规模、多学科的综合考察。中国学者对罗布泊湖底进行了钻探，钻井取样经碳－14年代测定认为，近一万年以来罗布泊经历了多次大的干湿波动，但始终没有离开罗布泊洼地，罗布泊只在自己的领地内。有关资料表明罗布泊湖每年泥沙沉积量很小，泥沙沉积作用不大，罗布泊湖的地势始终最低，水怎么也不可能向南倒流，因而也形不成斯文·赫定认为的"南"罗布泊。

既然楼兰古城依水而建，而一万年以来，罗布泊始终存在积水，但是，在公元4世纪后，楼兰古城却成为一座死城，那么，楼兰城的消逝，楼兰人的被迫迁移必然存在着更为重要的原因。

困惑之三：罗布泊中间是手机盲区，关键时刻怎么突然通了？

一位考古人员曾经进入新疆罗布泊地区，他是新疆楼兰地区小河遗址考察的主要成员之一，在寻找一个佛龛的路上，发生了一件让整个考察队都后怕不已的惊险事件。在沙漠深处，考察队的一辆车走错了方向，脱离了大部队，如果短时间内联系不上，后果不堪设想。而罗布泊中间是手机盲区，所有人都给那辆车上的人拼命地打电话，都没有回应。然后奇迹发生了，考察队里一个年轻人拿的特别破的手机突然通了一分多钟，这宝贵的一分多钟，让离队的车迷途知返，终于回到了大部队。之后任何人的手机再也没有打通过，大家都不明白到底是怎么一回事。

他还特意提出，属于楼兰地区的小河墓地也十分神奇。在新疆地名并不固定，而是漂移的。由于新疆的风速极快，沙包更是经常漂移。小河墓地所在的地方是著名的流动沙包区，然而当六十多年后他们到达时，那里的地形地貌和当年奥尔德克告诉斯文·赫定的时候一模一样，连那条小河的走向都没有变，简直令人不可思议。

还有几件事情也充满了神秘色彩。如1934年的初夏，在贝格曼发现小河墓地的当天，年平均降水量常年只有8毫米的罗布泊荒原突降暴雨，平地成河。而在2001年我国的考察队到达小河墓地时，头一天风和日丽，第二天就大雪封门，而罗布泊荒原已经很久很久没有下过雪了。最让人不解的是，当年曾经和贝格曼一起参加探险队的当地居民，他们的记忆都好像被删除了一样，丝毫不记得他们曾经去过那个地方。还有贝格曼的早逝，贝格曼逝世时只有四十三岁，是否和他侵扰了我们小河人的祖先亡灵有关？

在号称楼兰后裔的罗布泊人的传说中，小河墓地是祖先亡灵聚集之地，是不可侵扰的地方。当地老人一再告诫来者，万万不可打扰亡灵，否则肯定会有不幸发生。种种现象的发生，使人不由得对预言有了几分敬畏。

据史书记载，隋唐时期由于高山冰雪补给的河水增大，流进罗布泊的水量也相应增多。而到了元代，随着我国西北气候变干，塔里木河的水量变得更少，罗布泊的面积也缩到了最小，1964年前后，罗布泊就彻底干涸了。

第十四章

Chapter 14

迷城之祸

1

"咱们现在去的这个方向对不对啊？"马辉问。

"应该没错。"胡院士拿着地图看了半天。

"楼兰古城在罗布泊的西边，咱们现在是在这里。"胡院士说。

我在地图上看了半天，作为一个军人看地图是基础功，然而这张地图上的很多东西我根本看不懂。

胡院士指着地图上一条简单的线，然后说："咱们现在应该是在一条河谷里行进呢，这条河谷就是以前孔雀河的河道，只是现在这家伙断流了。"

"我说这条路咋走起来那么顺畅啊！"马辉说。

"后面的路就不好走了，我看了一下。到了楼兰古城之后，后面的路我们只能往前步行了。"

"步行，不会吧！"

"咱们这次因为不是到罗布泊的中央去，这样就算不错了！从楼兰古城到龙城也就是两天的脚程，到时候就好办多了。"

"我算算，咱们出来也有些日子了！看来，这下子该到了吧。"我说。

这一路走来，遇到的事情不算多，但是每次都很震撼。虽然对于这些事情，我现在还无法给予一个正确的解释，但我内心隐隐地觉得，这块土地的地下，肯定存在着一个极为可怕的真相，甚至这个真相是我们所不熟悉的。

或许是因为讲了一路故事的原因，这个时候车里突然安静了许多。胡院士也因为我们俩不再纠缠着讲故事，现在总算清闲了下来。

他默默地闭上眼睛，沉沉地睡了过去。

对于这样一个老人，我到现在还没有看透。他没有讲自己的本职工作到底是什么，好像那个工作对他来说就是一个秘密。

我看着胡院士，这个老人脸上的皱纹在沙尘的侵蚀下，显得更为明显了。

花白的头发里，因为没有洗过的原因，此刻有了一层沙土。

或许是因为热的原因，胡院士的额头上渗出了淡淡的汗水。

突然，我看到他的眼皮子一动，好像很紧张很害怕的样子。我笑了笑，这个老人估计是在做梦。

就在我安心坐下的时候，我看到他的双手紧紧地抓在车座位上，看来这是一场可怕的噩梦。

天色慢慢亮了起来，眼前的景色比我们之前看到的要美妙许多。

一条干涸了不知道多少年的河床出现在我们的眼前，高高低低的石头在风的作用下形成了各种各样的形状。

找了一个背阳的地方，我们将车停好，然后简单地收拾了一下，吃了一点饭，这就准备午睡。

胡院士吃完饭走到我跟前说："和平，你有时间吗？"

"有啊！"

"那咱们去那边高的地方看看前面的情况吧！"

"好！"

我和胡院士还有李卫平三个人顺着河床，爬了上去。然后顺着河床边走了一截子，看到一座小山丘，目测周围应该是最高点了。

这个小山丘也就四五十米高，我们三个人很快爬到了上面。

目测周围，一片开阔。

远处是大片的不知道是什么东西，一大堆一大堆的。

胡院士说："那应该是胡杨死后留下的'尸体'。"

"胡杨树，以前也只是看到过一些摄影的片子，我们团里面还有人拍到过，很漂亮。"我说。

其实在我骨子里，有种对艺术无比热衷的感情，当然因为职业原因，哪能真的有那个机会去实践啊。

还好，部队上也并不缺少这种艺术的东西，虽然都是一大帮子大老爷们在那里不懂装懂，但是也能凑合。

我们队伍里，有人能画画，还不赖，有人毛笔字不错。而我就喜欢摄影，尤其喜欢看别人摄影。

"生而不死一千年，死而不倒一千年，倒而不朽一千年！"我说。

"那又咋样，它再厉害也逃不过长期无水的灾难，这千年胡杨活不到一百年，泪尽沙海。"

目力所及，沿着河谷两岸，有着数不清的大小土堆，甚至有些树杆还能清晰地看见。这些有点像胡杨的坟墓。

胡杨是最古老的一种杨树，在一亿三千多万年前就开始在地球上生存的杨树。树高15—30米，能从根部萌生幼苗，能忍受荒漠中干旱的环境，对盐碱有极强的忍耐力。胡杨的根可以扎到地下10米深处吸收水分，其细胞还有特殊的功能，不受碱水的伤害。胡杨系古地中海成分，是第三纪残余的古老树种，六千多万年前就在地球上生存。在古地中海沿岸地区陆续出现，成为山地河谷小叶林的重要成分。在第四纪早、中期，胡杨逐渐演变成荒漠河岸林最主要的建群种。主要分布在新疆南部、柴达木盆地西部、河西走廊等地。生在我国塔里木盆地的胡杨树，刚冒出幼芽就拼命地扎根，在极其炎热干旱的环境中，能长到三十多米高。当树开始老化时，它会逐渐自行断脱树顶的枝杈和树干。据统计，世界上的胡杨绝大部分生长在中国，而中国百分之九十以上的胡杨又生长在新疆的塔里木河流域。

"西汉时期，楼兰的胡杨覆盖率至少在百分之四十以上，人们的吃、住、行都得靠它。在清代，仍'胡桐（即胡杨）遍野，而成深

林'。"胡院士说。

"也有说法认为这胡杨是楼兰灭亡的一个原因。"我说。

"也有可能吧！现在没人能够说明白。"

站着或者躺下，有着数百万年阳光照耀的，被唐诗、宋词、元曲熏陶的胡杨树，抚慰了边塞诗人寂寞旅途的胡杨树，早已经没有了站着或是躺下的权力，三千年的风风雨雨，让它们品尽了岁月的苦涩味道，也失去了岁月的光辉。初次踏上大漠是在秋末，红黄棕绿的荒漠植被，携着油画里浓重而激烈的色彩向天际延伸而去，那般景致，仿佛就是美国西部大片里独一无二的翻版，心里不由得生出几分惊异，是不是这个星球上的西部景致都是相似的？是不是西部的风里，都漂流着来自久远岁月里悲怆苍凉的味道？

"走在荒漠的旅途中，大家常常是沉默无语的。窗外的景色，虽是戈壁，却并不乏味。在这一望无际茫茫戈壁荒原上，哪怕是远处的一棵树，也绝对是别样的景致。而这些胡杨就成了大漠里仅有的让人值得玩味的东西了，然而不是每个在大漠里的人都有咱们这么幸运。"胡院士感慨地说。

"我当初知道胡杨树是因为著名的小河墓地。因为胡杨树木质坚硬，成为沙漠地带居民生产生活离不开的朋友，甚至在去世后也多用胡杨树木作墓碑。小河墓地的标志性特征就是墓碑上矗立着船形的胡杨木。知道了这种有些神奇色彩的树，但真正了解胡杨树是来到新疆后，知道了胡杨三千年的轮回史，曲曲折折的人生大戏。"李卫平说。

"这种树值得我们学习啊！"我傻傻说了一句。

"寂寞胡杨，这是人类走过岁月留下的痕迹，这是人类生存的态度。胡杨以自己的绿色和生命孕育记载了西域文明，两千年前胡杨覆盖着西域，塔里木河、罗布泊得以长流不息，楼兰、龟兹等三十六国的文明得以滋养。人类拓荒、无休止的征战，水和文明一同消失在干涸的河床上，曾经灿烂辉煌的西域古国也被滚滚黄沙埋葬，也逐渐淹埋了忠贞不渝的胡杨。"胡院士说。

我在心里想，胡杨或许真的是寂寞的，因为那座城已经成为人们心中可怕的诅咒之城。三千年前的胡杨在沙尘暴里讲述着自己的往事，苦涩里也有幸福的回忆，但现在的胡杨，也早已在人们心中永生！

这是大漠戈壁最动人的季节。胡杨就是一道最美的风景，在荒漠漫漫的舞台上，前世一千年的等待，今生一千年的伫立，倒下后一千年的寂寞来生，它将自己用三千年的时间站立成一道独特的风景，成为地球上生命的不死精灵。生生死死三千年，它是有灵性的，在每一个漫长的冬季里，在生命漫长的季节里，该有多少风风雨雨？

一棵树竟有三千年的时间来思考生命的问题，它一定明白在生命低洼的季节里，耐心等待，默默积蓄着力量，等待春天的绿色，盼望秋天的灿烂，灿烂的季节里它也一定知道生命的短暂，凝重的金色里透露着苍凉，古朴的庄重里弥漫着悲壮，难道，这就是生命的本来面貌？更多的是寂寞，在风风雨雨三千年后留下的是化石一般坚硬的身躯，寂寞的身躯却没有了选择的权力，站着或是躺下。在用生命点缀了这片土地之后，还有谁去珍惜它？大片大片的胡杨林甚至没有来得及去完成三千年苦行僧般的生命轮回就枯死了，它们就那么赤裸裸地立在荒漠中，干枯的树枝挣扎着伸向天空，绝望地祈求着什么。祈求着什么呢？是乞求人类的保护，还是乞求上天想要放弃三千年漫长的轮回？

2

我想着那诅咒之城的人们，是不是也曾经目视这一片胡杨林，思考着自己的一生。

"怎么，还产生联想了？"李卫平笑着说。

"哪有啊！"

"有就有，在这样的景色里，你是应该想想自己的一辈子。"李卫平很淡然地看着远方。

胡院士笑了笑，然后指着远处说："如果我们现在是一支驼队，那么远处此刻应该会升起点点炊烟，那不是别处的炊烟，而是楼兰城的炊烟啊。"

看着胡院士此刻站在那里，仿佛一个哲学家。

我觉得他就是荷马，只可惜荷马眼睛是瞎的，他没瞎。

我顺着胡院士所指的方向看去，在那远处的戈壁大漠里，似乎真的有一座繁华的城市似的，让人眼花缭乱。各地商户不绝于耳，南来北往的人，操着不同的口音，而清晨的饭香早已经在鼻孔里打转。

"不好！"李卫平说。

我还在想象当中，耳朵里突然传来李卫平的话。

"怎么了？"我说。

"你们快看。"李卫平指着我们刚才所指的方向说，"你看，那里是不是有烟？"

我顺着李卫平所指的方向看去，一道浅浅的淡烟已经在风的作用下胡乱地飘荡，已经有了一丝柴火燃烧的味道。

"怎么？"我问，"胡院士的话灵验了？"

"不会的，这地方荒无人烟，如果要进到这里，除非是有很专业的装备，要不然根本不可能走这么远的。"

胡院士的话说得很对，在这样的情况下，况且罗布泊也不对外开放，要进到这里面必须经过严格的审查。

"除非他们是……"胡院士话到嘴边又咽了进去。

"除非他们是什么？"我问。

"不可能啊，这地方他们能进来，那确实是不一般啊。"

胡院士像是没听懂我的话似的，呆呆地看着远处。

"胡院士是什么意思，他说的'他们'是指哪些人？"我问李卫平。

李卫平低头想了想说："估计他是想到这些人有可能是盗墓贼。"

"盗墓贼？"我问。

"当然了，你也不想想，这地方以前可是一个西域三十六国最为富裕的楼兰国的都城啊，如果这里没宝藏，哪里会有啊？况且很多人知道楼兰国的传说，都会冒死赶到这里来盗宝。"李卫平说。

"没错，如果我们看到的炊烟真的是人为的话，这地方只有一种人会来，那就是盗墓贼。"胡院士说。

"他们不怕死啊？"我问。

想到一路上的见闻，我觉得打死也不会有人愿意进到这里面的。

"在死和财富面前，很多人都会选择用生命去赌博财富。"李卫平说。

"看来，我们不能休息了，赶紧出发，说不定现在赶过去，还能抓住他们呢。"胡院士说。

"现在出发？"我问。

"必须现在出发，要不然就晚了。"胡院士说。

"好！"

我快速跑下去，将所有人从睡梦中喊醒来，发动车，所有人没有怨言。

因为他们是军人。

上车之后胡院士说："马辉，你就朝着那个烟跑，放开了跑！"

马辉转过头，我看着那一脸的疲惫相。

马辉说："这样成吗？"

我说："成，快速地向那边移动！"

马辉听到这话，也算是有了定心丸，他说："你们抓好扶好啊，这一路我觉得够你们受的。"

这话才说完，我们就觉得越野车像电闪一般向前冲了出去，车周围也是一大片的扬尘。

也不知道是从车的哪个地方，扬尘也钻了进来，我们三个人在车里面被呛得找不到地方。

马辉这家伙却是不顾不问，径直开着车，顺着没有人走过的戈壁滩，以最快的速度向远处驶去。

大约行驶了三个小时，我们总算是熬到了头。

胡院士看着远处说："车就停在这里，要不然再靠近些，那些家伙会发现的。"

"咱们下车，步行过去。"我说。

"这样最好，打他们一个措手不及。"胡院士说。

我们将车停好，后面的那辆大车还没影子呢。

"别等了，咱们还是先出发，梁子他们会在后面跟上的。放心，就凭咱们三个人还对付不了这帮子小毛贼啊。"马辉说。

一边的王小虎也点头表示可以这样做。

"那好，咱们几个走！"我说。

带上简单的装备后，我们几个朝着远处的炊烟悄然而上。此刻阳光已经热烈得很了，走到哪里身上的汗水都在不停地流失。

"这地方可真是荒凉啊，连棵想躲躲的树都没有。他奶奶个腿的，老子下次再不来了。"马辉边走边骂。

"少说话，对你还是有好处的。"我说。

眼看着远处的城墙越来越明显，越来越敞亮，我的心也开始扑通扑通地跳个不停。

楼兰城的护城河河床为积沙覆盖，千年劲风已经把古岸剥蚀得面目全非。就在这了无生机、遍布死螺壳的河滩，我首次到了文明的遗迹。河床为早已枯死而未扑倒在地的胡杨护卫着，虽然天一直阴沉沉的，可在远方，这虔诚地礼敬上苍的死胡杨就像把天地缀合在一起的巨大针脚，紧密地铺排在地平线上。死胡杨之间，散布着陶片、纺轮、细石器、料珠……它们的故主匆匆弃此逐水而去，把家什留给风沙收拾。

这或许是激动吧，这么长时间除了动物就是僵尸，而且都是害死人不偿命的主，这下子总算要见到活着的同类。这种感觉，别人是不懂的，唯有长时间在荒野生活的人才能够弄明白。

随着脚步的移动，远处城墙的破败感也越发明显。

这城墙高约十几米，远远看去威武非凡。在冷兵器时代，如果一座城没有坚固的城墙，那么会很容易沦陷。

看着这城墙，我心里就已经明白，在这样的平坦地带，有如此高的城墙，可想而知当年楼兰人是多么想守住这座城啊。

然而事与愿违，谁知道发生了什么，城墙也保不了他们。

远处的炊烟越来越明显，看炊烟情况，这些人应该还没有发现我们。

我们顺着城墙的残缺部分进到城内，这城相当大，我觉得眼前的这条大马路应该有三四公里的样子。

虽然现在看起来好像有些小，但是放在古代，这家伙可是一座大城啊。城里的屋子经过风吹日晒早已经没有了当初的华丽与风光。

这里在古代曾是一个水草丰茂、地势平坦的地方，农、牧、渔都十分发达，公元前后，曾有过一个繁华的楼兰国，它是当时是闻名遐迩的丝路重镇。可是到公元4世纪前后，这个曾经名噪一时的国家却突然神秘地消失了，只留下一片废墟静立在沙漠中。

胡院士悄悄地说："现存的楼兰遗址大致呈正方形，每边城墙均在330米左右，城区面积大致为110万平方米，城内还存有残破的院落及高耸的佛塔。从楼兰古城中发现了不少古代文物，有各种器皿及钱币，最珍贵的当数晋代手抄本《战国策》。"

楼兰古城四周多处坍塌的墙垣，面积约10万平方米的楼兰城区外围只见断断续续的墙垣孤伶伶地站立着，全景旷古凝重，城内破败的建筑遗址了无生机，显得格外苍凉、悲壮。

俯瞰楼兰古城，城中东北角有一座烽燧，虽然经过历代不同时期的补修，但从它身上依然可以看出最早汉代建筑的风格。

烽燧的西南是"三间房"遗址。这座近百平方米的房屋，建筑在一块高台上，三间房正中的一间要比东西两间显得宽大。

20世纪初，斯文·赫定曾在东面一间房内发掘出大量的文书简。从三间房西厢房残存的大木框架推测，这里昔日曾是城中屯田官署所在地。继续向西，是一处大宅院。院内，南北各有三间横向排列的房屋。在古城，这座院落建筑也是比较有排场的。相形之下，大宅院南面的房舍多数是单间，矮小、散杂而破败不堪。根据出土文书推测，三间房毗邻的框架结构房屋是楼兰古城的官署遗迹。

3

就在这所谓的官署背后，一座巨大的佛塔出现在空旷的古城里。

而那一股炊烟也正是出现在那佛塔背后。越靠近，我心跳得越发厉害。说实在话，这是我第一次做一件完全与战斗无关的事情——抓盗墓贼。

以前都是抓毒贩、恐怖分子，现在倒好，我一个优秀特种兵，居然跑到这沙漠里面来抓盗墓贼。

我示意李卫平留下来保护胡院士，因为这老人家遇到这样的情况，肯定是第一次。况且那些盗墓贼也都是一批亡命之徒，看到我们抓他们，肯定会不择手段，如果挟持胡院士，到时候可就很难收拾了。

我和马辉两个人一人一边，悄悄地包抄到佛塔的背后。

脚步移动，陆战靴踩在原本应该平坦，现在满是沙土的佛塔下，倒是没有什么声音。我耳朵里只有风的声音，鼻子里却嗅到了更为深沉的烟的味道。

这烟居然是木柴燃烧的味道，淡淡的。

太阳此刻照着大地，一派安详之色，而我心中却有股子冲动——赶紧包抄过去，灭了丫一帮子人。

这佛塔地基大约有七八百米的长度，我悄然一拐，已经可以听到柴火的劈啪声。我猛地一跳，大喊一声："不许动，举起手来！"

那边马辉也是一样的动作。

然而，眼前的一幕却是我们万万没有想到的。

只见眼前的木柴烧得正旺，一个刚好容得下一个人钻进去的小洞在佛塔的底部，在旁边还有些绳子、背包，而这佛塔背后不远处停着一辆吉普车。

火堆前，两个人僵直地坐着。

为什么说是僵直的呢？因为他们两个人就好像是被什么东西给冻住了一般，稳稳当当地坐在那里。

我们俩的喊声，也没有惊动他们。

我示意马辉上前，马辉走到俩人跟前，摸了摸脖子上的动脉血管，然后摇了摇头说：“妈的，死了！”

“什么？”我惊讶道，“怎么会死了？”

“我还会拿死人来糊弄你啊！不信你过来试试。”

马辉说着甩了甩手说：“这俩人就好像给冻住了一样，冰冷冰冷的！”

我过去摸了摸，果然没有了脉搏，身体上好像有一层白白的冰霜似的。俩人身体保持着坐姿，就好像在说话时瞬间被什么东西给“吓死”了。

我看着眼前这一幕，心想这家伙会是什么东西呢？看身体，有没有外伤，看周围也没有别人的脚步，奇了怪了！

难道这地方还有什么不为人知的东西吗？

我转过去示意李卫平和胡院士可以过来了。

胡院士也被眼前的这一幕惊呆了：“这是怎么了？”

我和马辉也是一脸的无奈，我说：“我也不知道，来的时候就已经是这样了。”

李卫平在俩人身边查看了一圈，眉头紧锁地来到我们跟前说：“这俩人的死亡时间也就是四五个小时的样子，应该是在早上出的事情。”

“没有其他发现？”我问。

“没有任何痕迹，干净利落，就好像不是人干出来的事情。”李卫平最后一句话声音很大。

“不是人干出来的事情！”我在心里默默地说，然后看着两人的造型，头发上、眉毛上一层白白的冰霜。

这俩人为什么会这么奇怪地死亡呢？真是一个离奇的事情。

这楼兰现在温度已经有四十来度了，可是这俩人身上居然还有一层淡淡的冰霜，摸上去冰冷刺骨，让人不寒而栗。

“你们发现没？”李卫平说，“这俩人在这样酷热的天气里，居然还有篝火，难道不奇怪吗？”

“是啊！”马辉说，“这俩人是不是想把自己热死啊！”

"关键问题就在这里，我猜想这俩人肯定是发现了身上的变化，所以才点的篝火，想取取暖。"李卫平说。

"完全有可能！"我说。

对于这些家伙来说，他们肯定明白生火说不定能吸引来别人的注意，哪怕是荒山野岭。盗墓贼，本身就是一份需要极其隐蔽性的行当，如果被人发现那就意味着失败了。

可是这两个家伙居然在这样的地方生火，而且就在打的盗洞口，很显然这俩人确实遇到了很大的困难，这种难题必须以火来获得点帮助。由此我可以想到，这两个家伙是真的出事了。

而且这事，肯定与他们的死亡是有联系的。

胡院士一直观察着已经成为冻尸的这两个人。俩人脸色黝黑，已经有些脱皮，显然来这里已经不是一两天了。

胡院士将头伸到那个盗洞，慢慢地爬了进去。

我急忙跑过去喊道："胡院士，您可要注意安全啊！"

这家伙可是我们的保护动物，必须严加看管，要不然出事了，我们可担待不起。

没想到从洞口传来一句话："放心，我有分寸！"

我看着李卫平和马辉，笑着摇了摇头。

我示意马辉爬到佛塔上看看梁子他们赶来了没，马辉这家伙就跟猴子一样，三两下爬到了塔顶，他看了一下说："我看到他们的车了，应该已经进到城里了。"

"那就好！"

马辉下来，我让他看着胡院士，然后和李卫平走到这两个家伙的吉普车跟前。打开车厢，里面满满当当的都是水和食物，整个后备箱、后座位上放的都是各种用品。

"哼！你别说，这两个家伙起码在补给品上还算不错，刚好咱们之前损失了一大批，现在这些起码能补充补充！"我说。

"那倒是，这些家伙心里还是有底！"李卫平说。

这时候我看到梁子等人远远地走了过来，刚好王小虎等人和他在一起，这下子算是停当了。

我让他们俩将车开进来，看来这地方要作为我们的大本营了！没办法，后面的地形胡院士说太复杂，也开不了车了！

现在只能又留下两个人看管这里的物品，我们剩下的人带上东西，继续往前赶。不这样做，我们根本扛不动那么多东西。

谁让这次行动是秘密的呢？又不能有太大的目标，谁知道这空中有没有侦察卫星，这会儿正盯着我们呢？

胡院士从洞里钻了出来，我看着他也是浑身在发抖，忙走到跟前问："怎么了？"

"这洞里面可真冷，好深啊！也不知道到哪里了。"胡院士说。

"难道这里面还有别的东西吗，会不会他们挖到楼兰人以前的冷库啊？"马辉说。

"我看不可能，这地方这么热，有冷库的可能性不大啊！"胡院士说。

"那咋办？"我问。

"我想下去看看，说不定这里面有新的发现。这些盗墓贼的嗅觉比我们灵敏多了，他们肯定是在里面发现了什么东西，要不然不会这样贸然行事的。况且你看这里是佛塔，说不定这下面是地宫呢。"胡院士说。

"有道理！我陪你下去。"我说。

"行！"

第十五章

Chapter 15

万年冰窟

1

"咱们就顺着这里下去吗？"我问。

"那当然，不顺着这里下去，难道我们自己重新打个洞吗？就顺着这里走。"胡院士说。

我看了一下这俩人的尸体，心中觉得有些问题。

忙安排其他人找来了几件厚衣服，幸亏还带着厚衣服。我们一人带了一件，我这才放心了。

为了不让那俩人的尸体成了孤魂野鬼，我安排其他几个战士挖了两个坑，简单地埋了。

哎！这鬼地方，埋上一个人，十年八辈子也不会有人想起你的。

我在前，马辉、梁子、李卫平在后面，胡院士是最后一个人，就这样我们五个人接二连三地走进了盗洞。这也算是感受一次盗墓贼的工作环境吧。

爬着爬着洞中慢慢开始黑了，我打开手电，眼前是小铲子挖出来的洞穴，这洞穴一开始是径直地往下，大概七八米的样子，突然一拐，直直地又朝前挖了进去，倒也是显得很专业。

这洞刚好容得下一个人爬进爬出，如果有一个人停下，后面的人也必须停下。

"这哪里是盗洞啊，这简直就是狗洞！"马辉边爬边喊。

"小点声，妈的这里面阴森森的，你丫就不能闭上嘴啊！"梁子在后面悄声说。

"这里面还真是有些怪啊。"李卫平悄声在我身后说，"你不觉得吗？越爬这身体越觉得凉快得很，是个避暑的好地方。在这罗布泊区域能有这么一块地方，也真是美哉啊！"

其实我心里倒不是这个想法，我在想那俩人的举动和现在的状态，总觉得这地方奇怪得很，而且这里的冷，好像能够深入骨髓似的。

"这地方凉快确实是凉快得很，我就怕等会儿不是凉快那么简单了。"我说。

如果那俩人真的是在这里出的事，那么我们肯定也会遇到这样的事情，看来还是要小心为妙，要不然会出大事的。

眼前这洞穴越来越暗，好像没有尽头似的。我觉得这俩人在这里也是挖了一段时间了，要不然不可能挖成这么大的一个土方量。

"咱们现在应该在什么地方？"马辉问。

"其实我也不知道啊！"梁子道。

"胡院士，您觉得咱们现在应该在哪里了？"李卫平在后面问。

"如果我没有猜错的话，按照以前的模样来说，咱们现在应该是在楼兰城之前的寺庙的大殿了吧！"

"大殿！"我心想，这地方为什么会这么冷呢？难道有人会将宝物放在这大殿下面，太奇怪了。

大约爬了半个小时的样子，我顿觉眼前开阔了起来。

周围有阴森的风，裹着异常的冷意袭来，看来我们是出来了。

我让李卫平打了一个照明弹，因为我觉得我们现在身子都已经能够伸展开来，那么肯定是到了一个大地方。

李卫平听了我的话，打了一个照明弹。

照明弹在空中划出一个美丽的曲线，像一颗难遇的流星，像一条游鱼，然后在空中爆炸，周围的画面一下子清晰多了。

此刻我们身在一个人造出来的正方形区域里面，周围皆是大块的黑色方砖，看来是以前有人故意这么做的。

而我们就是从身后的那个盗洞爬进来的。

在洞口居然放着好几根还没使用的火把，我看这东西不错，比手电管用多了，况且我们还能省点。

胡院士看了看说："看来这里有可能是楼兰人以前的陵墓啊！"

"你是说咱们现在在别人的墓里面？"马辉问。

"嗯，应该是这样的。"

马辉想了想问："胡院士，那两个傻子盗墓贼，为啥不直接在这陵墓顶打出个洞来啊，非要跑到离墓那么远的地方？"

"这你就不懂了。一般的墓这些盗墓贼是看不上的，看他们这么专业应该是非常有经验的盗墓贼，他们来这里就是为了贵族墓的，一般贵族墓都会将墓顶弄得很结实，必须在别的地方挖洞，所以他们必须避开墓顶。"

"原来如此！"马辉说。

"现在不是说这些的时候，咱们还是看看这里到底有什么东西吧，或许对我们有些帮助。大家伙儿跟好啊，千万别走散了，这地方可没地图。"我笑着说。

还好，现在能够说点笑话，因为这里确实有些冷。不是凉意，而是我觉得有股子冷得受不了感觉。

我们五个人穿上厚外套，这下子感觉好受多了。

眼前这空旷的区域，随着照明弹的升起，我们也只是看到了一部分。而除此之外，这里则是被那种厚重的黑色大砖分割成好多部分。这些是我的猜想。

"胡院士，你看眼前这情况怎么办？"我问。

"如果我没猜错的话，咱们现在有可能是在某个人的墓葬里面，这应该是坑道。顺着眼前这个黑砖铺成的大道进去，应该就是主墓室了。"

"某个人的墓葬？"梁子疑惑道。

胡院士说："没错，这个地方如此大，如此广阔，我实在想不通，这里到底是给谁造的墓穴。"

"看来我们要进去一探究竟了啊！"李卫平平静地说。

马辉在一旁邪笑了一下说："进去，说不定能弄点什么好东西。这可比我当上一辈子兵，来钱容易多了啊！"

梁子不屑地看了他一眼说："你他妈的，那点小心眼收起来吧！这里面的东西谁知道有没有什么诅咒，小心你小子走不出这个地方。"

"行了，这地方什么东西都别动，记住！"我提醒道。

胡院士也搭腔："是啊，这里的东西我看很奇怪，千万小心点，别到时候出了什么问题，一发不可收拾。"

"好呢！"梁子说。

我看着马辉说："梁子，你听好了。你给我看好辉子这家伙，别到时候乱动这个乱动那个的，如果敢动一下，你就给我上去一拳，明白吗！？"

梁子嘿嘿一笑说："好勒！你就瞧好吧。"

我这样做也不是没有目的，因为我们都是当兵出身，根本没有真正参与到什么宝物探寻工作当中，况且我们都是俗人，谁知道会在巨大财富的诱惑下出现什么问题，到时候就是想拦也拦不住。

马辉恶狠狠地看了我们一帮子一眼说："他二大爷的，你们这是针对我一个人啊，好啊！你们看来是准备私吞啊。"

"别开玩笑了，赶紧走吧。"我说。

2

这下子队伍变成了胡院士牵头，我们呈现扇形左右分开，注意周围的情况。

这个黑色大砖铺就的墓室，好像一条永远走不到头的走廊一样。

"咱们刚才看到这里面很空旷，现在怎么走起来是这样的呢？"马辉问。

"这个应该是一个天然洞穴，我估计是楼兰人发现了这里，然后在这里稍加改造，才成了现在的模样。至于我们现在走的这个路，就是通往墓中央的地方。"胡院士说。

"嗨，不就死个人吗，干嘛搞这么麻烦。"梁子说。

"不可胡言乱语，古人对于死亡之后的事情做得很充分的，而且这本身就是一件很神圣的事情。"

这条黑色的道路，通向更为远处的地方，那里充满了未知的神秘和寒冷。

沿着这条黑色的墓道，我估计将这个空旷的洞穴转了一个遍，才能知道进入另外一个地方的大门。

大门敞开着，而且这里还放着铲子和绳子等一些盗墓用的现代装备。

胡院士皱了皱眉头说："看来这两个家伙已经进到这里面了，但是很奇怪啊！他们居然没有带走任何东西。"

"是啊！难道这里面什么东西都没有吗？"我说。

梁子看了看门说："这怎么可能，这么好的地方，能没有点值钱的东西？我才不信呢。"

门是胡杨木雕刻而成的，表面雕刻着各种奇形怪状的东西，更为奇特的是，在这门上面描绘的是一副冰天雪地送葬的画面。

胡院士看了那幅画面说："看来这人是在冬天去世的。"

"嗯。"马辉说。

"行了，咱们别在这看这些没用的了，咱们也不懂。还是往里面走吧，看看到底出现了什么情况，这俩人怎么无缘无故地死了呢？"梁子说。

"梁子说得对，到里面看看。"

　　来到这里，我们并不是来寻宝的，而是要解开心头一个疑问。可是现在越走越觉得这里面的秘密应该会有很多，而不是那么一个。这里面到底是因为什么才这么寒冷？

　　我现在开始感兴趣，这里埋葬的到底是什么人，他为什么要建造如此威武的一个墓穴呢？

　　胡院士转身，一马当先地进到了门里面。

　　穿门而入，眼前是另外一个画面。

　　那个画面，就在我记这个日记的时候，依然记得很清楚。那个画面出现在我的脑海里时，我只知道两个字："震撼！"

　　没错，那里是一派另类的冰雪世界，一切都是洁白的，一切都是闪闪发光的。

　　我记得马辉说了一句特别诗意的话："我愿意在这里，与世界同存。"

　　而梁子说的第一句话是："这是人间吗？"

　　胡院士看着眼前的另类世界，没有说话，然而他抽动的脸颊，已经说明了他波澜的内心。

　　李卫平没有说话，保持着他一贯低调的作风。

　　而我呢，我当时的心情是什么样的？我现在回想不起来了，但是真正的情景是"震撼"两个字无法说明的。

　　那个世界，洁白的世界，冰的世界，让我到现在脑海里依旧是一派白色的感触。

　　我记得有人说过，死亡是白色的，通向死亡的道路也是白色的。

　　现在我看到的则是一派冰的颜色，你可以认为它是任何一种颜色。

　　或许我们本不应该跨入这个大门的，因为眼前的这个景象我们并没有任何心理准备去接受，然而，这都是命运和缘分，我们终于接收到了这个巨大的饕餮盛宴。

一个冰的世界。

一个冰的坟墓，眼前的一切都是冰做的。

我现在开始觉得那两个盗墓贼是多么可怜了，当他们看到这样一个世界，心里应该是无比失望的。

但是他们也应该庆幸，因为这巨大的冰，他们总算没有动手。

走进冰洞，仿佛置身于一座晶莹的宫殿，四处都是冰的世界：冰柱、冰锥、冰瀑、冰笋、冰花，没有一个人想到，小小的门背后，竟然是这样一个美妙的世界。

终年不见阳光，洞内有着神秘的冰雕，远远望去栩栩如生，近看就会发现，这些都是闯入冰窟的生物被冰雪覆盖后形成的。虽然这里寒冷至极，但是却生存着不畏严寒的小动物，它们驻守在这里，守候着洞窟内谁也无法知道的秘密。

在这个巨大的严寒中，生活着一些小虫子，它们周身如冰一样。

一条毛茸茸的，如蚕一样的虫子，在冰缝之间蠕动着。

马辉伸出手，正准备动它的时候，胡院士一声大喊："别动！"

马辉赶紧缩回手，站起来，脸被冻得红一块，白一块，然后使劲挤出来一点笑容说："不就一只虫子吗，还不让我动啊！"

"不是不让你动，而是那虫子太危险了。"胡院士说。

"那么个小虫子，还能吃人了不成？"

胡院士摇了摇头说："你的无知要把你给害死。"

"哼！真的假的啊？"

"你可知道那东西是什么吗？"

马辉摇了摇头，别说马辉了，就连我们几个也是第一次看见这种虫子。小拇指长短，周身明晃晃的，好像是透明的一般。

"这就是冰蚕。"胡院士说。

我心中一喜，这就是电视和武侠小说里面说的冰蚕啊！这可是好东西啊，以前都是在小说里面看，现在真的能见到，而且看周围这情况，应该不是一两只的样子啊。

想金庸老先生在《天龙八部》里面这样写道："这蚕虫纯白如玉，微带青色，比寻常蚕儿大了一倍有余，便似一条蚯蚓，身子透明直如水晶。那蟒蛇本来气势汹汹，这时却似乎怕得要命，尽力将一颗三角大头缩到身下面藏了起来。那水晶蚕儿迅速异常地爬上蟒蛇身子，一路向上爬行，便如一条炽热的炭火一般，在蟒蛇的脊梁上烧出了一条焦线，爬到蛇头时，蟒蛇的长身从中裂为二半，那蚕儿钻入蟒蛇头旁的毒囊，吮吸毒液，顷刻间身子便胀大了不少，远远瞧去，就像是一个水晶瓶中装满了青紫色的汁液。"

在队伍里，没事情干时，多是看这类武侠小说。小说中写到，这小蚕能轻松搞定五毒里面的蟒蛇，厉害得很。冰蚕天生就具有最厉害的剧毒，同时又是别的毒物的克星，跟前面提到的金蛇一样，之所以冰蚕排名更靠前，是因为它不仅仅至毒，而且是天下至寒之物！书中说："游坦之离悯忠寺不过数十丈，便觉葫芦冷得出奇，直比冰块更冷，他将葫芦从右手交到左手，又从左交到右，当真奇寒彻骨，实在拿捏不住。无计可施，将葫芦顶在头上，这一来可更加不得了，冷气传到铁罩之上，只冻得他脑袋疼痛难当，似乎全身的血液都要结成了冰。他情急智生，解下腰带，缚在葫芦腰里，拿在手中，腰带不会传冷，方能提着。但冷气还是从葫芦上冒出来，片刻之间，葫芦外便结了一层白霜。这冰蚕一入偏殿，殿中便越来越冷，过不多时，连殿中茶壶、茶碗内的茶水也都结成了冰。"

胡院士看着那冰蚕一溜烟地从我们眼前消失后才说："古有五毒青蛇、蜈蚣、蝎子、壁虎和蟾蜍，蚕不在五毒之中，按理说毒性应该不如五毒，不过加了一个冰字就不一样了。"

"不就是个冰蚕吗，我们都在武侠小说里面看过，谁还不知道啊！"马辉偏不信邪。

"小伙子，你那是看的小说啊！现在这冰蚕可比那东西要厉害得多了啊。这里面本就是寒冷得不行，你想想能在这里生活的，岂不是更为厉害。"胡院士苦口婆心地说，"你们应该都记得那两个现在已经冻死在外面的人吧，他们是怎么死的，现在我想你们都知道了吧。"

"不会是因为这冰蚕吧？"我问。

"你以为呢。"胡院士说。

梁子恍然大悟说："怪不得了，那两个人，没有外伤，却死得很奇怪。"

"现在知道了吧，让你别乱动，你还不信！"我说。

一边的马辉，此刻脸色铁青，也不说话。

"行了，又没事，别担心，哥们几个一定会保护着你的。"梁子笑着说。

"去你二大舅的，我还用你保护啊！"

"好啊！你小子，那看来以后有了冰蚕，家里的制冷空调、冰箱什么都可以省了。"梁子笑着说。

"你愿意将这虫子放在家里，我可不愿意啊！"马辉笑着说。

3

在这里停留的时间也有些长，我觉得身子都快要被冻僵了，这里面果然是奇冷无比。

"咱们还是往前走走吧，说不定前面还有新的发现。"我说。

"还是动动吧，要不然要冻僵在这里了。"梁子也说。

李卫平这次率先一个人走在前面。

我问胡院士："这地方到底是什么情况，为什么会突然有这么大一个冰窟啊？"

胡院士说："如果我没猜错的话，这里应该是万年冰窟。"

"万年冰窟？"李卫平问。

"是的，或许你们不知道。但是这真的存在，因为那些极为罕见的冰蚕的存在，这里才能形成如此大的一冰窟。"

"为什么？"我问。

"你们都知道，沙漠里的水因为表面蒸发量太大，很多时候水都进入地下，形成地下湖、地下河。我猜想，这里应该在很久以前就是一个地下湖，后来被楼兰人发现了，然后利用冰蚕将这里给冰冻了。"胡院士说。

"那么，这些冰蚕是楼兰人饲养的了？"我问。

"应该是的。冰蚕在史册上多出现在西域和吐蕃，因为这两个地方一是有着特别的气候条件，多雪山冰川，二是这些地方也有着奇人异事，与中原有别。"胡院士说，"关于冰窟的传说，历史上已经流传了千百年。这种冰窟在全国各地都存在着，而且很多都已经成为了很棒的旅游景区，并没有什么奇怪的地方。只是冰窟形成的时间，一般都需要上万年之久，甚至有些比我们人类出现得都要早，因为这些冰窟多半都需要极长的时间来形成。洞中千姿百态的冰雪奇观永远不会融化，无论季节如何变换，洞中的气温都在零度左右，在北方来讲也可谓'冬暖夏凉'了。"

"原来如此！"梁子说。

我们沿着冰窟内部不断地走，周围的气温似乎已经维持到一个特定的度数，现在感觉倒也不是那么寒冷了。

周围景色也是一样美丽，并没有我们想象中那些奇妙的珍宝，反而是眼前这座美丽的冰窟，让人不忍心离去。

这冰窟的面积到底有多大，根本无法计算，似乎是没有边际一般。

大约在这冰窟里转了一个多小时，我觉得脚底下开始打滑，一低头这才看到，眼前的地面，出现了更为奇特的变化。

只见脚下，原本实实在在的地面，现在已经变成了白花花的冰块，人走在上面，当然有些打滑。

我赶紧拿出毛巾，在鞋底上绑好，这走起来才有些平稳。

胡院士他们看着我的做法，也赶紧绑好。

边走我边说："这冰面，可真够平的。如果有双滑冰鞋，说不定我们可以在上面滑冰了。"

"滑冰！？"李卫平疑问道，"还是看看你们脚下有些什么吧，别急着下那个结论。"

"脚下？"我心里想着，然后下意识地低头一看，或许是火把的光亮太强大了，原本明晃晃的冰面，现在居然是黑色的，让人看上去有点心慌。

"别用那个照，将火把拿远点你就能看到那下面的东西了。"李卫平说。

"卖什么关子啊，到底这下面有什么东西，你到底说说啊！"梁子说。

"人！"李卫平说。

"人？"梁子看了看马辉，马辉也是一脸的无知。

我心想，难道这下面真的还有其他人不成？

"你们好好看看，那下面是什么东西，现在已经很明显了，那下面的人你们这辈子都没见过。"李卫平说。

"果然有人！"胡院士在一边悄悄地说。

我这才恍然大悟，看来这下面肯定是有人。我示意梁子和马辉，这两家伙早就将枪拿在了手里，前后呈作战队形。

"行了，别紧张，那下面都是死人！你们过来看啊！"李卫平说。

我们走到李卫平跟前，这是一片巨大的平面，在这巨大的平面上，李卫平打开手电，然后将手电光打在冰面上，那巨大冰面上的颜色一下丰富起来，五颜六色的。我细细一看，天哪！

这五颜六色并不是冰面的颜色，而是在冰面以下有数不清的尸体，就那样冰冻着，而且冰得死死的。

那些死尸也不知道在这里经历了多少年，一片片的，高低不同，就这样静静地躺在冰面以下。

或许是当初这水太过于干净，现在看起来，那些死尸就仿佛是悬空在这巨大的空间里面。

"太可怕了，哪里来这么多人啊！"马辉问。

"谁知道啊！"梁子说。

"他们应该就是楼兰人！"胡院士说。

"楼兰人？"我问。

不可能啊，这之前不是说楼兰人消失了吗？怎么会出现在这里，而且是以这样的形式保存？

我轻轻地走到那冰面上，顺着手电光，我看到在这巨大的冰面以下，平躺着无数尸体，那些尸体神态各异，脸色安详，应该死得很自然。

我爬在那冰面上，冰面下面有一个年轻的女子，身着颜色艳丽的衣服，紧闭着双眼。她的睫毛长而黑，脸色白得可怕，脸上的汗毛都是那样一根根的好像能数清楚一般。

这女子也不知道死了多少岁月，但依旧楚楚动人，美丽异常。尤其是那鼻子，比我们要高出许多，有点欧洲人的血统，我猜想。

"这里应该是楼兰人的集体墓！"胡院士果断地说。

"您觉得是集体墓葬吗？"李卫平反问。

胡院士听到李卫平的话，显得很错愕，问道："难道你觉得这里有什么问题吗？"

李卫平说："你见过这么年轻的姑娘，这么年轻的孩子因为什么问题而突然死亡的吗？"

我这才反应过来，看了半天，这一片居然都是以年轻孩子为主，应该是十二三四岁的模样，正是楚楚动人的年龄，不可能一下子就死了。

胡院士嘴角颤抖了一下说："看来这里面一定有什么不为人知的事情。"

"没错！"李卫平说。

此刻我才发觉，这美丽的冰窟里面，并不是我所想象得那么美丽了。反而觉得这里，充斥着人的呐喊声，以及一种邪恶的气息。

顺着冰面往前走，脚下的人越来越多，越来越密。

楼兰人如果这样让自己年轻的女孩子送命的话，那灭亡也是迟早的事情，可是为什么要这样呢？我在心里想，这里面肯定有问题。

突然，我眼前闪过一丝黑色的团状物。

这一丝团状物是从脚下溜过去的，而且那团状物好像离我们很远又很近。

我赶紧打开手电，手电光顺着那个冰面一直照向冰的最深处，在那个巨大的黑暗里，我使劲儿睁大眼睛看，隐隐约约地我看到一条铁链，一条黑森森的铁链，在一片巨大的悬崖上……

猛然，我被一双大手抓了出去，我回头一看原来是马辉。

马辉冲我笑了笑说："在这愣着干什么呢，赶紧走吧！"

我僵硬的脸，这才恢复了一丝笑容，就在那一瞬间，我似乎明白，在这巨大的冰面以下，应该存在着另外一个世界，那个世界将是我们此行的目的地。而这些楼兰人的死亡，则是为了他们对这个世界不为人知的崇拜吧。

胡院士在那边喊我们："快点，来看看这里！"

我赶紧跑过去，脚步声在冰面上引发一连串的冰爆声，咚咚的异常惨烈。

我来到胡院士身边，眼前的一切又再次让我无言以对，甚至说是词穷吧，因为眼前的这一切我连说都不敢说，连形容都不敢形容。

我真的觉得，我们好像来到了一个死亡、冰冷的国度。这里都充斥着美好，然而美好之后，却是让人无法遗忘的死亡。

　　眼前的这一片美景，真的是我今生见过最为漂亮的景色。

　　因为一座玉山出现在我们眼前，白色的、黑色的、绿色的、红色的玉石，一堆堆地堆在眼前。

　　"这，这难道就是传说中的楼兰玉山！"胡院士说。

　　"死人、冰窟、玉山，消失的城市，这一切的一切都在诉说这座城市被诅咒的可能性，我看我们真的走进了一个今生都无法遗忘的国度了。"李卫平说。

　　是啊！眼前的玉山真是太巨大了，它在光亮下，显示出无比灿烂的美，像一个无法苏醒的梦。

　　我看着眼前的玉山说："胡院士，这就是楼兰人的财富啊！"

　　"财富与死亡并存，这真的是莫大的讽刺！有财富又有何用，人和城都消失了。"胡院士说。

　　"他们以一种死亡，换来另外一种活！"李卫平说。

第十六章
Chapter 16

洞中冰尸

1

"什么叫'他们以一种死亡，换来另外一种活'？"我问。

李卫平淡淡地说："我也不知道，但是觉得这种死亡方式绝对是非正常的，如果不是非正常的死亡，那你说他们为什么要这样做呢？"

我眼前仿佛出现了这巨大的冰窟融化的一幕，那些流水带走了尸体，带走了一大堆一大堆的玉石，这一切都是为了什么呢？

此时我回过头来，那冰窟层依旧是一片凝固的模样，冰川表面恢复了平滑如镜的状态。

"我也不知道。"我说。

"这一切估计都会成一个谜吧，我们也别想得太多了，这地方也不是我们能够想明白的。"胡院士说。

"但是我有一个疑问，在我们老家那地方，很多地方建佛塔是为了镇压一些不干净的东西，如果正如胡院士你所说，咱们现在所处的位置是在这楼兰国一座佛寺的大殿下，那么，这里会不会也有不干净的东西呢？"梁子很认真地问。

"这我看有可能。"马辉说，"你不觉得这地方阴森森的嘛，如果没什么东西，谁愿意在这里待着啊！"

"哼，你们这两个小伙子，不想点正事，天天脑子里都想着这些事情。"胡院士严厉地说，"这地方哪有不干净啊，除了这些死人以外，我看倒也挺好。谁能知道楼兰人当初建设这地方的原因啊！？"

李卫平反问："胡院士，这地方应该比楼兰的历史还要早吧。"

"行了，别讨论这些了。我们又不是专业的考古队，胡院士也不是专业的考古专家，咱们来这里有别的事情要做，不是来搞这个的。"我说。

对于我们这些大老粗来说，进来看看热闹还成，非要在这里找出个所以然，估计很难。

哪怕是胡院士，他也说过自己只是对这些历史有些兴趣，并不是他的研究方向。

胡院士笑了笑说："咱们还是往前再走走吧，这地方这么多尸体冻在脚下，我觉得还挺害怕的。"

"就是的！"马辉说，"这地方什么东西都不能动。你看这些玉石，不也是冻在了一起，让人想动都动不了。"

看着这座玉石山，我们也只能望玉兴叹，谁也没办法。这地方的东西还是不动为妙，我们也不是盗墓贼，来这里就是图个心安理得。

说起这座玉石山，那也不是一般的大。

我走近那玉石山这才看清楚，原来这山是在角落里不断地堆积起来的，有个二十来米高，八九米宽的样子，如果把这些拿出去卖掉，绝对够我几辈子花了。玉石山被堆积起来之后，也不知道通过什么办法，将其冻在了一起，远远看去，冰的颜色、玉石的颜色，分外美丽。

好看虽然是好看，但是眼前的这一切都不是属于我们的，如果我们有太多的贪婪，这地方说不定就要将我们埋葬了。

我一直在心里觉得，这地方的东西不能乱动，要不然真的会出问题。

沿着眼前没有路的冰面继续往前走，谁知道这里会出现什么东西。这些我已经管不了了，周身越来越冷，我觉得自己这次出去肯定要感冒，身上的血管都快冻住了。

嘴里呼出的白气，像一阵阵悠远的秘密。

这时冰面的两旁开始出现各种冰雕的塑像。这些塑像雕刻精致得很，有飞翔的鸟，有人水的兽类，栩栩如生，让人不禁多看几眼。

鸟是翱翔在天的鸟，然而那天却是白色的冰所做的，兽自由奔走的大地也是一派冰的世界。

"看来以前楼兰人的生活无忧无虑啊！"梁子说。

没有人回话，所有人的眼睛都在观察不同的冰雕，谁也说不清楚眼前的这一切是如何保存的。

或许是因为一直维持这样的温度才造成的吧。

"快来看这里！"李卫平在前面喊。

我们走到他跟前，而眼前的一切再次让我们咋舌。

眼前是一条真正人为切割出来的冰的隧道，隧道两边是穿着银色盔甲的冰人，看不到头，也望不到边。

我倒吸了一口冷气说："他奶奶的，这地方越走越觉得里面的问题好多，让人禁不住往走下去，我倒是想看看这里面还有什么东西。"

"和平，你就知足吧！幸亏这里面气候寒冷，一般动物在这里面早就冻成冰雕了，这样我们还好受些。如果换成那些蚂蚁啊、巨蜥啊，打死我都不下来。"梁子说。

"行了，兄弟们，这么多人给咱们把关，咱们还怕什么啊！"马辉说。

我心想，一个小小的楼兰国都存在着这么一个可怕的世界，那么我们要去的沙姆巴拉洞穴、罗布鬼耳里面到底有什么呢？那里会不会也是一片冰冷的世界呢？

李卫平和梁子在前，胡院士一人在中间，我和马辉在后面，就这样沿着那条冰道走了进去。

走进才看清楚，这两边哪里是冰雕啊，这冰里面是实实在在的人啊。

那些人闭着眼睛，一脸祥和，严肃的脸颊上，能够看出生前是接受过严格训练的士兵。

盔甲在冰里面得到了完美的保存，在火光下显得熠熠生辉，让人忍不住要摸一下。然而摸上去，那冰面冰冷异常。

265

"这些人好奇怪啊！"李卫平说，"他们好像是睡着了。"

"睡着了？"我问。

"死了，当然可以说是睡着了啊！"马辉说，"他二舅姥爷的，别吓唬我啊！"

"你们看，这些兵士有些居然还有胡子，有些没有！你们看那些胡子，是后天长出来的。"

我顺着李卫平所指的地方看去，果然，这个人原本被冰雪覆盖的躯体表面，居然因为胡子而显露出一些冰碴子。

这是胡子生长的痕迹啊！

我们都是男人，都知道胡子的生长很快，有时候一晚上就能长到很长，看来这些人也是如此！

可是不对啊，这些人应该是死了啊，死人的胡子怎么会生长呢？

除非有一种可能，我在心里狠狠地咽下一口口水，然后说："难道这些人并没有死！？"

"这就是我说睡着的原因了！"李卫平说，然后将我的手轻轻地盖到那冰人心脏所在的位置。

我感觉到，在那厚厚的冰层下面，居然有种轻微的搏动！

天哪！这些人他妈的是活着的，这下子可有好戏看了。这些人是真正的活死人，只是那种心跳缓慢得很，相当于现在人的二十分之一。

马辉也摸了一下大喊一声："操！他二舅姥爷，这些人真的是活着的。"

胡院士轻轻地说："小声点，千万别再动了。"

"这到底是怎么回事？"我看着胡院士问。

2

胡院士看着我们也是一脸的茫然，这一切对他来说，也充满了很多的未知。我们来到了一个并不熟悉的地方，陌生、神秘的环境，我们成了一群无头苍蝇。

"这些人到底是生是死，现在还无法确定！但是现在确实有研究证明，冰冻人，可以保证他们以一种新陈代谢最为缓慢的方式存活，或许这里也是如此吧。"胡院士赶紧说。

"难道这些楼兰人的知识比我们的都要先进？"马辉问。

李卫平在一边插话："这倒不是，并不能以这个来讨论某个文明的先进性。我们现在对大自然的了解，甚至还不如古人，这就是我们的可悲之处。"

"既然这里的事情都这么诡异，那么更里面的东西不知道会是什么样的，我们应该进到里面去看看。"梁子说。

这也是我在想的问题。

如果这里都是如此，那么在深处会不会有更多的秘密呢？

我们也管不了那么多了，只能继续往前走，还好这里的路除了冷些以外，并不显得那么诡异。

路都是直直地通向前方，并没有拐弯抹角的地方。

眼前的世界让我们几个人心中不免多了一丝担心和期待，或许这里面真的有什么东西能够让我们心头一颤。

果然，那东西出现在我们眼前了。

一只巨大的耳朵。

确切地说，是一个巨大的耳朵做成的门出现在了我们的眼前。看着眼前的这个耳朵，我心中觉得有些不可思议。

难道这里还隐藏着什么东西吗？难道这里和传说中的罗布鬼耳有联系吗？我在心里想。

胡院士看着那个容得下一架飞机的巨大耳朵说："看来我们是来对了，这里果然和我们要去的地方有联系。"

"现在下结论还太早了。"李卫平说。

然而胡院士却变了一个脸色，显得异常兴奋和虔诚，好像在那苍老的身体里，突然多了一台发动机。

胡院士摸了摸那个耳朵说："凉凉的，并不是之前那么寒冷了。"

我也试着摸了摸，果然，冰面确实不是我们之前所感受到的那种冷，而是有种透入心扉的温暖。

"这很奇怪啊！"我说，"这地方明明和之前接触的一模一样，并没有什么变化。可是，这冰冷却消失了一些。"

"奇怪就在这里了。想不通啊！"梁子说。

胡院士兴奋地说："想不通那咱们就进去看看，说不定有帮助也不一定。"

"这地方怪里怪气的，咱们还真的要进去啊？"梁子说。

"靠！往日，都是你说我胆小怕事，今儿轮到你了啊，我看这地方挺好，景色不错，值得进去转转，说不定能弄点值钱的家伙，等我退役了也能过个好日子。"马辉说。

我看着马辉，笑了笑，心想这家伙又来了。

"梁子，你看好他！"我说。

胡院士眼巴巴地看着我和我背后的那三个人，心里估计都已经焦急了。都走到这里了，如果不进去也是一个遗憾，我也特别想进去看看这里面到底有什么东西，到底是什么东西让这里笼罩着一层神秘的面纱。

我对胡院士和其他三个人说："咱们还是进去看看吧，要不然这辈子会遗憾的，里面的东西，说不定我们到死也不会再看见。"

"呸呸！赶紧呸呸几下，新疆地邪，别乱说，我们长命百岁，万寿无疆！"马辉说，"他二舅姥姥的，这地方，我觉得漂亮是挺漂亮的，关键问题是这地方真的有股子邪气，别到时候来个鬼啊，妖怪啊什么的！"

"别胡说了，赶紧走吧！"李卫平说，"有那些东西，你还用走到这里啊，早该将你收拾了！"

我是从来不相信这些鬼怪之说的，但是大自然无奇不有，很多东西我们也还猜不透。况且，这个世界并不是我们想象的那样，比如这次所经历的很多事情，这还只是一个开始。

胡院士这次率先走进那个冰耳朵里面，我一踏进冰耳朵，觉得身体有种奇怪的声音传来，就像是通话当中的杂音，但是那声音是从我身体内，确切地说是从我胸腔里发出来的。

"奇了怪啦！"我心想，我也没带什么电子设备啊！这声音刺啦刺啦地从我胸口传出来，怪吓人的。

我抬头看着马辉、梁子、李卫平，他们似乎什么都没有听见，我心想这还真是撞了邪了！邪门的事情难道都让我遇到了不成？心一横，去他大爷的，该死就死吧！这事情我也管不着了，那身子里面的东西，咱也没办法找到它啊！

我就这样下了决心，不去听，不去管。还真是的，这声音就这样消失在了我的脑海里。

这下子我算是放心了，我觉得应该是被冻得太久的缘故，说不定是身体里某根肋骨给冻断了也不一定。

再说从这冰耳朵里面进来，两边的冰比之前看到的还要清澈干净。而在这明亮的圆形的洞穴里，最为让我不解的是两边居然各有一条人大腿粗的铁链子。

这铁链子，一环扣一环，周身铁黑异常。我们找了半天也没有找到它的源头。它在两边，就像人体的两根血管一样，只是这血管太黑了，黑得异常，在这样无色的冰世界里，显得那样突兀，就好像是悬空着的。

"这链子奇怪啊！"马辉说。

"怪这个字，你已经用了很多很多遍了，能不能换换！"梁子在边上打趣道。

"他二舅姥姥的，我自小读书不多，能用的字眼就这几个，你爱听不听。"马辉说，"哼，说实话，这链子真的是在这里做什么的啊？好像一直往前走了，也不知道通向哪里。"

"通向它该通向的地方。"李卫平说。

"我知道通向它该通向的地方，这不是废话嘛，我是想问，它到底要用来做什么？"马辉说。

李卫平在一边青着脸，也不知道是因为寒冷，还是有些生气地说："看来这链子连着一个巨大的秘密！"

"巨大的秘密？"我问。

"能用得起这么大链子拴着的东西，我想肯定不一般，你们说呢？"李卫平看向胡院士。

胡院士点点头说："这跟链子如此粗细，看来定然不是一般的东西。"

"那咋办？"马辉问。

"走，接着往前走，看来这里面还有其他的好东西。"胡院士在说"好东西"这三个字时，明显有些颤抖。

我心里觉得这地方确实越来越比我们想象中的复杂多了，虽然这里到现在还没有发现什么对我们性命有伤害的东西，但是每走一步，我都觉得好像在往一个陷阱的深处走去，那里阴森寒冷，充满了未知的恐惧。

"和平，别在那愣着了！"梁子喊道，"快点啊！你掉队了可不好！"

我跟上去笑了笑说："我这是在观察敌情，你们这些家伙光知道走路，也不看清楚周围都是什么情况，就这样盲目地往前走！"

马辉转身说："这他奶奶的不就是一个冰窟窿嘛，还能有什么敌情，别在那哄我们啊，还以为自己老资格呢。"

"嗨，这小子，自从下到这洞里，好像变了人了啊！开始不服从管理了，梁子等会儿找时间把丫给我收拾一顿，看他丫的还听不听话。"我说。

"我早想揍他了，只等你一句话，你说吧，什么时候都成，我给你弄死他都成，这地方还能保存住他的尸体，哈哈哈！"

"行，你们俩狠！我认栽了还不成吗？"马辉笑着说。

我一看马辉这怂样子马上笑道："识时务者为俊杰，我就喜欢马辉你小子这造型，如果放以前，说不定就是一个特务啊！"

"他二舅奶奶的，你打听打听，哥们也是根正苗红，标准的革命后代，千万不要侮辱我啊！"马辉说。

"行了，你们别扯了，赶紧往前走吧！"梁子笑着说，"再他妈的不走，估计要在这地方冻死了。"

梁子不说还好，听他一说，我顿时觉得身子冷了半截，还真是冷得不行。脚上的陆战靴，之前在沙漠里恨不得能仍得远远地，现在巴不得那陆战靴能够再厚上二层。

"好了，也该动动了，要不然真的要在这里成雕塑了。"

我们顺着冰耳朵继续往前走，这是一条笔直的道路，上下左右都是冰，透明的冰，可以看见那两条犹如血管一般的黑色铁链，此刻坚固地在那冰中稳稳地扎着。

我顺着那铁链看去，居然看到了奇怪的一幕，这铁链的位置好像移动过。为什么我这么肯定呢？因为那铁链的跟前居然有一条滑动的痕迹，不是别的划痕，而是铁链因为外力的原因被硬生生地拉离了原本的位置而留下了一个空缺。

周围温度保持着一个恒温，又没有水弥补上之前的空缺，而这个空缺在手电光和火把的照耀下越发明显。

"这是怎么了！？"马辉问。

李卫平看着那一条被拉出来的痕迹，皱着眉头说："看来这里面一定有什么东西拉动了那铁链！"

"什么东西能有这么大的力量来拉动它啊？"马辉问。

"我不知道！"

"看来这地方一定有什么东西拉了这铁链，肯定的！"胡院士也说。

连我这样粗心大意的人都看出来了，可见这铁链被拉离了多长的距离。那么这个东西的力量将会有多大呢？

"大家小心点吧，这地方不对劲儿啊！"李卫平说。

我现在对李卫平所说的危险，保持着极大的兴趣。他说的应该是百分之百的，可是周围平静异常，到没有什么让人觉得不对劲儿的地方。

"怎么了？"马辉说，"吓唬人啊？"

"不是！"李卫平说得很坚决。

"那到底是怎么了！"马辉问。

"我心头涌起一丝不祥的预感，我觉得我们会触动什么机关，这地方可能不是我们想象得那么简单啊！"

"你的意思我没明白。"梁子说。

"哼，这地方静得可怕。如果真的是楼兰人的坟墓的话，他们不会如此让自己的同胞这样死亡的，况且你们看咱们刚才经过的那个地方，人没有受到任何外伤，而死亡的人多半以年轻女孩子为主，你们不觉得奇怪吗？"李卫平一口气说了很多话。

我心中也觉得奇怪，如果这是坟墓的话，断不会拿这么多人来做铺垫吧，除非这个国王是一个暴君。

　　"会不会是当初建这个坟墓时工匠啊什么的，害怕他们将这地方说出去，所以就这样灭口了。"梁子说。

　　胡院士转身说："不可能，这些人衣着亮丽，神态自若，不可能是殉葬的，看来这里面另有隐情啊！只是我们看不透而已。"

　　"不只是这些。你们看这条铁链，我看到这个铁链的时候就觉得这东西不对劲儿，太邪乎了，在这样的地方哪需要如此一根铁链，本就没活人，用它来做什么？"李卫平分析说。

　　"吊东西？"马辉问。

　　我心想吊东西是不可能的，这里面会有什么东西值得吊着呢？

　　我说："有一个解释，这地方的铁链子是不是某个机关呢？"

　　"有可能！"李卫平说，"可是什么样的机关需要这样的两条铁链呢？更何况这地方死了那么多人，而且都是活生生的人，我看完全是活着的时候被弄死的，被冰封在这些冰里面。"

　　"还有那些卫士，为什么好像是活着的？"马辉说，"他奶奶的，这么一想，我咋觉得这地方都是活着的啊，如果这地方不活着，那么这些人肯定早死了，这里面一定有什么巨大的联系！"

3

　　"行了，一帮子门外汉，别在这扯犊子了，他二舅姥爷的都不懂，尽在这瞎猜，能猜出什么吗？"马辉说，"还不是一个个的在这往死里吓自己，你们以为这样就能吓住哥们我啊，我告诉你们，豁出去了，往前走，哪怕是走到天涯海角，也要找到这地方的源头，我就不信了，这地方还邪乎了。"

"哼，就是！豁出去了，走！哪怕是刀山火海，阎王殿咱们也要进去看个清楚，还怕这些狗日的了？"梁子也说。

"呵呵，大家伙还真是不怕死啊！"我说，"胡院士，你看咱们是不是往前走？"我觉得这个时候最有发言权的其实是胡院士，他是我们这里面学识最高的人，李卫平也只是一个大老粗，凭着身上那点特异功能，我看也不怎么样，况且他发功一次，要休息好长时间。

胡院士看了看远处，在那些黑暗的地方，手电所能触及的地方，冰反射着光线，胡院士看了半天说："我觉得我们还是往前走走，说不定前面有更重要的东西，我总觉得这地方不是那么简单，辛苦半天了，咱们不能白来。"

李卫平冷冷地笑了一下说："我提醒过你们了，如果你们真的还要往前走的话，那我也买办法，只能跟着你们。谁让我们是一个集体呢。"

马辉笑着跑过去，推了一把李卫平。

李卫平也笑了。

此刻这冰冷的耳朵里，似乎多了一丝温暖。这就是战友，这就是真真实实的战友情。

路还是冰路，寒冷却比之前好受多了。

我们沿着冰路继续往前走，两边的冰卫士依旧整齐地排列着，铁链子还是在冰里面透着一股子阴森。

这条路漫长而无聊，然而我心里有种隐约的感觉，要进入核心的地方了，因为越往里走，这地方越给人一种威严。

"这地方越走人越心凉！谁知道这是什么地方啊！？"马辉突然说。

"要说话你吭个声啊，妈的，突然冒出来一句话，你这是要吓死我啊！"梁子说。其实哪里是梁子被吓了一跳啊，自从李卫平说了之前的那些话之后，虽然每个人嘴上都说别担心，其实心里都捏着把汗。这也不怪这帮子人，都是经过训练的，能够捕捉到危险的气息。

周围空气里确实有一股子让人感觉不到的异样的气息，这就是我的感受，虽然那种气息只是人的一种感受，然而，这些都是我们用生命和鲜血换来的。直觉！这个时候唯有直觉，能让人保持清醒。

"往前走，前方好像有动静！"马辉说。

马辉的声音刚落，我就听见前面传来窸窸窣窣的声音，好像是什么东西在磨牙一般，然而让人奇怪的是看不见到底是什么东西。

"什么东西在动！"梁子说。

"在这里肯定不是什么好东西。"马辉说。

"别出声。"胡院士道。

"往前走！"李卫平说，"咱们关掉手电筒，千万别弄出声音。"

虽然简短的对话并不能透露什么讯息，但是我心里依然对眼前的这个声音产生了疑问，人在如此寒冷的地方生活肯定困难，那么前方会有什么东西呢？

"就在前面，声音越来越大了！"马辉说。

"听我说，等会儿我喊开灯，所有人将手电筒打开，对着目标直接开火就成了，其他的事情别管，不给它还击的机会。"我说。

周围黑暗无比，但是我们能感受到眼前道路的讯息。

那声音越来越大，这时候传到耳朵里的是一种尖锐物不断啃食冰块的声音，擦擦擦！

我感觉那东西就在十几米远的地方，而且能够切身地感受到一开灯，它绝对就我们眼前。

我觉得手已经和枪冻在了一起，必须立刻活动活动。

"开！"我大喊一声。

随即五道亮光照耀前方，一道黑影率先出现在我的眼前，我果断地开枪，枪声在狭小的空间里，带来巨大的声响，我只觉得眼前突然冒出来一串冰花，然而那道黑影却消失得无影无踪。

"停止射击！"我说。

枪声戛然停止，眼前一派空旷，什么都没有了。留下的只是一个黑乎乎的不知道是什么东西的圆球，扔在我们眼前十几米处。

我举枪在前，快步走到那个黑球跟前，其他人做掩护。

我走到跟前用脚踢了一下那个黑球，那个黑球滚动了一下，让我看清楚了它本来的面目。

一颗人头。

没错，是一颗好像很鲜活的人头，两眼紧闭，鼻子高挺，一头金黄色的头发此刻还夹杂着一些冰块。

我抬头一看，眼前的那一幕，差点让我将手中的枪丢掉。

头顶出现一排如此模样的人头，这里是一座人头工厂，正在不断地制作相同的人头。

然而，我知道那些绝对不是，那些人头跟这颗人头一样，都是在这里被冷冻的。

我细细看了一下，这些人头大小一致，但是从外观上可以判断出，属于不同的人。有些像我们，有些像现在的欧洲人，有些像蒙古人。

这些人头都是做什么的呢？我在心里想，环视一周，眼前出现的应该是一座大厅，呈现圆形。

我找了半天，却没有找到那个黑影，看来那家伙逃走了。

我回头对他们说："安全，过来吧！"

我已经想到，这帮子家伙看到这个地方，心里该是什么感觉。

"那东西跑掉了？"梁子问。

我看着梁子盯着那个人头接着说："这哪里来的人头啊，吓死我了。"

"你们自己看看就知道了。"

我将手电筒轻轻抬起，眼前的一面较近的墙上出现了数不清的黑压压的一片人头，这些人头紧闭着双眼，好像在冥思一般。

"天哪，这从哪里找来这么多人头啊！"梁子说。

李卫平边看边说："这还只是一部分，我猜周围应该还有更多的。"

这时候我回头看到我们刚才所走的那条路，已经在这里成了尽头，而这里很显然是一个大厅一样的地方。

我们将剩下的火把点燃，周围一下子亮堂多了。火把永远无法用手电代替，手电只是一束光，而火把则不然。

"咱们还是注意安全，那东西应该就在这附近。"我说。

这时我才看到，原来在头顶一个角落，有一个不大的洞，看来那东西是从这洞里钻了出去。

虽然只是一个淡淡的黑影，但是我猜想那东西有可能是某种动物，是什么动物，现在根本无法下判断。

至于刚才看到的那颗人头，我也找到了位置。

人头来自一面冰墙上，是被刚才那个黑影给掏出来的。在那些冰碴口，我看到某种尖锐物对冰面造成的伤害。

"看来这家伙的爪子很厉害啊！"李卫平在我背后说。

"是个硬茬子！如果这爪子抓在我们身上的话，估计会一下子掏出心来。"我说。

李卫平淡淡地一笑说："那爪子就是专门为掏心准备的。"

我看着那颗人头，脸的一面已经被啃食了一大片。白色的脸颊骨露在了外面，虽然看起来那脸色与常人无异，虽然经过很长时间，依然很新鲜。但是脸颊上却没有血液。

"这应该是囚犯或者被抓的人。"胡院士在旁边给梁子说。

我们也凑过去听胡院士在那边说。

胡院士说："这些人外形上属于不同种族，很奇怪啊！这些人应该不是一次被屠杀的，可是他们的身子呢？"

我们都摇摇头，这东西我们能找到头已经不容易了，还要找身子啊！况且这地方我们也是头一次来啊，又不是非要找到什么东西才成，这又不是我们的终极目标。

我对胡院士说："胡院士，咱们来这地方也就是看看，你非要闹出个什么动静来，我看估计很难啊！这一帮子人都是大老粗，啥事都不懂，你让他们咋弄？"

胡院士点点头说："这也难为你们了，这地方本就不在咱们之前所设想的工作范围之内，好了，不开玩笑了。"

第十七章
Chapter 17

楼兰彩棺

1

胡院士说完，然后转身看了一圈这个大厅说："你们不觉得这个大厅有些奇怪吗？"

"奇怪？"我问。

"是啊！"胡院士说，"咱们的光线太暗了，根本看不透这个大厅，我觉得这大厅应该很大！"

马辉试着用手电光照了照，果然手电光也照不到这个大厅的尽头，看来这地方果然是非常大。

马辉说："哼，还没老子看不到的地方呢。我走走看看！"

他说着拉上梁子拿上火把就往更黑的地方走去，火把的光和手电的光在黑暗中慢慢变小，然后变得淡淡的。

"啊！"马辉喊了一声，"这地方有个棺材啊！"

我听到马辉这一声喊叫，心里一咯噔，以为真出什么事情了呢。听到他喊棺材，我这在安下心来。

有棺材是好事啊，说明这地方的主人找到了。

远处马辉的点点灯光还算能够看清楚，我们三个人快步走去，大约四五百米的样子，走得我们是浑身一热，原本的寒意早已荡然无存。

走到马辉跟前，借着灯光，棺材出现在我们眼前。

这哪里是一口棺材啊，简直是一件精美的艺术品，艳丽的颜色，周身分明的花纹让人忍不住想上去摸一把。

"这难道就是楼兰彩棺吗？"胡院士说。

"楼兰彩棺？"我问。

"没错！"胡院士说。

"难道这东西以前出现过？"

胡院士长叹一口气说："说来话长了，这东西确实在之前出现过，可是它消失了啊！"

"消失了？"我问，"为什么会消失啊？"

"这个事情要讲就比较远了。"胡院士说。

"嗨，胡院士您老都走到这份上了，还不给我们讲讲？"马辉说。

"好！我就给你们简单讲讲。"胡院士说。

原来在几年前，曾经有一行人在未征得相关部门同意的情况下，一行人到楼兰进行考古考察，这次考察在进去之前就被要求不许带走楼兰古城里的任何东西，也不许破坏任何东西，然而就是这次简单的考察却发现了让人震惊的楼兰彩棺。

当这口彩棺被发现时，正放在一条干枯的小河道里，安安稳稳的就那样放在大太阳底下。

经过考察，发现残棺仅剩85厘米长、50厘米宽，棺帮厚约2厘米，估计此棺原长3—4米，其余部分已断朽在地下。当时他们怎么也没想到，眼前这个极"普通"的残棺，竟是出自汉晋的稀世国宝——楼兰彩棺！

他们从现存部分看到，这一独木棺的胡杨木质仍很结实，外部构造精致，表面平整，内凹部分打磨得十分光滑细腻，底部的紫色油漆花纹仍十分明显。残棺上下均有竖道花纹，为方头如意纹及雀彩玄武纹。它是一罕见的沙漠彩棺。对楼兰历史有一定了解的张体先，马上意识到此棺的历史价值不同寻常。但考虑到考察队在进入楼兰遗址前就制定了铁的纪律——不准带走任何文物，所以，考察队决定到宿营地请示领导后再作决定，于是就把彩棺放在了原地。据张先生事后回忆，当时共有两辆车，有七个人看到过彩棺。

"当时在河道里？"马辉问。

"没错，是在河道里。"

梁子着急地问："可是眼下它却在这里，这是怎么回事啊！"

"不要着急，让胡院士把话说完。"李卫平说。

胡院士说："当时这口棺材被发现时，依旧保持着它光鲜亮丽的模样，让人想去动它。由于这是一支业余的考古队，并没有携带什么大型设备和考古工具，当时将这口棺材的位置记录了下来，然后所有人赶了回来，带好设备来到当时棺材的发现地时，已经是空空如也，不见了那口棺材！"

"消失了？"我问。

"没错，是消失了！而且消失得无影无踪，什么东西都没有留下！"胡院士说。

"没有留下任何东西？"梁子问。

"并不是没有留下任何东西，如果非要说是什么东西的话，我现在才能想到那是铁链子在地上刷下的痕迹，只是淡淡的痕迹而已。"胡院士说。

"铁链子。"马辉说。

我们都转头看了看背后那已经被笼罩在黑暗中的铁链子，难道会是这条链子留下的痕迹吗？

"后来怎么样了？"梁子问。

"后来相关部门下大力气说要找到那口楼兰彩棺，因为那绝对是国宝级文物，可是经过长时间寻找，也没有在这大漠之中找到楼兰彩棺的影子。没想到，现在居然让咱们看到了。"

此刻看那楼兰彩棺，通体以黄、橘红、褐、绿等色彩彩绘，绘有铜钱、花卉纹样，并以斜线分格，整个彩棺图案，虽经近两千年的岁月，仍如新的一般。彩棺两端绘有东方文明中代表日、月的"朱雀""玄武"。彩棺以具有古罗马艺术风格的绒毛毯覆盖，毯上的狮子形象夸张，色彩艳丽。极具考古价值的是，这具彩棺集中了东西方两大文明因素。

这口棺材上下均有竖道花纹，图为方头如意纹及雀彩玄武纹。在底部，中间出现了一行十一个字母的文字，经辨认为佉卢文字母。佉卢文是古代印度人使用的一种古文字。我国古代的大月氏人在中亚印度、阿富汗、巴基斯坦、伊朗等地建立帝国后，由公元1世纪左右曾将佉卢文和犍陀罗语推广到东方各地，而后成了丝绸之路的交通用语和交际文字。

佉卢文最早起源于古代犍陀罗，是公元前3世纪印度孔雀王朝的阿育王时期的文字，全称"佉卢虱底文"，最早在印度西北部和今巴基斯坦一带使用，公元1-2世纪时在中亚地区广泛传播。公元4世纪中叶随着贵霜王朝的灭亡，佉卢文也随之消失了。18世纪末佉卢文早已经成了一种无人可识的死文字，直至1837年才被英国学者普林谢普探明了佉卢文的奥秘。但是问题在于公元3世纪时，佉卢文在产生它的印度消失了，怎么突然又在异国他乡流行了起来？这着实让历史学家们摸不着头脑。

所有这些曾经在丝绸之路上繁荣过、喧闹过、骄傲过、闪烁过迷人色彩的西域古城，如今，连同它们创造的绚丽文化，权力与财富、光荣与梦想，已统统被无情的流沙抹掉，竟然无一幸免！

沙漠是冷酷无情的。然而，人们在感叹之余，恰恰忽视了，冷酷无情的现代沙漠的制造者，正是人类自己。

"那现在这口棺材咋办，我们不可能带着它走吧？"马辉问。

"带着它走？哼，那也要看你有没有本事带它走啊！"李卫平说。

听着李卫平的话，我心中不免产生了一丝寒颤，难道这地方要出什么事不成？然而我四周看了看却并没有显示什么预兆啊。

可我的心却跳得扑通扑通的，越来越快。自从进到这个罗布鬼耳的计划当中，我总觉得自己的身体有种莫名其妙的变化，或许正如李卫平所说，我身上真的有种特殊的能力，现在它开始逐渐显现了。

"你以为这地方就是咱们随随便便进来，然后能随随便便带走东西的地方吗？"李卫平说，"你也不看看这周围都是什么，都是死人！"

"没错，是死人啊，那怎么了？这口棺材还真是碰不得了？"马辉说。

马辉这家伙边说，一边已经伸手往那棺材上动了。

这手离那棺材有十来厘米的时候，我们突然感觉到一股强大的力量似乎在推动着这巨大的大厅，一阵颤抖，然后就听见在巨大的冰面里面传来阵阵巨响。

"那是什么声音？"马辉紧张地问。

"铁链子的声音！"李卫平说。

"那铁链子怎么会动啊？"我在心里问。

"那铁链子的力量不是我们能够猜测清楚的，我看我们还是赶紧离开吧，这地方要出问题了。"李卫平说。

"就这样离开岂不是有失我们的身份，不行，必须拿下这里！"马辉说。

"行了，别倔了！咱们赶紧走吧。"我说。

我觉得这地方确实有股神奇的力量，如果再在这里待下去的话，或许真的会出现什么不可预测的问题。

2

"我给你们说过，千万别乱动东西，你看现在知道了吧？"李卫平说。

"可是我没动到东西啊，这是最重要的，你们也看到了，我的手离那棺材还有好长距离呢，这是栽赃啊！"马辉说。

就在马辉这话说完的时候，周围一下子安静了下来，似乎这大厅里面有什么东西能够听到我们的说话，然后能够揣摩我们的意思。

周围一下子亮堂了起来，一面面的冰墙由黑暗变成了明亮，然后从一面变成了许多面，最后聚拢了起来。

我们所站的地方一下子就变成了水晶宫般的明亮，那种淡淡的光线在冰面上形成一层蓝色的美妙的光，看上去有一种非常自然的蓝色之惑。

"这是怎么了？"马辉问。

胡院士说："应该是某个机关被触动了，但是我们没有做什么啊！这到底是怎么回事呢？"

"哼，现在也管不了那么多了，该死就快点来吧，我们豁出去了。"梁子说。

"他奶奶的，你现在成英雄了啊！"马辉喊道。

"行了，别喊了，都什么时候了还有心情在这里开玩笑啊，咱们还是看看这到底是怎么回事吧。"我说。

我刚说完话就看到李卫平径直走到了那一面面发光的冰墙跟前，那些无身子的各色人头此刻好像在光里面一般，更显得恐怖异常。黑色的面容越发不清晰了，对我这样一个当兵的人来说，都觉得心里瘆得慌。

可是李卫平却不管不顾，径直走到这面墙壁前，他伸手摸了摸墙面然后发出一声："咦！"然后不断地在那些墙面上找来找去，我看着他的动作，觉得这李卫平应该是发现了什么，于是赶紧走到他跟前。

李卫平说："你快看，这些发光的东西好像是一种虫子啊！"

我顺着李卫平所指的地方看过去，原本被铁链子拉开的那些地方，此刻也不知道从哪里跑出来一种明晃晃的毛毛虫。

那毛毛虫周身明亮，身上白晃晃的绒毛也在发着光，我看着心里不免也有些发毛，这家伙到底是什么东西。

我抬头看到，原本那些之前在我们手电筒和火把照耀下显得轮廓明朗的人头，此刻却是那样诡异。

因为我看见那些毛毛虫不是从别的地方来的，而是从那些人头的耳朵里钻出来的。

"这些虫子是什么东西？"胡院士问。

"这些虫子你没见过吗？"我问。

胡院士思考了半天说："我这是第一次见到，说实在话，这肯定是一种新物种，到底是什么东西，我还说不上来。"

"别管它是什么东西了，这些东西刚才为什么没有，而这个时候出现了？"马辉嚷嚷道，"现在还在那里讨论这些没用的，我咋觉得这些虫子是要干些什么事情才离开啊？"

"要干什么？"梁子问。

"我哪能知道，反正我觉得有问题，你看这些虫子。"马辉说着，指向那些虫子爬动的痕迹。

这些虫子数以万计，根本不知道它们是什么时候出现的。那光如果我没记错的话，应该是瞬间出现的，不可能是非常缓慢地亮起来的。

"这里好像有什么东西在指挥这些虫子啊！"李卫平说，"我觉得这些虫子应该是早就在这里了，是我们的到来引发了它们。"

"什么叫引发了？"马辉说，"你说得够玄乎啊！"

李卫平并没有理会马辉，接着说："这里为什么要成为一个冰窟的原因就在这里了。因为冰窟对周围气温的变化非常敏感，如果这种虫子之前是沉睡在这些冰缝里面，然后我们进到这里面，呼吸、体液甚至每说一句话都有可能引发这里气温的变化，这些原本沉睡的虫子就从睡梦中被唤醒了。"

"你的意思是说，我们的到来引发了这里的虫子的变化？"我问。

"当然，完全有这种可能。"李卫平说。

就在我们说话的时候，那些虫子开始不断地往那些在这冰层下面也不知道冻了多长时间的人头里面钻了进去。

我看见那些虫子一个连着一个，慢慢地顺着那些早已失去血色的耳朵里钻了进去，紧接着眼前出现了更为神奇的一幕。

那些原本失去血色，在那巨大的冰墙上死气沉沉的头颅，突然之间好像中了魔咒一般，居然有了血色。

我看着那些头颅，甚至偶尔有一两个头的眼睛有种轻微的颤抖。看到其中眼睛的眼皮子颤抖的时候，我后背一凉，心中越发寒冷。这到底是怎么回事？难道，这些头要复活了吗？

不可能啊，这都人身分离，是绝对不可能再活的。然而，眼前的这一切又显得那么真实，那些头开始不断地颤抖，好像真的要从这些冰墙上跳出来一般。

"这些头是怎么了？"马辉问。

"他们开始动了啊！"梁子说着，拿出枪就是一阵扫射，那些头颅似乎是害怕这现代武器的声音，一下子又安静了。子弹打在冰墙上，有着近乎完美的曲线。那一颗颗子弹，如今已经埋入冰冷的冰墙。

"妈了个巴子的，这些畜生是要靠这些头转世投胎啊！"马辉大声嚷嚷着。

此刻，这冰大厅里，一派祥和，除了马辉刚才骂人的声音还在静静地回荡以外，倒也没有别的声音了。

那些头经过梁子用枪扫射，现在也静静地保持了原状。

也许就安静了那么一会儿，这一会儿却让我们无比紧张。仿佛一切都在这里停止了，可是我觉得不是那样的。

眼前的那些头，突然之间暴闪一阵光芒，紧接着，我就听见耳朵边传来巨大的爆炸声。

眼前出现如火山喷发般的一幕,那些头突然在巨大的外力作用下爆炸开来,强大的爆炸力将那些原本平整的冰墙炸开一个个缺口。

"我操!这是要作什么啊?"梁子喊道,"这比炸药还厉害啊,这些东西是怎么来的?"

"别问那些没用的了,看看到底会出什么事。"马辉说。

我们被这突如其来的爆炸声,一下子给惊醒了,由于靠冰墙太近,身上也溅上了也不知道是头中哪些部分的东西,其中还有些明晃晃的液体。

奇怪的是那些液体在人的衣服上,居然很快就着了火,而且那火不断地烧开了。

"妈啊!快赶紧,这些东西能点着人的衣服,赶紧收拾!"马辉喊。

我一个驴打滚,将身上的火苗子赶紧拍打完,还好进来的时候带了外套,现在虽然烧出来几个洞,但是没有伤及皮肤。

"离开这里,准备战斗!"我说。

3

这些东西到底是怎么出来的,那些虫子到底是怎么回事,就在我写这篇日记的时候,我依旧想不明白,然而最让我在意的是,我们原本发现的楼兰彩棺就在我们回头的时候,居然奇迹般地消失了。

"那个棺材不见了!"胡院士喊道。

"什么?"马辉转身,看到眼前大厅里放着的一口精致的棺材,就这样在如此通明的大厅里消失了。

"咱们是不是撞鬼了？"马辉问，"这棺材板怎么就这样消失不见了，难道刚才咱们看到的是幻觉吗？"

不可能，这真的太怪异了！原本就在我们眼前的楼兰彩棺，难道就这样消失了？它是什么时候消失的？是怎么样消失的？这一切的一切都让我诧异。

没有任何声音，没有任何痕迹，消失得无影无踪。

"怪了！真的怪了！"胡院士嘟囔着，"这么一个小小的棺材，居然能闹出这么奇怪的事情，我真的想不明白。"

"我就不信了，它刚才不是在那里吗？我真的就不信了，它还能莫名其妙地消失了？"梁子说着，扛上枪走到了原本放楼兰彩棺的地方。

梁子在原地找了半天，什么也没有找到，然后使劲跺了跺地，地上厚厚的冰层传来巨大的回声。

"不对劲啊！"李卫平说。

我也觉得不对劲，这地下怎么会有巨大的回声呢？我们几个人赶紧跑过去，梁子呆呆地站在原地，看着脚下。

他嘴巴张得很大，瞪大了双眼，给人的感觉是好像看到了什么从来没有看到的怪东西似的。

我们站在梁子身边，朝地下一看！

那厚厚的冰层下面，一颗烧着的火球正在慢慢地移动着，而那两根铁链子也随着那个火球不断地向下推移。

"那是什么东西？"马辉问。

"我也是刚刚才看见，好像很深很深！"梁子说。

我看到那个圆形物体，大小刚好和那个楼兰彩棺无异，只是此刻看来似乎有些变形而已。

"会不会是楼兰彩棺？"我大胆地说出自己的推测。

胡院士在旁说："有可能，可是咱们刚才并没有看到什么铁链子啊！还有它是怎么从这里消失的呢？"

李卫平蹲下身子，摸了摸脚下的冰面，然后嘴角上翘，露出一个阴冷的笑说："看来咱们又一次与楼兰彩棺避开了！这地方刚才融化了，然后那个楼兰彩棺就在爆炸声中掉到了冰层下面，就这样从我们眼前消失了！"

"可是，那是什么力量让这里的冰融化的，很显然这一点当下咱们都无法完成，真的很难想象啊！"胡院士说。

"呵呵！"李卫平笑了一下，接着说，"看到那一团火没，那就是证据，只是我现在还不知道那团火是怎么来的！"

"那这下面是什么？"我问。

李卫平很不屑地看了我一眼，轻描淡写地说："我们要去的地方！"

"你是说，罗布鬼耳？"胡院士说。

李卫平点点头，算是回应，自此也不再说话，反而是盯着远处已经坑坑洼洼的冰墙，此刻那些残存的头还在。

胡院士看着那个火球逐渐地变小，不断地摇着头呓语道："这到底是怎么回事？到底是怎么回事！难道不对吗？难道真的是地球的轴心吗？"

我们也摇了摇头，原本让大家叹为观止的一件艺术品就这样从眼前消失，而且消失得无影无踪。

"行了，咱们说不定还能见到它！"我也不知道自己怎么说出了这句话，但是我脑海里总觉得我们还会见到这口楼兰彩棺，因为我觉得它不可能就是一口棺材那么简单，仅此而已。

也许是刚才楼兰彩棺消失之谜，让大家陷入了深思，可是接下来传来了更为可怕的声音，我觉得自己的耳朵突然之间好像被什么东西的尖锐叫声给填满了。

我捂住耳朵一抬头，看到原本坑坑洼洼的冰墙面，此时也不知道从哪里发出一种奇怪的叫声。

那种叫声有点像一件极其沉重的钝器在不断地滑动冰面，我在心里想：这应该就是冰被切割后，发出的疼痛声吧。

那种喊叫，让我们不寒而栗，每次传来我都觉得自己的灵魂好像要被揪出去一般。李卫平脸色凝重，我看不见他到底在看什么，但是我完全明白，他此刻很痛苦！因为在这样寒冷的冰窟里面，一个人的额头上还能渗出汗水，绝对是正在经历某种痛苦的事情。

李卫平闭着眼睛说："不好，和平！这里面出事了，我们要赶紧走，我可支撑不了多久，这里面的东西我们都控制不了啊！"

"什么东西？"我问。

"一具具冰尸！"李卫平说。

我听到李卫平说这五个字时，强忍着内心的震撼，看来他的力量也是有限的。如果我们此时不走，说不定等会儿真的会出事。

然而就在我准备喊出"快跑"俩字的时候，我突然抬头，看到那原本平静的冰面，多了一些模糊的冰做成的人。

"看来完了！咱们要做好准备啊，找时间就撤，我试着顶顶。"李卫平说。

马辉看着眼前这些冰尸不断地往外面走，也是一惊说："奶奶的，这就是冰尸啊，干死它们！"

梁子一听马辉这话，端好枪，瞄准远处的墙壁，瞅准了就是一阵枪响。

那些冰尸本就是和冰墙合为一体的，此刻在马辉和梁子的枪声下，被打得四分五裂，冰块不断地四散而开。

"这样打不是办法！"我说，"梁子，你和马辉带着胡院士先走，我在这里断后！"

"这时候咋走啊，拼了！"马辉说。

"别逞强了！"我一枪打碎了一个冰尸刚从冰墙上露出的头，然后推了一把马辉喊道，"都什么时候，还在这里逞强啊，保护胡院士赶紧离开!"

马辉和梁子好像没听到我的话,依旧在不断地开枪打着对面的冰墙,眼看着那些巨大的冰尸整个身体就要从冰墙里面出来了。

我一急,跑上去,对着马辉和梁子就是一脚,然后喊道:"滚啊!快点给老子滚啊,保护胡院士离开!"

马辉看着我,脸色凝重,铁黑的脸颊上充满了红色的血,冷冷地喊道:"好!你们小心!"

马辉说着转身和梁子拉起胡院士往外面跑去,我一边开枪,一边看着他们两个人静静地从我眼前消失,心里一颗石头总算落了地。

我对着对面开了一枪,子弹穿过厚重的冰墙,打碎了一个冰尸的头。

我看着李卫平说:"他们走了,就剩下我们俩了。"

"好!"李卫平擦了擦汗说,"早走好,晚了不一定能从这里逃出去。"

我看着李卫平双眼紧闭,双拳紧握,额头的汗珠此刻如雨滴一般,掉在冰层上很快成了冰层的一部分。

那些冰尸浑身明晃晃的,看不见骨头,唯有人形。如果没有李卫平的话,它们早就从冰墙里面冲出来了。

李卫平轻轻地对我说:"看来你也看不到698办公室的人了!哈哈。"

"看到和看不到有什么联系吗?我本就不认识他们,我现在只认识你,知道你就成了!"我说。

"好!爽快啊,看来咱们没机会了。"李卫平说着,浑身一个颤抖,一口鲜血吐了出来。

鲜血在空中画出一条优美的红色曲线,然后溅到李卫平脚下,李卫平身子一震,瞬间就要倒下。

我赶紧跑上前去扶了一把问道:"怎么,不行了?"

"不行了,我已经耗尽力量了,看来挡不住这些家伙了。"李卫平说。

就在李卫平说完这句话的时候，我听见冰裂开的声音，然后看着周围逐渐有冰尸从冰墙里面破墙而出。

周围的冰墙在经历了巨大的爆炸之后，此刻又经历了这些冰尸的踩躏，已经没有了之前平整的景象。

先出来的冰尸被我用枪打碎了一大批，然后又有冰尸从里面出来，它们倒是不急着进攻，反而是半蹲在那里看着我们两个。

眼前的这些冰尸高约两米，浑身散发着白晃晃的光芒，它们的头发清晰地闪着耀眼的光芒，空洞的眼神根本看不清楚它们在看什么东西。

"这些家伙到底是怎么来的？"我问。

李卫平经过短暂的休息后，此刻已经能够站起来，但是脸色依然是煞白的，说道："这些冰尸应该是以前那些奴隶的灵魂，我猜想这冰墙背后肯定藏着那些无主头颅的尸体！"

"这么邪乎？"我问。

"呵呵！"李卫平笑了一下，然后使劲儿咳嗽了两声说，"如果我们能够活着，说不定还要经历比这更为恐怖的事情。"

"好吧！"我说。

第十八章

Chapter 18

阿提米西布
拉克

1

"别多想，死亡对我们来说，未必不是一件好事！这个世界比我们想象的要大得多，要丰富得多！"李卫平说。

是啊！正如李卫平所说，这个世界确实比我们想象的要丰富，也要凶险得多。我多少次经历过腥风血雨，但是从没像这次这么害怕，这么狼狈。

"我知道！豁出去了。"我说。

那些冰尸一直保持着半蹲的状态，我们不动，它们不动，好像要做我们的镜子似的。但是我知道，这些冰尸正在观察。

"来吧！"我喊道。

那些冰尸扭了扭头，看着我，仿佛是在问：你说什么，我听不懂。

就在我正在暗自庆幸的时候，那些冰尸突然开始行动了。它们虽然有着高大的身体，但行动却非常敏捷，一眨眼的工夫就来到了我俩身边。

我们背靠背，一人一支冲锋枪，这种国产冲锋枪的好处就是弹头大，穿透力强。一枪过去，一个冰尸的头就碎成了冰渣子。

很快那个冰尸就变成了一堆碎冰块。

"还不算那么难啊！"我说。

李卫平冷冷一笑说："别高兴太早，我这可没多少子弹了！"

我一听，赶紧看了一下自己的弹夹，我一下子急了！就剩一个弹夹了，这可不够用啊！

没办法，只好硬着头皮，一颗子弹消灭一个敌人了。

就在我正打在兴头上的时候，突然枪传来了我最为害怕的咔咔声，我心中一惊：妈的，没子弹了。

我顺手将枪对着一个冲上来的冰尸狠劲砸了下去，枪和冰尸的头应声变成了一堆碎渣。

我顺手从腰间拿出刺刀，看来现在只能开始兵刃战了。

背后的李卫平也是如此，不得不说，这家伙确实是一个能扛的主儿，他在如此虚弱的情况下还能御敌于身外，让我对他刮目相看。

冰尸的碎渣已经在我们脚下留下了一座小冰山，但是更多的冰尸继续往上涌来，我握着刺刀的手，微微有些发热，我知道那是紧张的缘故。

我看准目标，拿起刺刀就是一捅，然而那一捅我心里一下子就虚了，因为眼前的这冰尸的身体根本不是人力所能穿透的。

那冰尸看了一眼，似乎也知道那刀子穿不过去，转身将我一把抓起来扔了出去，我被狠狠地扔在冰地上。我站起身，这一扔似乎将我的内脏都给鼓捣乱了，喉咙一热，一口鲜血吐了出来。

这口鲜血吐出之后，我浑身传来了一阵疼痛感。

我根本顾不上管那些，看了一眼李卫平，他也被这些冰尸给扔了出去。

我看着李卫平被扔出去，狠狠地摔在了地上，然后就看着他的双腿使劲儿在地上蹬了蹬，紧接着就不动了。

我大喊一声："李卫平，你他妈的没事吧？"

我躲过一次冰尸的袭击，很快又有附近的其他冰尸向我袭来，我抬头一数，此刻在这冰地上居然有十来个冰尸在攻击我和李卫平，而李卫平悄然不动之后，那冰尸似乎放弃了对他的攻击。

我生怕李卫平出事了，忙喊："你大爷的啊李卫平，你不能给老子出事！"

紧接着我就听见一声："别在那鬼哭狼嚎的，老子还死不了。"

李卫平又悄然站了起来，对着我使劲挤出一点笑容，但是我知道他跟我一样，此刻浑身疼得要死。

我才歇息了一秒钟，背后突然一酸，一双有力而冰冷的大手一下子抓在了我的腰上，接着我就像被拎小鸡一样，腾空被拎了起来。

我双手在空中胡乱地抓来抓去，但是这些冰尸机械的动作根本不给我机会，我徒劳了半天，看着周围的光线不断地变化，慢慢的身子越来越高，然后停止不动。

我闭上眼睛，知道自己命不久矣。

然而，内心一股子强烈的气息，让我不断地呐喊：要活下去，要活下去！

我不知道从哪里来的力量，大喊了一声："要活下去！"

也许我根本不知道那一声的力道有多大，后来李卫平告诉我，那一声是他这一辈子所接触到的最大的声音，那声音带着强大的杀伤力。

而就在我这一声发出的时候，周围的冰尸突然之间不动了。

就在这时，我听见噼里啪啦的枪响声，然后那些冰尸应声倒下。

我又一次腾空掉到了地下，只是这次比之前要舒服些，属于自由落体。我从地上鼓足力气爬了起来，抬头一看，看到四个热情而又傻乎乎的脑袋：梁子、马辉、王小虎、易志军。

他们四个人，就那样惊讶地看着我们俩，一脸的不相信。马辉惊讶地问："他妈的，就开了几枪，这些家伙就碎了？我们战斗力有这么强吗？"

我看着四人喊道："快点扶我们俩出去，这地方不能待！"

马辉和梁子笑嘻嘻地跑到我们俩跟前，将我们俩扶起来，然后快步地离开了。转身走出那大厅的时候，我跟易志军说："炸了这吧，太邪乎了！"

易志军点点头，然后停下脚步，看着我们走远。

大约走出十来分钟的时候，我听到背后易志军跑了过来。紧接着听到了一声巨大的爆炸声，整个冰窟都好像要被炸裂似的。威胁解除，我们心里总算踏实了点。

我问马辉："你们俩怎么这么快就赶来了，胡院士呢？"

马辉笑了笑说："我们估计你们俩不可能是那些冰尸的对手，从那大厅出来，我就让梁子使劲儿往外面跑，然后到外面去喊人，我一个人带着胡院士往外面走。"

梁子补充说："反正出力最多的是我。"

原来梁子跑到洞外喊了易志军、王小虎再带了两名战士下到这里面，在半路上遇到马辉和胡院士。

"胡院士我让那两个战士带着出去了，然后我们跑过来救你，你看看，不是我们四个人，你们俩现在估计早成冰尸了。"

"也真的要多亏你们几个，要不然我们可真的太危险了，说不定真的成了你们说的冰尸也不一定。"我说。

李卫平脸色煞白，我一看情况不妙，再看那眼睛，已经有些耷拉着，马上要睡着似的。

易志军给李卫平喝了一小罐葡萄糖，希望他能尽快恢复体力，然后说："这家伙极度虚弱，需要好好休息！"

我浑身也是酸疼得要散架子，说："咱们还是赶紧出去，找个好地方，好好休息休息吧！"

"好！"梁子说。

易志军和王小虎俩人使劲架着李卫平快步向前走，而我在梁子和马辉的搀扶下，也觉得身体一下子舒坦些了。

大约走了四十多分钟，我们终于到了之前发现的那个盗洞，一个个从那个盗洞里爬了出去。

在那种狭小黑暗的洞穴里，我脑海里突然浮现出那副燃烧的楼兰彩棺的模样，在那浮现的画面中，我隐隐约约地看到了一座悬空的金字塔。

那到底是真的，还是假的呢？我总觉得我们会在罗布鬼耳的世界里看到那个传说中的另外的世界——沙姆巴拉洞穴。

2

从盗洞里爬出来，其他人已经将那两个盗墓人妥善地安葬了，在这样的地方，埋人是非常简单和方便的一件事。

头顶月明星稀，胡院士一脸沧桑，坐在火堆边一言不语。

看着我们出来，他显得略微有些激动，走到我们跟前问："没事吧！"

我说："没事！"然后赶紧让战士想办法将那个盗洞填满填结实，我生怕那个可怕的盗洞里面，再出什么岔子。

安安静静的一夜，我睡得踏实而舒服，一觉起来，我看到头顶明晃晃的太阳，感觉活着真好啊！

我来到李卫平的帐篷，看到李卫平脸色已经比之前红润许多，但是依旧酣睡如牛，我心想，这家伙该不会就这样睡死过去吧。

还好，就在中午的时候，李卫平醒了，而且是满头大汗地醒了，脸色红得好像有大火炙烤过一样！

红色的脸颊，发干的嘴唇，已经裂开了好几个口子。

我走过去看着李卫平说："小伙子，你总算醒来了。"

李卫平躺在行军床上先是笑了笑，然后说："还好，我能够缓过来，我睡了多长时间？"

"还好，你恢复了就好！你睡了也就是马马虎虎的二十来个小时吧，看你这样子，我咋感觉火烧着了一样。"

李卫平先是勉强地笑了一下说："先弄点吃的吧，我都快饿死了！我边吃边给你讲讲。"

弄了点压缩饼干，李卫平也是吃得津津有味。

李卫平接着说："我躺在这床上，隐隐约约觉得咱们也是到了地上，自此我就不知道什么事情了。等我再有直觉的时候，我就觉得自己好像在一块巨大的火炭上烤着一样，浑身都不自在。"

李卫平说到这里，拿起一杯子水，使劲灌了下去。喉结不断地上下移动，好像好几天没喝过水一样。

"我当时啊，是动也动不了，想折腾也折腾不起来，就那样躺着让火给烤着，只觉得浑身疼得厉害，没有一点劲儿。"李卫平说。

我一笑说："估计是用力过猛，回不过来吧。"

李卫平点点头说："这下子估计要修养两三天了，要不然缓不过来，你也就别靠我了。说实话，这一招也有不灵的那一天，咱们越靠近那个鬼耳所在地，我越觉得这里面的气息更加神秘，你还是要做好准备啊！"

从李卫平说话的口气中，我听出一丝担忧，我知道，这种担忧并不是多余的，而是必需的。

因为就在刚才，我们遇到了冰尸！一种真真实实不需要肉体的类人怪物，太可怕了！我们差点就将命送到了这里。

面对这一切，我们不得不学着去思考。

此刻已经开始热了起来，我觉得浑身又开始出现那种火烤的感觉，哎！身体是不能太热，也不能太冷。这一会儿热，一会儿冷，可真让人难受。

我问李卫平："现在感觉咋样，能不能出发？"

李卫平说："还行，但是不能剧烈运动。"

我点点头，表示理解了，然后返回去，来到梁子、马辉和胡院士边上。

我给胡院士说："咱们现在身体都不太好，尤其是李卫平，如果盲目地赶路，对他的恢复不太好，我看我们还是先找个地方，休整一天吧。"

胡院士脸色有些苍白，我看他有些身体虚脱，不管怎么样，他也是上了年纪啊，不能和我们这样的年轻小伙比。

胡院士听了我的话，然后想了想说："看来，我们只能去'阿提米西布拉克'了，也许那里能够给我们一点喘息的机会，从那里顺道去龙城虽然远些，但是还不算太远。"

"之前咋没听你说过这地方啊。"我问。

"其实，那地方也不算什么好地方，也算是一座鬼城吧。"胡院士说。

"鬼城？在这罗布泊，哪里不是鬼城啊，处处都是鬼，就是没见到几个人。"梁子在旁边打趣道。

我抬头说："梁子，你和马辉去看看咱们的物资。"

梁子和马辉想了一下，然后点点头，灰溜溜地走了。这两个家伙在这，就不能让人静下心来说点事。

胡院士看着马辉和梁子离开，也笑了一下说："阿提米西布拉克绿洲，隐秘的野骆驼乐园。它是这片土地上，十几个世纪以来升起过的第一缕炊烟。这片曾经连寒冰都未能封杀的古老绿洲由红柳、芦苇覆盖，泉水丰饶。而阿提米西布拉克这个地名就是'六十处泉水'之意。"

"那这么说，这地方应该还算好的了？"我问。

"那是以前，不是现在。"胡院士叹气，然后说，"以前，这里是来往商客补给点之一，在那里有座小镇名叫'喀拉墩'，而现在那里则是一片黑沙包，周围被芦苇、胡杨盘根错节地包围着，唯一能够让我们感到幸运的是，如果运气好，说不定那里的泉水真的能提供点帮助。"

"原来如此！"我说。

心想，看来这里也不是什么好地方，要不然胡院士也不会现在才说，这地方应该还有别的什么不为人知的东西。

胡院士或许是看出来我的疑惑，他说："阿提米西布拉克是荒原上的隐秘之处，当年罗布人里面著名的、有六年'猎驼龄'的阿布都热衣木依靠追踪一峰受伤的公野骆驼，才找到这个荒漠甘泉。泉水为野兽的足迹所簇拥，如果仔细观察就会发现，动物界的规矩简直比人类还大，野骆驼、野猪、马鹿、狼、黄羊、山羊……直至塔里木兔、跳鼠，都是各行其路，绝不混淆，简直像阅兵式上的三军仪仗队。当然，谁也看得出来，只有野骆驼才是这儿真正的主宰。有六年'猎驼龄'的阿布都热依木也仅猎获过十三峰野骆驼，足见它们的机警难觅。一旦受到惊扰，据说它能一直不停地奔跑三天，而且能嗅到几公里之外的气息。所以罗布人仅凭罗布麻搓的绊马索和红柳弓箭猎得野骆驼，就如同现代人用小口径步枪打下一架超音速飞机，主要得凭运气。这就是他们礼敬猎驼人的由来。"

"这么一说，动物比我们还聪明啊！"我说。

"那可不，野骆驼是这片大沙漠真正的主宰，它们在这里就是王，尤其是白驼，那更是被视为神灵，有着很强大的魔力。"胡院士信誓旦旦地说。

"白驼？"我问。

"没错，白驼是最为神圣的一个物种，千百年也出现不了一次！家养的骆驼里面是不可能出现白驼的，唯有在野骆驼种群中才会出现！因为白驼是大自然的精灵，它是属于神的，是自由与美的化身。"胡院士说。

我看着胡院士谈到白驼的时候，眼神充满了一种无边的期望，我似乎也有了那么点渴望，想亲眼看一看这白驼的魅力，但我从心底里知道，那白驼绝不是我们这样的人想见就能见到的，要靠缘分。

"呵呵！给你说多了，但是对于一个喜欢野外的人，能够见一眼白驼也算没白到这里来啊！"胡院士说。

"我明白。"我说，"事不宜迟，咱们还是快点走吧，到那里也应该需要一天的路程吧？"

"差不多，我们现在是往龙城方向走，去阿提米西布拉克只需要沿着龙城的方向拐一下就成了，不花费我们多长时间。"胡院士说。

我安排梁子和马辉等人赶紧收拾了一下，然后尽快离开了这个地方。

车从这片已经成为死城的地方开了出来，我回头看了看，远处的那些废墟，在尘土中，好像真的升起了点点滴滴的炊烟，那是多少年以前的故事啊，这座城，这座被称为"诅咒之城"的楼兰，没有了明天，风沙成为它仅有的陪伴。

愿，那些逝去的人安息！

愿，那些久远的故事随风逝去！

3

天色越来越热，我们也被炙烤得没了睡意。

马辉睁大眼睛开着车，因为眼前的大地，本就没有路！

这家伙依旧延续着那股子开车的猛劲，根本不管其他，豁出去了。眼前的玻璃上，被车激起的沙尘如雨一般地往下落着。

胡院士看着眼前的路说："看来咱们只能步行到阿提米西布拉克了，这路根本不可能再行车了。"

马辉也转头说："再这样开，我估计我们要走着回去了。我看还是把车扔在阿提米西布拉克，要不然车坏了，这地方可没人能修啊！"

我点头表示同意。

胡院士说："曾经的阿提米西布拉克……"

"我看咱们还是称呼它六十泉吧，这个什么布拉克叫起来可真够麻烦的！"马辉打断了胡院士的话。

胡院士笑了笑说："成！这个六十泉曾经在楼兰兴衰、罗布荒漠的深入过程中起着举足轻重的作用。'六十泉'，用罗布人的语言叫'阿提米西布拉克'，是多的意思。但此处的六十也不是泉水数目的确指。"

"什么？"马辉惊讶地问，"这不是指泉水啊，我还期盼着那地方水能多点，能洗个澡呢，你闻闻我，我都觉得自己快馊了！"

"以前这地方确实草木茂盛，泉水叮当。但是现在到底怎么样，我还不清楚，有没有水就看我们的运气了。"胡院士说。

我说："是啊，在这样的地方，能遇到一口泉就已经感谢老天爷了，更何况洗澡呢，你还是专心开你的车吧。"

"和平说得对，这罗布泊有水的情况微乎其微，况且这六十泉都已经过去了不知道多长时间，我看很难。"王小虎说。

"那我还是别奢望了。"马辉说。

在短暂的安静后，胡院士在我的催促下，又开始讲起了这六十泉的发现史。听完胡院士的话，我恍然大悟，这六十泉的发现也是充满了很多的不确定性啊，但是又那么传奇。

1901年，瑞典探险家斯文·赫定开始向罗布进军，想要穿越整个罗布荒漠。水源是不可或缺的因素，于是赫定雇请了一个罗布老猎人做向导。当时罗布荒漠常常出没着成群结队的野骆驼，罗布猎人经常跟踪驼队。

骆驼虽号称"沙漠之舟"，但在冬季，它们仍需要穿越荒漠到一个固定地点去饮水。而"六十泉"就是当时罗布荒漠一年四季的不动泉。这里，便是上天留给野骆驼的最后一个栖身地。

沙漠中，饮用水是生命线。胡院士非常认真地告诉我们一个秘密，野骆驼的奇特之处是能靠喝咸水生存。这种矿化程度很高的、咸咸的、苦涩的盐碱水，它们的肝居然也能经受得住。目前，在世界上还没有一种动物有此种"特异功能"。野骆驼能大量贮存水分，还有冷鼻构造与尿液浓缩对水分再利用的功能，使它们在这样恶劣的环境下能从植物中汲取的水分来满足其机体代谢所需。

但野骆驼与家骆驼一样都爱喝淡水，只不过它生活的环境中没有淡水喝，如果不能适应喝盐水，它将无法生存。它这种特殊的生理功能，让它与淡水资源区隔开，这就避免了许多天敌的侵扰，有利于其种族的生存。

"原来如此啊，看来我们不太适合喝咸水啊！"马辉说。

"呵呵，咱们到的地方有没有咸水还是两回事呢，更别提喝了。"王小虎说。

"是啊，这六十泉咱们也是抱着一丝希望看能不能到那地方，找到点什么东西，如果实在不行，我们就只能就地休息休息了。"胡院士说。

就这样迷迷糊糊，在马辉这种二的驾驶员的带领下，我们沿着漫无边际的大荒原行驶了一个白天。

天色渐晚，还好，这是新疆，天黑得很晚。

远处有一大片黑色的东西，我揉了揉眼睛，那是一片在夕阳下，呈现了黑红色的建筑。

胡院士睁大眼睛看了看说："就是这了，咱们总算是到了。"

"就是这啊？"马辉显得不相信。

王小虎轻轻拍了拍这家伙说："你还想要比这更好的啊？我估计难了，就这地方在罗布泊也找不到几个。"

马辉眼睛睁得很大，一脸茫然地看着远处说："看来洗澡的机会是绝对不会有的，我操啊！"

我笑着说："哼，你他妈的还想洗澡，就别妄想了。赶紧驾驶好车，到这里我们也只有一天的休整时间，你以为来这里是度假啊，我们是来这里执行任务的。"

马辉悄声说："什么毛任务啊，简直是要把人折磨死。"然后就此消声，再也不说话。

夕阳西下，远处一片泛红的云彩，让人无边地想念外面的世界。现在外面的世界该是多美啊！

大地上只有三辆车的声音，确切地说，只有车的轰鸣声。

随着车慢慢靠近，我看到眼前是一片毫无生气的荒漠。在长二三百米、宽三四十米的地界内，大大小小的沙包划出起伏的线条，几条干河点缀其间，远处显出纯毛地毯似的枯黄，走近一看，是一大片残存的芦苇根。

胡院士好像很熟悉这里似的，逐一为我们指点着这片有人生活过的地方。原来，每个沙包之下，就是一个昔日罗布人的庭院，肆虐的风沙以其为核，聚敛成丘；而那残存的芦苇荡，旧时则长满了"密集得插不进一根手指"的芦苇，依傍着如大地经络般的网状水系，倾听鱼虾满舱的跳跃声。

我看着胡院士那么熟悉地讲解这个地方，心中不免多了一个心眼：胡院士对这地方为什么会这么熟悉呢？

难道他以前来过这里，可是从没听胡院士说起过这些事情，这就有些奇怪了。可是我知道，既然他不想说，那就肯定有难言之隐。我也不想去多问什么。

胡院士看着眼前的一切，在车上说："这里曾经是多么热闹的一座小镇啊，你看看，现在这地方已经成了一毛不生的土地，太让人遗憾了。"

胡院士的每一句话，都充满了失落感。

我让马辉将车停在一块比较平整的地上，然后我们几个人下了车。

后面梁子带着的两辆车也赶了过来，我安排人搭起帐篷，然后先安顿下了李卫平，他现在急需要休息。

这地方的好处就是不用费力去找柴火，遍地都是干了的胡杨木和芦苇，当然还有别人家的屋子，反正能烧的东西我们都找到了。

不一会儿，三堆篝火就在这不知道多少年没有人烟的地方升了起来，战士们因为今天没有任务，也早早地坐在那里闲聊。

除了我们五个人加上胡院士，其他十来名战士都是脸色黝黑，嘴唇干裂，看上去每个人都是那么憔悴。

这样的任务，对这批没有经过专业训练的战士来说，确实有些苦，但是谁知道前面还有什么东西呢？必须咬牙坚持下去。

我告诉王小虎，让战士们赶紧弄点热乎饭，先吃点东西。

4

对于这帮子小家伙来说，休息是多么宝贵啊！我看着这些战士，心里泛起一丝忧伤，谁知道接下来会出什么事情。

胡院士或许是看出来我的心思，说："该来的总会来，这都是宿命，你就别担心了。"

我点点头。

胡院士接着说："走，咱们去找找，说不定能找到水源。"

我一听到水源，心中不免有些欣喜。

没想到，刚说完话，马辉赶紧凑了过来说："我也去帮忙啊，找到水源，我就能洗个澡了。"

"你这家伙现在满脑子都是洗澡的事啊？"我说。

"嗨，你们这些人不懂享受生活，都脏成那样了，还好意思说话。"马辉说。

胡院士笑着说："这家伙今天是不洗澡不罢休啊！我给你讲，我们每次出去到野外，都是常年不洗澡，不洗脸的，你还有这些奢望啊？"

马辉笑着说："洗澡的前提是我们能找到水。"

胡院士说："刚才我看到有院子里有井，说不定有水。咱们去看看吧。"

马辉一听说："好！"

我在想，这么久了，还能有井水，那岂不是奇了怪了。

"你们或许不相信，很多人研究说，这罗布泊下面其实是一个大湖，所有的水都进入地下了，所以你们想想，如果要找水，说不定井是唯一的途径。"胡院士说。

"地下是一个大湖？"我问。

"是啊！"胡院士说。

我脑海里突然冒出来一个想法：难不成正如我们猜想的，这罗布泊真的是进入地下了？

如果真的找到罗布鬼耳，那么我们再到下面去找张教授，是不是也意味着要与这个湖水相见呢？

我这样想着，突然觉得自己不是那么渴了。一想到那么大一湖水，心中不免窃喜起来。

"快点啊，和平！"马辉喊。

我们的宿营区是一个小镇，确切地说是一个小村子，但是它依然保持着一座城池的模样。我们在城口一块平整的沙地上，旁边就是以前干枯的河床。

这是一座具有中原特色的城池，隐约可见当年的繁盛。倾颓的院落里散落着巨大的方形木块，院落四周，枯死的胡杨树盘根错节，把高大的沙墩染成了黑色。"黑沙包"喀拉墩的名字，由此而来。

以古城为中心，更多震撼在方圆几里内等着我们：一座废弃的佛寺，两个小型村落，两口井壁上钉着木条的倒梯形古井……

因为这座古城，这条河道，胡院士再结合玄奘《大唐西域记》里对此地"众庶富乐，编户安业，国尚乐音，人好歌舞"的记载，印证了一个结论——宋朝之前，浩森无边的塔克拉玛干还未形成，只在众多绿洲之间散落着小片沙漠。因此，才有了喀拉墩这样的城池，守护着南来北往的重要驿道。

这就是楼兰遗民罗布人最后的"伊甸园"吗？那个有着"中亚地中海"之称的游移湖，那个以"水草丰美，适宜人居"命名的渔村，为什么今天人类的过去却被山丘所压，像孙悟空被压在了五行山下？

这里不由让人想起了罗布人最有名的传说：在罗布泊广袤的海域中有许多一人长的大鱼，每逢春天，这些鱼会跃上湖岸，变成马鹿，跑进茂密的胡杨林栖身；等到深秋树叶落尽，这些马鹿又跳回水里，变成大鱼……可是今天，鱼、湖、树、鹿，都哪儿去了呢？

看着眼前的这一切，周围一下子呈现出月明星稀之感，头顶天空晴朗，星河一片清晰，让我不由自主地喜欢上了这里。

"真美啊！"我说。

"是啊，这里的星星是那么清楚。"马辉说。

走了二十多米，我们就来到一家庭院。

这是一座什么样的庭院呢？我借着月光，出来的时候也没打算带手电，为的就是转转，也不是一定要来找点水。

因为在这里找水真的是一种奢侈，我也不抱有那种幻想。

这座庭院，方方正正，院子被木栅栏给围了起来，这些木栅栏在月光下可以看得很清楚，斜着的影子，异常诡异。

那些栅栏的材料是胡杨木，也正是胡杨木，所以它才能保持这么长时间而不倒。胡杨木之间也不知道是什么东西串联起来，胡院士看了半天，也用手摸了好长时间才告诉我们，那是骆驼皮绳串联的。

这座庭院屋子低矮，和它一起的还有另外挨着的四座庭院，皆是如此方方正正。轻轻推开院子的栅栏，走进去，院子里面已经被沙尘不知道填高了多少，反正也无法估量了。

屋门半开着，好像是有人刚离开一般。一团黑色从屋子里透了出来，窗户狭小，像一个看向远方的眼睛。

风呼呼地吹着，穿过狭小空间的风，奏响了这个深夜的鬼歌。听着让人毛骨悚然，总觉得这地方有些不同寻常。

马辉喊了一声："有人吗？"

这是明知故问，明知道这地方几百年都没住过人了。

我看了一眼马辉，马辉傻傻地一笑说："我也只是随便喊喊，就是给自己壮壮胆，反正晚上了，这地方又没人，不会吓到别人的。"

马辉一股脑地说了半天话，然后转身打着口哨，慢慢悠悠地走到了一个应该是水井的地方。

为什么说找到的这个地方是水井呢？在这个小院里，也有一个辘轳，虽然不知道多少岁月了，它表面的木头都已经风干裂开了，但是依然能够转动。

马辉转动了一会儿，然后盯着脚下一个深陷下去的坑说："这应该是一口水井吧？"

胡院士点点头说："看情况这里就是一口水井，但是我估计水井早就被沙子给塞住了，你想找到水门都没有。"

马辉非不信这个邪，找来了一块石头，然后扔了进去，只听见咚的一声，然后再也没有了别的声音。

咚的一声，说明那下面是实体的。

我笑着对马辉说："行了，也别妄想洗澡了，这地方真的没有水，你就别费那心思了。"

"什么六十泉吗，一毛泉都没有，害得我白欢喜。"马辉嘟囔着。

"来这里就是因为这地方安全，以前也有人将这里作为旅途的中转点，你以为来这里真的会有水啊。"我说。

胡院士也劝着说："在罗布泊找口水真的是难上加难，你就别做那个白日梦了，我们走到那边去看看。"

胡院士说着和我从那院子里走了出来，马辉一脸不高兴地跟在我们俩后面。

胡院士边走边给我说："这家伙，真是想洗澡，想疯了。"

我也一笑说："也真是该洗洗澡了，我身上的汗都是一股子盐巴味，更别说他们了。"

"那也没办法！这地方就这样，咱们还是要坚持啊。"胡院士语重心长地说。

是啊，不坚持又能咋样，现在都在罗布泊腹地了，眼看着就要找到龙城，进到罗布鬼耳了，赶紧找到张教授吧，再也不想来这种鬼地方了。

就在我和胡院士边走边说话的时候，马辉突然跑了过来说："妈的，就在刚才，我关那栅栏门的时候，咋看见那屋子里有一双血红的眼睛啊！"

第十九章
Chapter 19

鱼的尸体

1

"胡扯！"我说，"哪来的一双血红的眼睛啊，我们俩咋没看见啊？"胡院士也是一脸的疑惑。

"哼，你们还真的不信我啊！不信，咱们进去瞧瞧去。"马辉说。

这家伙边说边一手拉着我，一手拉着胡院士，把我们俩带到了刚才的院子里。我抬头看了一眼那院子，并没有什么两样，此刻月光照在这个院子里，越发显得这院子黑暗而诡异。

"哪有啊？"我说，"你这家伙别闹了！"

"他奶奶腿的，我才懒得闹呢。"马辉说。

马辉语气中透着坚定，我一听这家伙的话，然后一想，马辉这人虽然爱看玩笑，但是从来不拿正经事开玩笑，这次也一样，语气中哪里有半点玩笑话。

"真的是一双血红的眼睛？"我问。

马辉说："和平，这事情我还能骗你吗？"

马辉的话，绝对不是在骗我。

我转身对胡院士说："您在这等我们吧！"

胡院士点点头说："要不要再喊人来？"

我说："这么近，不用了，有事他们都能听得见，咱们就别大惊小怪了，没什么事。"

说着我和马辉再次推开了那扇栅栏，栅栏咯吱咯吱地响，让人心中升起一股毛骨悚然之感。

马辉和我一前一后，慢慢地向那屋子靠近。月光下的屋子，此刻已没有了之前我所描写的意境之美。

我们俩走得很慢，慢慢靠近屋子后，马辉伸手推开半掩的门，然后率先走了进去，我也紧跟着倒退着进去。

我进到屋子，率先站立的地方应该是客厅，大大的客厅，空旷的如从来没有人在这里生活过一般。

马辉早已扫视了一遍这个客厅，然后说："一只老鼠都没有。"

我指了指旁边的一个小门，马辉点头，然后走了进去，一会儿出来手里拎了一个东西，黑乎乎的，扔到了我脚下。

我一看，也不知道是哪一年哪一月的一条死鱼，整个鱼都已经干枯成了一团黑色，然而就是这样的鱼，到现在依然呈现着一个挣扎的状态。

鱼嘴长得很大，鱼的眼睛早已没有了，但空洞的黑色眼眶透着一丝让人难以捉摸的黑暗。

"这不会是你看到的那个血红的眼睛吧？"我问。

"去去，你以为我眼睛有问题啊，肯定不是这家伙，到底是什么东西呢？"马辉一脸的疑惑。

我笑了笑说："那我们就权当它是一条鱼吧。"

"真不是一条鱼。那眼睛滴溜溜的，足有拳头那么大小，我只看见一眼，浑身就不舒服。"马辉说。

"好了，咱们还是别讨论那些事了，回吧，早点休息。"我说。

马辉欣欣然地点点头，一脚将那干了的死鱼踢到了墙角，那死鱼随着马辉的那一脚，也碎成了碎片。

然而，顺着那条鱼的碎片看去，借着从门和窗户上照进来的月光，我居然在这家已经不知道多少年的客厅的墙上，看到了一条大大的鱼。

一条大鱼的画像。

马辉也抬头看到了那画像，说："嗨，这地方还真奇了怪了，没人，却有鱼的画像，还真把这东西当神了啊？"

我看那鱼画得极为精致，连那鱼身上的波纹、鱼鳞都能数得清楚。

虽然我不懂得什么画工，但是我觉得画这条鱼的人，必定是一个不俗的画师，起码对鱼观察得很细致。

我轻轻地对马辉说："撤，这地方确实有些怪！"

"那个不找了？"马辉问。

"那要不你留下来慢慢找，前提是你能够确定它在哪！"我说。

马辉看了看周围，确实没有能够藏人的地方，也就说："或许真的是我眼睛看花了，不会啊！"

"行了，咱们还是回去睡吧。"我说。

马辉点点头，跟着我走了出来。

胡院士一直焦急地站在门口等着我们，见我们俩出来，赶紧迎了上去问："里面没什么东西吧？"

我说："什么东西都没有。"

"除了一条死了不知道多少年的鱼和一幅画在墙上的鱼画，其他都没有。"

"哦！死鱼和鱼画，这地方奇怪啊！"胡院士听了我们的话，然后嘟嘟囔囔地也不知道说了些什么，我并没有听见。

我的心里却有了一股子异样的感觉，总觉得从那冰窟出来之后，有一双无形的眼睛在盯着我们。

虽然我不知道那眼睛来自哪里，但是确实有东西盯着我们。

回到帐篷，我还是不放心，决定晚上安排人轮流值班，这样对所有人都好些。

因为冰窟那日我们几个都经历了很激烈的战斗，所以当晚就安排了其他几个没有参加战斗的战士来轮换值班。

整整一夜，我脑海中都是各种各样战斗的场面，从僵尸到食人蚁再到冰窟，然后脑海中浮现的是那一幅鱼画，我总是觉得那幅鱼画有着非常不同的寓意，但是到底是什么寓意，我现在依然不清楚。

浑浑噩噩的一晚，原本希望能够在这里好好休整一番，没想到又来了这么一出，让人心中不免有些不舒服。

第二天，我是被人从睡梦中喊醒的。

王小虎将我从睡袋里推醒，对我说："马辉那家伙找到水了！"

"什么？马辉找到了水？"我睁开眼睛，简直不敢相信自己的耳朵。

王小虎点点头说："是啊，这家伙也不知道是从哪里来的本事，居然在你们昨晚上进去的那家院子的井里，打出水来了。"

我大脑好像充了电一般，赶紧爬起来，然后从帐篷里钻了出来。

只觉得耳朵里传来的全是战士们热烈的欢呼声，然后就看见一帮子人拿着各自的饭盒往昨晚上我们去的院子奔跑。

我也跟着跑过去，看到马辉正从院子里原本已经干枯的水井里往外面吊水。

梁子跑过来跟我说："这家伙天一亮，就带了铁锹来这里，到这下面也不知道要干什么，反正一上午这家伙就把水给挖出来了。"

我对梁子说："这家伙想洗澡是想疯了，居然来这里挖井。"

马辉看见我，将原本用来装汽油的塑料桶交给别人，然后跑到我跟前说："看吧，我说有水你还非不信。"

"你小子有能耐，这下子水让你挖出来了，够你洗澡了。"我说。

马辉嘿嘿一笑说："只可惜这水是咸水，带着一股子鱼腥味，要不然咱们还能补充点淡水呢。"

"行了，咱们就别奢望了。"我说。

2

我和马辉正聊得起劲的时候，王小虎脸色凝重地走了过来，然后悄声给我说："在那边的河床下面，发现了一具尸体。"

我听到这话心中一沉说："走，去看看！"

我们四个人赶紧往河床边上走，那边已经有两个战士站在旁边。

我走过去，胡院士已经蹲在尸体边上查看了。

我看了一眼，心中顿时觉得天昏地暗，这哪里是一具尸体啊，这明明就是一具空壳啊。

整个身体的正面被掏出了两个大大的黑洞，头部的五官已经不翼而飞，只留下后脑勺和脑瓜盖，头部已经空荡荡的，好像那里本就没有东西。

再看胸前，更是让人不寒而栗。

胸前的大洞，足能将一个人头塞进去，黑洞洞的。

胡院士说："内脏什么都没有了，就像做了一个手术一样，里面的东西都被取走了。"

他来自何处，卒于何时，是什么吸引着他只身闯入这"亚洲的腹地"？我眼前似乎出现了一幅画面——骄阳下，黄沙中，一个干渴至极的过路人蹒跚而至，直奔以前来过的这条救命的河，可河水已经消失，他被绝望击溃了，颓然倒下……

我也不知道是因为天热还是看到眼前这一幕有些害怕，擦了擦脑门上的汗说："现在能确定这人是什么时候死的吗？"

胡院士和王小虎摇了摇头说："很难！估计死了有些日子了。"

321

我问："那这人到底是从哪来的？"

胡院士说："也判断不出来，这人穿的衣服很普通，但是我猜测这人绝对不是部队上的，有可能是驼队商人。"

"这地方还会有商人吗？"我问。

王小虎也诧异地问："这罗布泊早就没商队了，况且现在谁还用驼队啊？"

胡院士说："不是这罗布泊的，而是别的地方的，有可能是被什么东西追到这里的。"

"看来，这地方还有其他东西啊。"我说。

"什么东西？"王小虎问。

"我不知道，但是我猜想，这东西和我们在冰窟里面见到的那东西是一样的。"我看着梁子说。

梁子反问："你是说，那个在黑暗里啃食人头的家伙？"

我点点头。

"完全有可能，那地方被我们炸毁了，看来这家伙跟到这里了。"梁子说。

"那怎么办？"王小虎问。

"没事，它不敢对我们动手，这么多人，它没那个胆量，况且我们有武器。"我说。

"那就好！"

"告诉弟兄们，注意警戒，小心那东西出现。"我说。

然后我安排两个战士，挖了一个坑，将那具尸体给埋了。

我顺着来路往回走，不远处传来战士们高兴的洗澡声。胡院士从后边追上来，也是低着头。

胡院士说："这东西到底是什么呢？"

我也在脑海里猜想，那到底是一种什么动物，不是僵尸，也不是巨蜥，更不可能是食人蚁，但它又那么神秘，而且专门食人身体最为重要的部分，想想都让人觉得残忍。

胡院士对我说："和平啊，看来咱们要做好一定的打算啊，这东西有可能会突然袭击，对我们来说，现在对它还不了解啊！"

我点点头，然后说："过了今晚，大家伙也就休息得差不多了，我看我们还是离开这里吧。"

"离开倒不必，主要是我们一定要做好防范，况且这里现在有水，虽然是咸水，但是对我们来说，也是一块不可多得的补给基地，我看还是留下两个战士在这里。"胡院士说。

"也是，方圆这几百里地，也没有一块能够出水的地方。"

胡院士接着说："况且这里离龙城也不远了，这样我们也好有个照应。"

"也只能如此了，看来今晚上我们要更加注意了。"我说。

胡院士也点点头。

我们俩走到宿营区，远处一大帮子家伙，脱得精光，正在赤身裸体洗着澡，周围满是这帮子家伙的嬉笑声。

胡院士说："咱们再往里面走走吧。"

我看胡院士脸色有些难看，赶紧问道："你身体不太好？"

"没事，就是有点受凉。估计是那天在冰窟里面受了凉，我回去吃点药就好了。"胡院士说。

我和胡院士刚走到一帮子小伙子洗澡的地方，马辉赶紧跑过来说："和平，你也洗洗吧。"

我摇摇头说："你们洗就成了，我不能太干净要不然会难受。"

说着和胡院士往前走，马辉这家伙不一会儿居然拉着梁子跟了过来，说是要保护我们两个人。

整个小城，现在满眼皆是一派沧桑破败之感，让人无比感伤。脚下原本是泥土路，现在成了沙子的天下，头顶太阳高照，根本看不到一点云。

马辉和梁子洗过澡后，脸上的黑色似乎褪去了一些。

周围的风景一尘不变，枯萎的黄色，让我们的眼睛有些难受。胡院士走着走着，突然停止不前，眼睛死死地盯着跟前院子里，一颗已经干枯的胡杨树。

那棵胡杨树，树身足有一人粗细，顺着树身往上，有两个分叉，而就在其中一个分叉上居然吊着一个东西。

我们三个人也同时看到了那个东西，周身黑乎乎的，在阳光下，泛着一丝磷光，让人觉得刺眼得很。

在风的作用下，那件黑色的东西，慢慢地摆动着，像一段挂在空中的破布。

然而，我知道那不是破布。

随着风的作用，它慢慢地摆动了过来。终于看到了正面，我们的眼睛一下子被眼前的这黑色的东西给吓住了。

一条大鱼的尸体。

那黑色的东西，俨然是一条大鱼。一条不知道在风中被风干了多长时间的大鱼，然而干枯了的尸体，依旧是鱼的姿态。

顺着那鱼头的方向看去，远处是早已干涸的湖底。

这是一条什么鱼，我不知道，但是我知道那鱼绝对是从湖里捞出来的，而且肯定是放在这里作为一种祭拜吧。

胡院士轻轻推开栅栏，走进那个院子。

凑近一看，这鱼大概有一米多长，可想当初它被捞出来的时候，该是一条多么活蹦乱跳，让人震撼的鱼儿啊。

顺着鱼身看去，鱼肚子上明显有一条被利器划开的口子，只是那口子现在被不知道是什么东西做成的线封了起来。

胡院士伸手准备拿下那鱼，我们三个人赶紧阻止。

我说："胡院士，你还是小心点，这地方透着一股子邪气，别出什么事。"

　　胡院士会心一笑说："没事，我就是想将那鱼拿下来看看，你们看那鱼肚子，经过这么长时间的风蚀，居然还是鼓鼓的，我觉得那里面有东西。"

　　我抬头看了一眼，那黑色的鱼鳞下面，肚子果然有些鼓，看来里面真的有什么东西。

　　我示意梁子和马辉两个人轻轻地将那鱼给拿下来，然后放在我们眼前。

　　胡院士又是一笑说："你们真是太谨慎了，不就是一个死鱼吗，况且这鱼都已经被风化成这样了。"

　　我说："还是小心点为上，我们要保护你的安全啊！"

　　胡院士看着地上的鱼，然后顺着那鱼已经干枯的肚子摸了摸说："果然，这里面好像有一个圆鼓鼓的东西，打开看看。"

　　我示意马辉，马辉从腰间拿出匕首，顺着原本就已经被利器隔开的缝隙，再次将那鱼肚子打开，然后轻轻地从那鱼肚子里面拿出来一个东西。

　　马辉将那东西拿出来的一瞬间，我就看见他的脸色变得越来越黑，然后眼睛也是一点都不转。

　　我就听见"哇"的一声，那个从鱼肚子里面取出来的拳头大小的东西，被这家伙给扔到了地下。

　　那个黑色的东西，表面裹着一层毛，在我们脚下转了几圈之后，停在梁子脚下。梁子看了一眼，也是一惊。

　　我和胡院士蹲下，凑近一看，原来是一个头颅。

325

3

胡院士顺手将头颅捧在手里，马辉和梁子皱着眉头看着胡院士的一举一动。胡院士将那头在手里把玩了好一会儿说："咦，这头到底是什么东西呢？"

我从胡院士手里接过那个头，看了半天也觉得很是奇怪。这头毛茸茸的，看起来像是猴子的头颅，但是猴子的五官绝对没有这家伙那么像人类。

猴子不管怎么样，也是一种野生的动物，可是这五官，真的太像人类，甚至脸上的肤色，虽然经过这么久，还是那样白皙。

如果不是那些有些泛黄的毛发，我会认为这是一个婴儿的头颅。

胡院士看了半天，说了一句话："这东西为什么会在那鱼肚子里面呢，这里面一定有不一样的隐情啊！"

我点点头，觉得胡院士这话说得有些道理。

梁子突然说："和平，你们记不记得，那天咱们在冰窟里面看到的那个黑影？"

"怎么了？"马辉问。

"那家伙虽然我没看清楚，但是你们想想，是不是有可能是那家伙的头啊？"梁子说。

我一想，这倒有些道理，但是我们没有证据啊。

胡院士听完我们的话，轻声说："说不定真的是那东西，但是现在到底是什么，我们都是猜测，不要因为这些事情，阻碍了我们。"

胡院士轻轻拍了拍那已经干枯了的鱼身子，然后笑着说："行了，别被这件事扫了咱们的兴，还是继续转悠吧。"

胡院士安排马辉和梁子将那头轻轻地塞进了鱼肚子，因为胡院士听了我的话，这有可能是一种祭祀行为，我们本着宁可信其有不可信其无的原则，还是将它物归原主。

那个黑色的鱼，再次被挂到了胡杨上。

阳光下，它们就这样组成了这座小城或者说小村子，最为恰当的就是它们俩了。但愿，这一切都能随着那干鱼被挂起来，进而云消雨散。

我们顺着那家小院子出来，接着往前走。

突然一阵铃声惊醒了我。我扭头一看，梁子这家伙孤单地站在一所被沙丘半掩的故宅前，轻轻摇动着一只也不知道是哪里的人遗留在一棵老树上的驼铃，然后转头对我傻傻地笑着。

我走过去，梁子将那个驼铃取下来递给我，然后说："这家伙还好着呢，居然还能响，也不知道是谁的？"

我看着那个驼铃，已经有些发黑的驼铃表面，显示出它经过了长时间的磨炼，这说明它在很早以前被不断地使用过。

胡院士走过来，将那驼铃拿在手里也试着摇了摇，叮当叮当的声音，漫长而悠远，随着驼铃声，远处的风吹动着这座不知道名字的小镇子。

胡院士说："看来它与它的主人走失了。"

马辉还想看看，但是胡院士已经将那东西轻轻地收了起来，他想看也没了机会，只好悄悄地不说话。

胡院士边走边说："看到了吧，曾经这里离人类是那么近，现在呢，现在一切都变了，进到这里必须付出生命，甚至是有来无回。"

我点点头说："可是，这里隐藏着一个巨大的秘密，一个关于另外世界的秘密，我们不知道，总有一天，会有人知道的。"

胡院士非常认真地说："小伙子们，你们要有心理准备，越往后面，说不定越危险，别以为罗布鬼耳是那么好进去的。"

我听着胡院士的话，然后冷冷地笑了一下说："没事，既然我们是战士，就要做战士应该做的事情。"

马辉也是一笑说："胡院士，您老人家那本日记到底看得咋样了，有没有发现啊？"

"哪本日记？"

"就是那本咱们在巨蜥洞里找到的，那本德国人的日记啊！"

胡院士想了想说："那本日记啊，我还没有认真看呢，看来今天我回去要好好认真查查。"

我看着胡院士额头紧锁，但是又不好问什么。

我们一直走到这条路的尽头，远处一望无际的大戈壁，看不到边的戈壁滩，阻挡住了我们的视线。

胡院士"哎"了一声，然后转身往回走。

马辉凑过来对我说："咱们在这多休息几天吧，我还想多洗几次澡啊！"

"你想得美！"我说，"咱们赶紧执行完这个任务，各回各家，到时候你想咋洗澡都成。况且在这里待得越久，你越不想走。"

梁子插话说："是啊，咱们还是赶紧往龙城赶吧，到了那里，什么事情就都好办了。"

我听梁子说完，心里咯噔一下，总觉得罗布鬼耳就像一个无底的黑洞，一个巨大的陷阱，在等着我们往那里跳。

马辉看着我的脸色变了，忙问："和平，你没事吧！"

我缓过神来说："没事！"

"我就是那么一说，你以为我非要在这待啊，你以为咸水洗澡就舒服啊，我觉得身上一股子鱼腥味。"马辉说。

"知道就成。"梁子笑着说。

我却笑不出来，看着走在前面的胡院士，手里拎着一根胡杨木，他蹒跚的脚步，昂着的头颅，到底在想什么呢？

这个胡院士是一个谜，他到底曾经经历过什么，还有他那个晚上到底跑出去跪拜什么呢？

就在刚才，马辉谈到我们发现的关于德国人的日记时，他脸上的表情五味杂陈，他到底在害怕什么。

这一切的一切都是谜，都是一个个相互纠缠在一起的谜，还有眼前这许许多多的不知道方向的危险，到底要带领我们走向哪里。

我越想越觉得这罗布泊比我想象中的丰富得多，越发觉得这里，简直就是一个雷区，你一脚踩空，不知道会在哪里丧命。

我多想脑海里这些问题，都是假的，都是我的主观猜测，然而每每想到这里，我的内心仿佛预警似的，在做某种暗示。

我摇了摇头小声说："但愿一切都是我的胡思乱想吧。"

马辉凑过来说："奶奶个腿的，胡思乱想就乱想吧，等会儿过去给你洗个沙漠咸水澡，你就觉得生活舒坦得很了。"

我笑着说："好啊，我也享受一下。"

是该洗个澡了，明天我们就要踏上新的征程。

第二十章
Chapter 20

千棺坟

1

夜晚来得比往日要早了很多，我静静地坐在帐篷里，开始写日记。

对于现在的我来说，没有比记日记更可缓解孤独的事情了，火堆边，马辉他们正在准备晚饭。

大家伙一起唱着部队上的歌，从《我的老班长》到《咱当兵的人》，这帮子家伙，能将这座戈壁滩吵醒来。

我一边笑，一边凝神写着日记。

有时候也无聊地翻翻以前的日记，回忆以前在连队的日子，刘学军这家伙没偷懒吧，没有带着我的兵乱跑吧。

正当我看得起劲的时候，胡院士走了进来，告诉我说："日记里面有些东西读清楚了，确实是要到龙城那里去。"

我将这句话记到日记里面，赶紧坐起身来问："日记上怎么写的？"

"日记上说，他们空降在这里，然后一路找到了龙城，在那里经过一场暗无天日的搏斗后，终于等到了沙姆巴拉洞穴的大门打开。"胡院士说。

"'暗无天日的搏斗'是什么意思？"我问。

"这也是我找你的原因，我猜想，在那里应该有着比这里更为不可预测的危险。日记上记载，那场搏斗，夺走了三分之一人的性命。"

"三分之一！"我在心中盘算，"怎么会这样？"

"我不知道，这日记记载得很简单。"

"到底是一个什么样的简单法？"我问。

胡院士摇了摇头说："就是我刚才给你说的那几句啊，我也就看到这些。其他的都是关于什么对希特勒的崇拜，可见希特勒的洗脑能力还是很强的，虽然战败，但是这些人依旧愿意跟随他。"

　　"后面的内容怎么样了？"我问。

　　"后面的东西还没有看呢，这人记载日记的手法很古怪，用的是非常罕见的老式德语，这就好比方言一般，我解读起来比较困难。"

　　"老式德语？"

　　"是啊，很多语法我只有慢慢地解才能解开，但是你放心，应该很快就能读到他们进到里面到底出了什么事情。"胡院士说。

　　对于胡院士的话，我是一百分地相信，因为在这些人里面，也只有他有这个发言权，别人恐怕看都看不懂了。

　　"还是给我讲讲咱们接下来要去的地方吧。"我说。

　　"为什么突然问起来这些了？"胡院士说。

　　"我是想了解了解，以防不测啊！我觉得这一路走来，充满了万分的凶险，如果我们不认真对待，说不定后面的事情会很麻烦啊！"我说。

　　其实在我心底里，一直觉得接下来的一切，充满了无限种可能，也充满了无限种危险，唯有知己知彼，才能少流些血。

　　胡院士点点头说："要说接下来要进的雅丹地貌，我必须讲讲当年斯文·赫定对这片土地的描述。"

　　"为什么要谈斯文·赫定呢，原因就在于他曾经非常执迷于新疆和西藏，而且还深入到咱们即将要去的这片雅丹地貌中。"胡院士说。

　　"他对新疆和西藏那么着迷干什么呢？纳粹德国对这两个地方也很着迷啊。"我说。

　　"你是想问，他们之间是不是存在某种关联？"

　　我点点头，表示认可胡院士这个说法。

胡院士神秘地说："至于他们之间的关联，估计已经成了谁也无法解释清楚的谜团了。"

"他到底是咋写的？"我问。

"当时他的探险队进入了罗布泊洼地。这块洼地，大致位于东经88°至92°、北纬39°30′至41°之间，面积近十万平方公里。一路上，大家看到的不是浩浩森森的沙漠，就是奇形怪状的风蚀残丘，还有白花花的盐碱地。目光所及，除了荒凉，还是荒凉。连空气中，都散发着死亡的气息。"胡院士说。

不久，探险队进入神奇的雅丹地貌。这里是斯文·赫定曾经来过的地方。尽管斯坦因通过斯文·赫定的考察报告，对雅丹地貌已有所了解，但真正进入雅丹群，他还是吃惊不小。

一望无际的雅丹地貌，土丘耸立，千沟万壑，阴森恐怖。

走出雅丹地貌，又是一望无际的盐碱地。盐碱地中，散布着一些大小不一的浅水湖。由于湖水含盐量太高，尽管天寒地冻，却没有结冰。

12月15日，斯坦因在一座高大的沙丘旁，建立了探险队的121号营地。这里，将作为探险队进入罗布泊的一个中转站。他让民工把30头毛驴驮的冰块卸下来，放在沙丘旁，然后让毛驴返回上一个中转站，把食品驮回来。

第二天，探险队又进入一片雅丹地貌。这里是著名的白龙堆雅丹群。

白龙堆雅丹群，是在灰白色沙泥夹石膏层的基础上形成的。这里的雅丹群，大都是长条形的土丘，一般高10米以上，最高的达20米；长200米以上，最长的达500米。这里的沙土，含有大量的石膏层，有的灰中夹白，有的黄中夹白，一座座土丘蜿蜒而去，气势磅礴。从远处看，雅丹群如一条条白色巨龙，匍匐在地，有的似在静卧低吟，有的似在摇头摆尾，准备冲天而起。

雅丹群中，积有大量的流沙。早于玄奘西行，去西天取经的晋代和尚法显，曾路过罗布泊。他在《佛国记》一书中，对雅丹群之间的流沙河，作了让人毛骨悚然的描述："沙河中多恶鬼热风，遇则皆死，无一全者。上无飞鸟，下无走兽，遍望极目，欲求渡处，则莫知所拟，惟以死人枯骨为标帜耳。"

赫定知道，这种流沙河中，没有什么恶鬼。不过，那些沙子是流动的，人走进去，不能自拔，会越陷越深，最后困死沙中。

12月17日，探险队走近楼兰遗址。这是一片略呈方形的古代城郭遗址，总面积在10万平方米以上。

进入楼兰遗址，斯坦因开始寻找斯文·赫定报告中提到的古塔。他走了许久，没有见到古塔，却捡到了三枚汉代五铢钱。

就在这时，一个走在最前面的民工，爬上了一处雅丹顶部，大喊起来："炮台！炮台！"

斯坦因跌跌撞撞地跑去，手脚并用，爬上了雅丹顶部。

前方，矗立着一座高高的土堆。斯坦因看出来了，那不是炮台，而是一处窣堵坡遗址。那里，曾经有过一座佛塔。

"而就在这里，有着不为人知的秘密。"胡院士说。

"什么秘密？"我问。

"千棺坟！"

"千棺坟？"

"没错，那是一千座坟墓堆积起来的巨大的沙堆。"胡院士说。

我从胡院士眼睛里看到的可不是什么兴奋之情，而是一脸的惊叹，好像那巨大的沙堆下面，埋葬着整片沙漠的死亡。

"谁会把自己埋在这里？"

"愿意把自己埋在这里的人。"胡院士说。

"雅丹到底是什么？"我问了一个显得有些弱智，但是又不得不问的问题。

因为在我所当兵的那片酒泉戈壁滩里，也有过所谓的雅丹地貌，但是那里已经成了风景区，况且我这些年也没去过那样的地方。

雅丹地貌是地理性名词。雅丹专指干燥地区的一种特殊地貌。一开始在沙漠里有一座基岩构成的平台形高地，高地内有节理或裂隙发育，沙漠河流的冲刷使得节理或裂隙加宽扩大。一旦有了可乘之机，风的吹蚀就开始起作用了，由于大风不断剥蚀，沟谷和洼地逐渐分开，形成了孤岛状的平台小山，后者演变为石柱或石墩。旅游者到了这样一个地方，就像到了一个颓废了的古城；纵横交错的风蚀沟谷是街道，石柱和石墩是沿街而建的楼群，地面形成似条条龙脊，座座城堡的景状。这样的"城"称魔鬼城，所以古书《水经注》中形象地称之为"龙城"。这是一种最典型的雅丹地形。巨大的土墩台高达12至20米，侧壁陡立，极难攀登。从侧壁断面上可以清楚地看出沉积的层理；下部是厚厚的灰绿色砂层，最上面是一层淡红色的粉砂粘土层，这是由于碳酸钙胶结得非常坚硬，而形成一个保护层，使土丘顶面非常平坦。"龙城"的"建筑物"造型多姿多彩；有的俨然是"城堡"，端庄凝重；有的似"城郭"，龙盘虎踞；有的像高楼大厦，顶天立地。分布在这些躞蹀地物之间的宽阔的条条风蚀凹地犹如条条大街小巷，显得深邃、幽静，别有意趣。置身"龙城"，颇觉眼前的"龙城"不是古城，胜似古城，更似大自然造就的迷宫，令你在感叹之余不免生出几分恐惧。

石柱（如前所述，有的石柱就是风蚀的）继续遭受风的吹蚀而变成各种形状。如果岩层近于水平且硬、软岩层相间，软岩层容易被剥蚀掉，硬岩层相对突出，像屋檐那样，称石檐。如果软、硬层相间的岩层是陡倾斜的，那么就形成锯齿状的雅尔地形。如果组成石柱的岩石下软上硬，兼之低处的风携带的沙多且沙粒粗大，高处的风携带的沙少且沙粒细小，风的吹蚀和磨蚀作用在石柱的上部和下部表现出明显不同的结果：下部变得很细，像蘑菇把，上段则成了蘑菇伞，形成蘑菇石。最后的结果，蘑菇把也被剥蚀掉了，蘑菇伞只靠着很小的一点接触面积坐落在基岩上，看上去摇摇晃晃的，称摇摆石。在球状风化的配合下，两块圆咕隆咚的大石头只靠一个切点互相接触，上面的圆石似乎风都吹得动，叫风动石，如福建东山岛的花岗岩风动石。

"雅丹地貌是一种典型的风蚀性地貌。'雅丹'在维吾尔语中的意思是'具有陡壁的小山包'。由于风的磨蚀作用，小山包的下部往往遭受较强的剥蚀作用，并逐渐形成向里凹的形态。如果小山包上部的岩层比较松散，在重力作用下就容易垮塌形成陡壁，形成雅丹地貌，有些地貌外观如同古城堡，俗称魔鬼城。"胡院士说。

"就是在风作用下，被吹得不成样子的山丘嘛！"我说，"那有什么可怕的呢。"

"雅丹地貌并不可怕，可怕的是在这里面容易迷路，而且走不出去，再一个，这里面一到晚上，会有恐怖的事情发生。"胡院士说。

"恐怖的事情？"

"鬼哭狼嚎，什么都有！"胡院士说。

"好了，别吓唬我了，我又不是吓大的。"

胡院士笑了笑说："我就知道你小子不怕。但是咱们要去的龙城雅丹，却不同，它最为神秘，也很少有人踏入。"

龙城雅丹尽是些形状奇异、大小不等、由东北向西南排列有序的土阜、土丘。土丘又干又硬、鳞次栉比，有的拔地而起，如柱、如树、如竹、如伞；有的匍匐在地，似狮、似虎；有的怪异，像神、像魔鬼；有的肃穆庄重，像城堡、像帐幔、像房屋。而在那"土丘林"的沟壑中，鹅黄色的沙堆，蜿蜒起伏，金波粼粼，犹如匹匹锦缎。每当云影飘过，或细风撩起轻沙，土阜土丘似乎缓缓漂移，像船起航，宛如鲸鱼遨游，扑朔迷离，给人以无限遐想。

雅丹地貌犹如罗布泊王国的层层防线，使探险者不胜颠簸、跋涉之苦。在罗布泊古湖盆地东北部有一片风蚀最强烈的地区，土丘高峻似城郭宫阙，其形似龙伏卧，所以龙城则成了我们最终的目的地。

2

听着胡院士的话，好像是在听故事，总觉得那么好玩，而没有什么危险性。但其实不然，他表现出来的那种对罗布泊的了解，似乎只停留在文字里面，而其他东西一概不知，起码从口头上给我的表现是不清楚。

"行了，我该告诉你的都告诉你了，接下来就看我们的双腿了。"胡院士说。

"是啊！"

"忘记问你了，你安排好，谁在这里做接应了吗？"

我说："这事情让王小虎去安排了，他说话比我有分量。有两个战士留下来，然后再留下差不多的口粮和水，我们带上一周的口粮和饮用水就可以出发了，我觉得这样应该差不多了。"

胡院士点点头说："嗯，差不多了。如果机缘巧合，我们会很快出来。"

我听着胡院士"机缘巧合"四个字，心中有种冷冷的疼，总觉得那话在预示什么，当然也许是我多想了。

但是这几天，我发现自己的身体某些方面变化很大，总觉得有种与众不同的感觉，虽然很细微，但是我能感觉得到。

我和胡院士陷入了深深的沉默，看着远处的黑暗一点点地袭来，然后占领了我们眼前的这片土地，天终于黑得看不见五指了。

篝火燃烧得越发亮了，我和胡院士没话说了，最后忍不住从帐篷里走了出来。来到帐篷前，我看到两个战士双眼通红，在和王小虎说着什么。

我看着那两个长得清秀的小战士，心里不免也有些伤感，让他们留在这里或许是对他们最大的保护吧。

　　或许是看到我走了过来，那两个战士轻轻地走开了，王小虎叹了口气走到我跟前说："就他们俩了。"

　　"挺好的，让他们在这里也要小心，你也看到了，这周围也很危险，我就怕他们俩大意。"

　　王小虎轻轻地说："这个肯定。"

　　坐在火堆旁的众人，相视无语，或许是因为接下来的任务有些压力吧，这对于每个人来说都是未知。

　　"都咋了？哑巴了？"马辉问，"又不是明天就去上战场，挨枪子，你们一个个都成什么了啊！"

　　这家伙开始发疯了，我看着马辉又气又笑，实在是没办法。

　　梁子从那两个盗墓贼的车里居然弄到了两瓶新疆产"白杨"老窖，高兴地跑过来跟我们显摆。

　　我一看这家伙也不错，将酒瓶子打开先是一口，这新疆酒就是烈，火辣辣的，让人喝得很舒坦。

　　我将酒瓶子交给马辉，马辉这家伙一口下去，我觉得都少了一半，然后是梁子，所有人喝得都是脸色红润，话匣子一下打开了。

　　马辉说："奶奶个腿的，怕什么啊，咱们都是兄弟，别担心，有我在，我保护大家。"

　　梁子哈哈一笑说："这家伙又在这充老大了。"

　　所有人被逗笑了，笑声一下子充斥这片万古的戈壁滩上，让人一下子觉得眼前的一切是那么美妙。

　　我偷偷问身边的王小虎："李卫平情况咋样？"

　　王小虎说："这两晚上一白天，李卫平一直在帐篷里睡着，而且睡得很香。"

　　我这心里就踏实多了，心想看来李卫平是恢复得不错。

我看着眼前这帮子家伙，此刻酒精已经上到了头上，悄声起来，往李卫平所在的帐篷走去。

轻轻地掀开帐篷，我走进去，然而帐篷里面却是空空的。

我心里涌现一股出事的不安，难道这家伙被什么东西给抓住了？我一想这种几率不高，所以又走出帐篷。

在周围找了找，也没找见李卫平的身影。

突然，在远处的一块沙丘上，我看到一个黑影一动不动地蹲在那里，我悄悄地靠了过去，走到跟前才看清楚原来是李卫平。

我正要说话，李卫平转身对我做了一个悄声的手势。

我赶紧蹲下来悄声问："怎么了？"

"有东西在我们周围。"李卫平说。

"在哪？"

李卫平指了指远处一片看不到边的高低起伏的各种戈壁滩上的小丘陵说："就在那里面，你看不见，我也看不见，但是我能够清楚地感受到它的心跳。"

"是什么东西？"我问。

"不知道，但绝对不是什么好东西。"

"那咋办？"

"在这盯着啊！"

"不能过去吗？"

李卫平轻轻笑了一下说："这东西敢晚上靠近我们，肯定有比我们更为厉害的晚上的能力，况且我们人生地不熟，说不定会出事。"

我点点头，对李卫平的话表示认同。

我们俩就这样一直听着远处的吆喝声，期间还夹杂着唱歌声，一直在那个沙丘上蹲了也不知道多长时间，李卫平突然站起身来，伸了伸懒腰。

我问："怎么了？"

"不用管了，那家伙见无机可乘，已经离开了。"

李卫平说话的声音很有力，我笑着说："不错啊，看来已经恢复好了嘛！"

"这要感谢你给我提供这么好的休息地方！"

"也不是我，我们一大帮子人都累得不行了，刚好离目的地也不远了，在这里做个休整，也好让大家放松一下。"

"这两天没出什么事吧。"李卫平问。

我边走边说："也没什么事，这地方就是奇怪得很。发现了一具尸体，所有的东西都被掏空了。"

"被掏空了？什么东西做的？"

"我们现在还不知道，但是我怀疑是在冰窟里，咱们遇到的那个黑影，现在没有任何线索。"我说。

"看来咱们要注意周围的警戒啊，晚上的篝火可不能灭。"李卫平说。

"行了，你就放心吧，赶紧回去好好休息，明天咱们可要步行出发了，前方没路了。"我说。

"好，那我就再安心地睡一晚上。"李卫平说。

"好好休息吧，我还需要你后面出大力呢。"

李卫平笑了笑，然后往帐篷走去。我再次上到那个沙丘，闭上眼睛，试着用心去感受周围的变化，然而一切都显得那么徒劳，看来我还有很长的路要走。

随着歌声结束，我知道这个夜晚即将结束。

早晨五点，我将所有人喊醒，打包好帐篷和食物，因为昨晚的事情，我临时决定再安排一个战士留在这里，因为这个地方太重要了，是离我们最近的大本营，而且这里还有水。

剩下我们五个人，加上王小虎带着的三个战士，我们加起来就是九个人。九个不怕死的人，即将踏上一条不知道未来的路。

我们九个人，每个人的负重大概在四五十斤。幸亏是经常锻炼的人，要不然背这么重的东西还真是吃不消。

在这样的沙漠里，很多东西必须带足了，要不然到时候是没有机会从大自然获取的。

王小虎和那三个一直走出来送我们的战士来了一个拥抱，所有人都没有说话，周围的空气骤然多了一丝哀愁。

3

慢慢地，背后的汽车变成了小黑点，然后一点点地成为地平线上一个看不清楚的小符号，最后能看到的就剩下头顶那一点点的篝火扬起的烟。

胡院士说："咱们这样往前走，第一个到达的应该是小河墓地，也就是我给你说过的'千棺坟'所在地。"

"嗯。"我说。

"那地方的名字还真够怪的啊！难道真的有一千座坟墓吗？"马辉问。

"就是一个估算，没人能够数清楚。"胡院士说。

一边的李卫平一直低头走着路，并不说话。我生怕这家伙半路上出什么问题，赶紧走过去问："还好吧？"

李卫平笑着说："没事，我觉得恢复得不错。"

天渐渐越来越热，周围好像要被烤焦了一般，我觉得身上的水分在以极快的速度流失。

梁子走到我跟前擦了擦汗说："我看咱们还是按照以前的套路来

343

吧，下午出发，这样走我估计没到地方呢，人已经成干尸了。"

我点点头然后问胡院士："你看呢？"

胡院士的脸色有些苍白，吐了口气说："我看可以！咱们还是休息休息吧，晚上出发。"

然后我就看到胡院士径直栽了下去。

易志军赶紧跑过来扶起胡院士，摸了摸头说："中暑了！"

"中暑了？"马辉看着胡院士躺在地上说。

"咱们还是休息一下，这样烈日下负重前行，我们能受得了，他不一定能行。还是下午出发吧。"易志军说。

我点点头，然后开始搭起帐篷。

经过简单的治疗，胡院士逐渐清醒了过来，他一脸歉意地说："不好意思啊，我拖累了大家伙。"

我笑着说："没事，刚好我们白天休息，晚上出发。"

风吹得帐篷呼呼地响，我们所有人为了躲避炎热都躲在了帐篷里面，不一会儿所有人都睡着了。

我的耳朵边不时传来风的声音，或许是因为太热，也加上好久没这么武装越野式挺进了，一下子睡得不知道东南西北了。

直到下午，所有人才渐渐地醒来，头顶的烈日已经少了些毒辣之感，简单地吃了点东西，我们开始沿着没有路的戈壁滩慢慢向前移动。

"这就凉快多了。"马辉说。

我们几个人将胡院士背包的东西分了分，这样有助于胡院士身体的恢复。胡院士吃了点药，然后经过休息，脸色明显红润多了，人也显得有了精神。

随着夕阳而来的，是大风四起。

周围一下子显得不是那么清晰了，大风携带着大批的沙石，不断地打在暴露在外面的皮肤上，有些生疼。

风势随着天色的暗沉越来越强，已经看不清楚眼前的路了，我从包里拿出绳子，然后绑在自己身上，接着给后面的人，就这样，我们一大帮人被拴在了一根绳上。

随着风势逐渐加强，我们都被吹得摇摇晃晃，如果不是身上的大背包，我估计都能把人给吹跑了。

这样坚持了大约四个多小时，大概在凌晨时分，风势越来越强，风沙已经在我们眼前形成了一条无法辨识的黑色道路。

胡院士顶着风沙喊道："还是找个地方避避吧，要不然这样下去我们会迷路的。"

我看了看周围的情况，也确实无法前行了。

随即众人找到一块背风的山包，就在那山包，一帮子人围成一圈，大家伙你看着我，我看着你，谁也不敢说话。

因为一说话，沙子就钻进了嘴里，有种苦涩的咸味。

大概窝了有个四个多小时，风突然就停了。

"嗨，你别说这风啊，还真够怪的，知道我们休息得差不多了，该出发了它就停了。"马辉说。

我笑了笑，已经分不清楚哪个是马辉了，只知道这家伙动了动嘴。

因为每个人好像都是刚被沙雕师雕刻出来的一样，满脸的沙尘，然后看到的人都是眼睛在动，鼻子在出气，除此之外都是一个模子出来的一般。

其中一个头左右转，看了一圈然后哈哈大笑说："现在我们谁是谁估计都分不清楚了吧。"

其他人这才反应过来，也相互看了，紧接着传来了各种笑声。

风停了，周围的灰尘一下子也消失了。

头顶出现了月亮，周围没有了那股子黑暗，反而多了一丝淡淡的月色，路算是清楚了，经过胡院士确认，我们还在原先的路上，并没有走偏。

经过简单的处理，大家终于露出了原本的真面容。

我说："今天可真是多事啊，现在好多了！我们出发。"

所有人齐喊"是"。

我们接着赶路，眼前的风景却比往日要有魅力多了。所有原本枯燥的自然景象，经过月光的照耀，呈现出一种少有的金黄色，外加上周围黑暗的烘托，煞是美丽。这对我们辛苦的旅程是一种不错的调节。

"这地方现在看，还不算那么讨厌！"马辉说。

胡院士挤出一点笑容说："这就是这片土地另外的颜色！"

李卫平则淡淡地说："除了这些，我还看到了不为人知的血色，大家伙还是多注意啊！"

就这样我们又沉默地走了两个多小时，远处地平线上出现了红色的云彩，这是太阳升起来的征兆。

我招呼大家休息一会儿，所有人都站在原地，看着远处的太阳。

因为就在远处，除了即将升起的太阳，居然还有一片黑色的柱子。

阳光照耀在眼前的一大片沙丘上，我远远地看见，那些层叠在一起的沙丘一浪高过一浪，然而就在其中一座沙丘上，我看到了惊人的一幕！

那是一种我从未见过的奇异场景，当我一笔一笔地记载这个事件的时候，我的心情依然荡漾着无比憧憬的震惊。

那幅画面随着太阳升起出现我们的眼前，我一点点地调整望远镜的距离，细细地看这个巨大的沙丘上到底发生了什么诡异的景象。

一大片我无法形容的沙丘出现在望远镜里，那周围成片的沙丘皆以这座沙丘为王，在那黄色的沙丘上，矗立着数不清的好像是红色的树杆，远远望去好像是木桩子的坟墓一般。

经过一夜的奔袭，虽然所有人都有些累了，但是都在睁大眼睛看着眼前的这一幕。我也不知道为什么突然之间觉得眼前这景象是那么美，或许是因为这段时间的诸多事情吧。

第二十一章

Chapter 21

红衣女子

1

我看着远处的一切，赶紧使劲儿踢了一脚正坐在地上休息的梁子。梁子翻滚起来，手拿着枪迅速地扫视了周围一圈，见没有危险，转头就骂道："你丫脑子有病啊？那沙蜥没吃了我，我早晚都要死在你手里。"

"快来看！"

"什么？"

"你来看就知道了！"

梁子拿过望远镜，我看着梁子脸上的肌肉颤抖着，双手紧紧地抓着望远镜，生怕眼前的景象从望远镜里面消失了。

"太奇怪了！太奇怪了！"梁子说，"昨晚上我们怎么没有发现这地方，它就像是突然出现的一样。"

"是啊！"

"这是什么东西？不对啊！"梁子说。

"怎么了？"

"那他妈的木桩子上爬着什么东西？"梁子大喊。

"我看看！"

我从梁子手里抢过来望远镜，那红色的木桩子上，此刻突然多了一个四肢的爬行动物，我心中大喊一声：操！

那怪物又再出现在了木桩子上——巨型食人沙蜥。

我们昨晚上跑了一晚上被风沙所困，现在大清早才有个能够舒缓一下的时间，没想到在这里又碰到了它。

我盯着木桩子上的巨蜥看了半天，它此刻好像在那木桩子上趴着晒太阳，一动不动，好像是死了一般。

"不对啊！"我说。

我看着那沙蜥半天，这家伙居然一动不动，就像死了一般。

"梁子，这东西好像是死的！"我说。

"真的？"梁子一脸惊讶地问。

"没错！我觉得它好像是被什么东西猎杀之后，挂在了那里。"我说。

"挂在那里做什么？"

"我也不知道。"

"有可能是吃不完，放在那里剩着，等饿了再来吃。"我说。

"什么东西能够杀死这沙蜥呢？"梁子问。

"我也不知道，但是绝对不是我们杀死的。"我说。

"废话啊，那肯定不是我们杀死的，我们都好久没见到这东西了，看来这地方还真有些怪啊！"梁子说。

"要不我们过去看看？"马辉问。

李卫平点点头说："这地方反正就在我们的路上，不去看看我心中总是有些疑问。"

胡院士歇息了一会儿，然后问："发生什么事情了？"

我将望远镜给他，很多事情我们这些大老粗估计难弄清楚，这位教授级人物却能明白。

胡院士拿着望远镜顺着之前我们俩的方向望去。

"奇怪啊！这像是千棺坟。"胡院士说。

"千棺坟？"我问。

"死者躺在沙地上永远地睡去，木棺，像倒扣在岸上的木船，将死者罩在其中，隔绝了生与死的时空。我曾经看到过这方面的研究文章，全部出自张教授的笔下。"胡院士依旧握着望远镜，盯着远处那个奇怪的沙丘，接着说道，"张教授真的是我见过的天才型的专家，他好像对什么都有兴趣，对什么都能找到美妙的研究方法。"

我们相视一笑，根本无法理解这些专家们惺惺相惜的感觉，但是我从胡院士的嘴中听出了他对张教授的崇拜。这也坚定了我一定要见到这位传说中的人物的想法。

"那现在怎么办？"我问胡院士。

胡院士将望远镜交给我说："我们过去看看，说不定在那里会有什么发现。张教授对这个地方描述得非常细致。"

沙丘已经彻底占领了眼前这片曾经应该湿润的土地，此刻满眼皆是一片荒芜，除了荒芜就是远处红色的朝天的不知道为何物的东西。

我心中疑惑了半天，到底是什么人在这里造了这片木头啊？

慢慢走近，头顶的太阳逐渐被这些红色的木头给遮挡住了，一片片阴影让人有些摸不着头脑，又觉得相当奇怪。

胡院士抬头看了一眼那些红色的木头："哼，这些家伙果然聪明，你看这胡杨木，都选的是百年以上的胡杨树啊！"

这我倒是知道，因为胡杨生存环境极其艰苦，所以生长速度也缓慢，哪怕是五六十年的胡杨树，也不会长得多粗壮。

而一二百年的胡杨树，现在见到的也不多，多半都是半枯萎状态了，眼前这些红色的木头桩子，宽度大约五六十厘米，可见当时耗费了一大批胡杨树。

"没错，看来这就是千棺坟所在地了。"胡院士说。

"这里就是？"我问。

"没错，你看眼前这些红色的木头桩子，其实是棺材！"

"啊！"正在摸一根朝天的树杆的马辉赶紧将手移开，面露怯色地说，"这是棺材啊，我说胡院士，您老人家也不早点说。"

说着赶紧转身，马辉从地上赶紧抓起一把沙子，然后搓了搓手严肃地说："手要搓搓，最近我老觉得晦气得很，不能再有什么晦

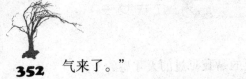

气来了。"

"嘿，看把这小子吓得。"梁子说。

胡院士带着我们一帮子人沿着这个千棺坟的边走了一圈，那只巨大的蜥蜴就在其中一角，我远远地就看见那巨蜥的身子在不断地滴血，血顺着那些红色的木桩子已经将地上的一片细沙染成了黑红色。

胡院士皱着眉头看了一眼那只巨蜥的尸体说："能杀死这家伙的，我看不是等闲之辈！"

李卫平点点头说："这样做到底是要干什么？"

"我不知道！"胡院士说。

"看来我们要小心。"我说。

胡院士扭头说："这千棺坟还真是奇怪啊，这些棺材居然是两块胡杨木做成的。"

这些墓地整体由数层上下叠压的墓葬及其他遗存构成，外观为一个椭圆形沙山，呈东北—西南走向。沙山表面矗立着各类木柱，数也数不清，我估计这也是为什么称为之千棺坟的原因，在墓地中间和墓地的西端各有一排保存完好的大体上呈南北走向的木栅墙。

两根胡杨树干被加工成一对比人体稍长一些的"括号"形，这是棺木的侧板，"括号"两头对接在一起，将挡板楔入棺板两端的凹槽中固定，没有棺底，棺盖是十多块宽度依棺木弧形而截取的小挡板。

这些木桩大都高出地表二至四米，直径多为二十厘米以上，从六棱体到二十棱体都有，尤以九棱体居多。

"这些皮是什么动物的？"马辉指着包裹在那些木桩子外面的一层已经被风刮得只剩下一层黑皮子的东西问。

"是牛皮！"胡院士说。

2

活牛被当场宰杀剥皮，整个棺木被新鲜的牛皮包裹。牛皮在干燥的过程中不断收缩，沙漠中干旱的气候会蒸发掉牛皮中所有的水分。最后牛皮紧紧地、严密地将棺木包裹，表面变得像盾牌一样坚固，棺盖——那些摆放上去不加固定的小挡板便因此非常牢固。

根据目前发掘的保存着原始状态的墓葬，可以推断当时墓葬的埋葬过程。先挖沙坑，然后将包裹好的死者放在适当的位置，再依次拼合棺木，覆盖盖板、牛皮，继而在木棺前后栽竖立木、木柱，最后在墓坑中填沙，继而堆沙。棺前象征男根和女阴的立木大部分被掩埋，棺木前端的高大木柱上端则露出当时的墓葬地表，成为明显的墓葬标志物。

这些话都是我从胡院士那里听来的，虽然不全，但是我觉得应该已记下了最为重要的部分，当然其中很多专业性的解释，我是弄不明白了，也就懂个七八成，但是觉得挺有意思的。

"果真是一座死人的天堂。"胡院士说。

"不光是死人的天堂，这里面我看不止我们吧。"李卫平说话，又一次出现了那种阴阳怪气的感觉。

"你又发现了什么吗？"我问。

李卫平摇摇头说："没有，只是觉得有些不对劲儿。"

这时候马辉和梁子他们几个人已经将那只巨蜥的尸体从上面给拉了下来，还真是一只够大的尸体。

巨蜥尸体放在我们跟前，易志军上去摸了摸说："应该是昨晚上被杀死的。"

"怎么死的你知道吗？"我问。

"我已经查看过了，这家伙身子下面有个两个拳头大小的洞，我摸了摸，那地方是心脏。"易志军说。

"你的意思是说，什么东西拿走了它的心脏？"我问。

"没错，一招毙命，准确，狠毒！"易志军说。

我胸口一凉，这家伙是什么东西居然能一招就将这样巨大的蜥蜴的心脏取出来呢？这该是多么让人震撼的怪兽啊。

看到那巨蜥睁着的双眼，我仿佛看到了在黑夜里，一双黑色的手，突然之间刺穿了巨蜥那厚重的皮甲，然后轻松地拿出它还在呼呼跳的心脏，而巨蜥那双依然无知的眼睛，写满了惊恐与疼痛。

梁子这家伙看我们研究了半天也没研究出什么东西便说："我看你们也研究不出什么东西了，这巨蜥浪费了也怪可惜的，弟兄们好久没尝到肉腥味了，我觉得吧，这东西都已经死了，我的意思是把它烤烤吃了算了，反正这东西的肉我还没吃过呢。"

我看了一眼梁子，然后问易志军："这东西没毒吧？"

易志军说："原则上肯定是没毒，但是我不知道它有没有别的传染病。"

"那不就成了，吃了再说。"梁子说。

我也确实有些想吃肉了，部队上的压缩食品确实让我吃得嘴里都快没味了。

梁子见我没说话，便知道我也有些想吃了，忙招呼其他几个战士分割了这巨蜥。

巨蜥的四个爪子上的肉还是不错的，我瞅了瞅全部都是精瘦肉，味道应该不错。

没过一会儿，这些家伙将倒塌了的木头桩子弄了一些，搞了一大堆火，我就闻见了烤肉的香味。

要说这巨蜥肉跟别的肉有什么区别吧，我还真不好说，但是觉得那肉就是紧。比牛肉多了份嚼劲，比猪肉香，味道不错。

正在我们吃肉的时候，突然李卫平站起来，看着远处说："那边有人。"

听到有人，所有的战士都放下了肉，齐齐地向两边散开，向着李卫平所指的方向围拢了过去。

李卫平所指的地方，刚好有块木头桩子，我倒是没注意到那里会有人，但是我知道李卫平的本事，这不可大意。

不多会儿，这些家伙带回来一个有些蓬头垢面的红衣女子。

她坐在我跟前，一手拿起来新烤的巨蜥肉，大口地咀嚼起来，狼吞虎咽，也不知道吃了多少。

我们一直盯着她，等她吃饱了，大家伙总算停了下来。

我问她："你是谁？"

她惊讶地抬头看着我们，一点点地往后退。

那是一双我从未见过的大眼睛，黑色的睫毛，在眼皮上打了一个美妙的弧形，简直太漂亮了。

她看着我们显得很紧张，那种紧张好像是看到了某种从未看到过的食人怪一般。

她蹬着双腿，在沙子上使劲地往后退。

我慢慢地走到她跟前，一群大头兵盯着这么一个在沙漠里无缘无故出现的妙龄少女，早都忘记魂了。况且这女子，楚楚动人，显得惊恐万分，更让这群大头兵心里痒痒得很了。

这时再看那女子，却有很多与我们不一样的地方。

这女子穿一身红衣，脸色虽然沾满了灰尘，但绝对是白净的。下体裹着一圈麻布裙子，让人看得心里着实浮想联翩。再看她的五官，除了睫毛和眼睛都出奇地美以外，她的鼻子高高的，完全有别于我们的长相。

梁子这家伙走过去，拎小鸡一样地拎起来她。

这女子也确实奇怪得很，她使劲地打梁子，嘴里也不知道嘀咕着什么，听了半天我只听出来啊啊啊的尖叫声。

梁子强忍着疼，将那姑娘拎到我们跟前，然后一口气坐在地上说："你个小妮子，打人还挺疼的啊！"

那女子看着梁子，脸上写满了憎恶。

我又一次问："你是谁？"

那女孩子惊恐地看着我，好像我脸上写着要杀人一样。

她啊啊啊地叫着，手里比划着，也不知道在比划什么。

马辉走过来黑着脸说："你再不说，我将你扔到沙漠里喂狼。"

那女子一下子吓得不说话了，哆嗦地发抖。

我看这情况，估计这女孩子也不知道我们在说什么。

"给她点吃的吧，估计饿坏了。"我说。

梁子随手给了一些吃的，那女子好像饿了八百年，拿着吃的就往嘴里送，也不管三七二十一的，没多会开始打嗝，噎着了。

梁子笑了笑，给了水。

李卫平走到我跟前轻声说："咱们到那边聊聊。"

李卫平掉头走了，我跟着过去。

看距离差不多了，李卫平转身对我说："这女孩子不能带！"

"为什么？"

"有晦气。"

"晦气？你信这个？"我说。

"我什么都不信。"李卫平说，"你看看这茫茫戈壁滩，鸟都没有，怎么会突然出现这么一个女孩子。"

我也觉得很奇怪。

3

"还有，你看看这周围都是什么。是棺材，是红彤彤的棺材，谁知道这鬼地方还有什么东西。"李卫平压住火气说。

我一时无语。

"你看那女孩子的穿着，根本不是现代人的衣服，我总是觉得她有问题，但是能力有限，到底问题出在哪里，我现在也不好说。"李卫平说。

这种隐晦的说辞，让我也不知所措。

"那咋办？"我说。

李卫平一狠心说："不管，扔在这。"

"那她会死的。"

李卫平邪恶地一笑说："她或许本就不是活的。"

"你什么意思？"

"你知道的。"李卫平说。

"那样不行，我们是军人，怎么能这样做？如果把她扔在这里，我们还怎么出去见人。"我拒绝了李卫平的想法。

"随你便。"李卫平转身走了。走了一截，他转身说："你最好找人看紧她，她不是省油的灯。"

我摇摇头，叹气一声，这家伙总是这么神神秘秘。

等我转身回到原地，这女孩子已经不是当初那么对我们有戒心了，但还是不说话。

我安排了两个战士一路上带着她，以防万一。

等勘察情况回来之后，天色渐暗，今晚上再不用像之前那样奔跑了，我心里想，可以美美地睡一觉。

胡院士走过来问我："那女孩子是谁？"

我将发现她的前后过程说了一遍，胡院士并没有多问。

轮流站岗，我也不例外。

我坐在火堆边看着远处巨大的黑色帷幕下，不知年代的坟墓，心里顿觉得有些许伤感，或许是想家的缘故吧。

就在我低头添柴火的时候，很明显地感觉到一个黑影从远处爬了起来。

我悄悄地抬头看了一眼，又是这位胡院士。

胡院士显得鬼鬼祟祟，也不知道要去做什么。

胡院士从战士身边悄悄地走过去，然后消失在黑暗里。

我一转身，一把抓住马辉，马辉也聪明得很，睁开眼睛，我做了一个嘘声的手势，他就明白。

我悄声说："你在这里，我去看一下情况。"

马辉点头。

我悄悄地跟在胡院士身后，看着他一个人静静地沿着沙子向那片棺材靠近。在这么巨大的一片坟墓边，我心里还是有种毛嗖嗖的感觉，只觉得鸡皮疙瘩起了一身，背后阵阵凉风。

胡院士一脚一脚地走得很扎实，完全不像一个常年做学问的人。

我心里觉得有些奇怪，这人白天一个模样，晚上一个模样。

胡院士走得很谨慎，生怕有人跟来。

我也不能跟得太紧，在这样开阔的沙漠里，根本没有藏身的地方，幸亏有夜色的阻挡。

胡院士悄悄地走到棺材林里，然后我快步走上去。

等我跟上的时候，胡院士的举动让我大感震撼。

此时月亮刚好照在棺材林里最中间最高的一根男根柱子的最顶

部，这根柱子远远地望去就好像要刺破月亮一样。

而胡院士静静地跪在那根柱子前面，抬头看着月亮，嘴里念念有词。

而他的手则在地上画着一个门，一个和人身体一样巨大的门。

门和我之前看到他画的那个门一样，半掩着，好像有什么东西要从那门里出来。胡院士静静地让月光照在脸上。

我悄悄地靠近，借着那些象征男根的柱子的掩饰，看到月光照在胡院士的脸上，他脸上的每根汗毛都是那么清晰，奇怪的是，我觉得那汗毛好像是绿色的，像池塘里淡淡的绿藻。

周围的柱子，在月光下的那种红色，更加诡异。

胡院士就这样静静地跪着，嘴里的念叨越来越快，越来越快，他的胸脯也起伏得越来越快，好像有什么东西在他胸脯里敲打着一般。额头上的汗水慢慢地流到脸上，最后滴到他在地上所画的门上。

然而，惊奇的一幕出现在了我的眼前。

我看着那奇怪的变化，嘴不听使唤地张大得老大。

明明刚才经过胡院士额头、脸颊的汗水，此刻在那门上，却成了一摊红色的血，真正的血！而且那血好像是不会凝固一般地在门上蠕动着，让人不寒而栗，然后突然从半掩的门里钻了进去。

胡院士慢慢地睁开眼睛，深深地呼吸了一口，特别像吸毒者满足的那一吸，让我觉得这院士更加奇怪了。

由于离得太近，我听到胡院士喘着粗气，非常激烈，这种激烈的喘息声大概持续了十来分钟，胡院士站了起来，然后扭头看了看周围，好像生怕有人似的，勘察了一番发现没有任何情况后，这才偷偷地沿着原路往回走。

我看着在月光里步履蹒跚的这位胡院士，心里总觉得有些奇怪，他到底想干什么，他到底在干什么？

这已经不是第一次遇到这样的事情了，这位老者到底隐瞒着什么事情？我在心里不断地猜测着，好像真的有什么事要发生。

我走到胡院士画的那个门跟前，一阵阴风从我身边吹过，我打了一个冷颤，然而当我再细看的时候，原本清晰的门此刻却被细沙给掩盖了，只留下浅浅的引子和一摊红色的鲜血。

难道是我眼睛看花了不成？我第一次对自己的论断提出了质疑，可是刚才看到的是那么真实，不可能是我的问题！

什么东西都没有获得，我只好往回走。马辉从隐藏的地方出来，告诉我胡院士已经进到帐篷里，休息去了。

我悄声对马辉说："看来咱夜里值班要小心啊，尤其是要盯着他。"

马辉问我："发现什么问题没？"

"没什么问题，就是觉得奇怪。"我说，为了整个团队，我不能将这种紧张氛围传播出去，"告诉梁子和李卫平，以后一定要在晚上看好！"

马辉点点头。

整整一晚，我都觉得神魂颠倒，好像有什么事情在我们身边发生，又觉得天昏地暗，有什么东西要从地下喷射出来似的。

就这样恍恍惚惚地过了一晚，第二天早上带领队伍出发时，突然王小虎说："队伍里面少了一个人。"

"少了一个人？"我问。

"是的！我这边一个战士不见了。"王小虎说。

"找！"我说。

我在人群里找到了那个红衣少女，她依旧不说话，依旧一脸祥和的模样，只是比昨日干净了些。

找了半个小时，王小虎一脸悲伤地跑来告诉我："人找见了！"

"怎么样？"我看着王小虎的脸色，我就知道发生了不好的事情。

"死了！"

"怎么会死的？"我说，"晚上还有警戒啊！"

"不知道，你最好是过来看看吧。"王小虎说。

我跟着王小虎往千棺坟深处走去，在那个巨大的船跟前终于看到了那个战士。

冰冷的尸体，胸口破了一个大洞。易志军正在检查，我走过去，看到那个战士瞳孔涣散，然而脸型却是一个笑容的模样。

"没心了。"易志军说。

"为什么会这样啊？"我问。

易志军先是摇了摇头，接着说："和昨天那个巨蜥的死亡过程一模一样！"

"和它？"我说。

就在我抬头那一刹那，我突然看到了那个红衣少女冷峻的脸上，露出了一点浅浅的笑，然而那一笑，让我心中突然一颤。

那笑，带着一种让我看不透，但是害怕的寒意。

或许是看到我在看她，那红衣女子很快就将笑容收拢了起来，换成了一副冷峻的表情。

我突然想起，昨天在这千棺坟看到过一副红木棺材，架在胡杨树干的树杈间，外面的漆皮剥落，历经风吹雨淋，黑红色的牛皮布满棺外，那红黑混杂的颜色，显得极其邪诡！

这是种民间习俗，叫"树葬"，亦称"露天葬"，一般适用于女性，因为树林的阴气重。蛮王孟获的妾死了，就是采取这种方式，让家属用帛缎裹尸，葬在青松树杈，以树代墓。

此刻看那红衣少女，我心中突然有一种奇怪的想法，因为李卫平昨天的一席话，让我现在居然有些后怕。

因为李卫平说，"她或许本就不是活的"。

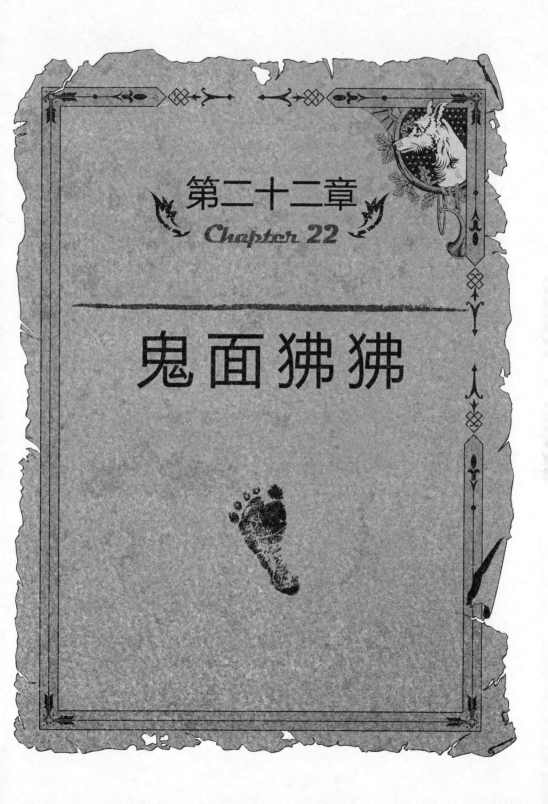

第二十二章
Chapter 22

鬼面狒狒

1

为了不影响后面的行程，我让人将那个死去的战士火化了，王小虎说什么都要带上那个战士的骨灰。

我安慰道："先放在这里，等回去的时候咱们再带上！"

王小虎两眼通红勉强答应了我的话。

此时此刻，九个战士里面又少了一个，所有人都沉默着，没有话。

一路上，我们原本还有些的生机，就这样被一场死亡打破了。

突然，梁子示意停下，然后指了指前面一大片戈壁石。我顺着梁子的手势看过去，只见一块大石头旁边露出一颗人头，背对着我们。我判断这人应该是靠在石头上在休息。

"什么情况？"我轻声问。

梁子悄声回答："我不知道，应该不是'僵尸人'。"

我判断也是，因为僵尸人身体活动能力虽然差一些，但是他们判断周围的环境是非常准确的，因为对僵尸人来说，距离大脑中枢最近的是鼻子和耳朵，所以僵尸人的鼻子尤为重要。

梁子和我的判断是一样的。梁子站起来喊了一声："兄弟，没事吧！"

那人没有反应。

马辉看到这一幕骂了一句："妈个巴子的！这是要干什么啊？你死了啊？"

不远处戈壁石旁边露出的人头没有回应。

"你还真能装啊，看老子怎么收拾你。"马辉说。

只见马辉这家伙的暴脾气上来了，他从地上捡起一块鸡蛋大小的石头，在手里掂量了几下，觉得这个大小应该差不多了，然后找准那远处露出的人头就扔了过去。

哐当一声，那石头正好打在那人头上，然后那人头一歪，就此不见了。我很明显地听到一个空落落的东西掉在了地上，怪异地滚了几个圈然后停了下来。

大家都站在原地不敢靠前。这时马辉这家伙脑子一热，他三步变两步，在梁子的掩护下，上前捡了起来。这不捡不打紧，还真给吓破胆了。

马辉喊了一声："快过来！"

我们几个人过去，看见马辉手颤抖着捧着那个黑乎乎的东西说："这……这是个人头。"

走在最跟前的我早已看清楚了，那确实是一个人头，只是这人头早已面目全非，不成样子。一张脸早已没有了人形。

我看着那个人头心里发毛，也慌了神。你说这是人头吧，确实是人头，但是人头上所有的五官都空荡荡的，一个巨大的洞在脸上出现，此刻那个洞周围还是血淋淋的。我看到这一幕，胃里就好像吃了世界最苦的中药一般，一阵恶心浮了上来。我强压住恶心感，看着那人头，只觉得那洞里面已经是空荡荡的了，只剩下一个颅骨和其他一些我叫不上名的骨头强撑着，脑子什么的都没有了。

盯着看的所有人都吓得腿肚子发软，马辉从紧张之中缓过神来，不亏是特种兵出身，他手一松，那人头掉到了地上。一干人都忍不住往后退，我也害怕地往后退了几步，虽然没他们多，但是我觉得自己当时确实有些害怕。

就剩下马辉一个人像是被钉子钉在地上一般，动弹不得。梁子很有眼色地过去推了一把马辉开玩笑说："别他娘的怂了啊！"

"你丫才怂了呢！"马辉脸色发白地说，"下次让你捧个空了的人头试试，风凉话让你小子说完了。"

我一看马辉回过神来了，也不再多说。

这时一直站在我身后的那位胡院士却发现了新的情况。原来靠在石头边的那人身体还在，胡院士正看得入神。

说是入神有点不对，应该是被眼前的景象给惊呆了。我们只顾看马辉了，没注意那石头边的尸体。

我回头先是闻到一股子血腥气，然后就看到胡院士蹲在地上，像是冻住了一般死死地盯着眼前的一幕。

我低头细看，这下子五脏六腑都能让我吐出来！

那人的肠子不知道被什么东西给拉了出来，此刻沙子全粘在那白花花的肉肠上。顺着肠子看去，在那人的肚子上一个很大的洞正在风中呼呼地吐着腥气。从这人的穿着来看，绿色军装，应该是之前基地里面丢失的士兵，让人惋惜的是已经没有人能够辨认出他是谁了。

奇怪的是，这么大的洞，居然没有流血，这让我有些觉得不可思议。

顺着那洞我看到这人肚子里面的五脏基本上都没有了，心肝肺很显然是被某种东西给吃掉了。

我不忍心再看下去，站起身来，然后易志军已经有意识地扶起来胡院士。我安排了其他人在地上挖个坑，把这个人埋了。

胡院士缓了缓说："肯定是什么东西吃了他！"

"那会是什么呢？"我问。

"我也不知道。"胡院士说，"我刚才看这个士兵已经僵尸化了，看来有某种僵尸人的仇敌在这片沙漠里啊！"

"恐怕不只是僵尸人的敌人吧！"李卫平站出来说。

从他的口气我能听出来，当然这事情很显然地摆着，这东西能吃僵尸人，就能吃我们。

突然，一声长啸在戈壁滩的某个地方响起来。那声音不像是狼叫，倒有点像猴子的叫声。

所有人精神紧张了起来，看着周围。

"别紧张了，从声音我就能够判断出来，那东西离这里有好几公里地。"李卫平说。

李卫平说得没错，这声音确实离得很远，但是所有人都听见，那家伙叫声尖锐至极，听到的人都是毛骨悚然，一种恐惧油然而生。

胡院士喉结上下游弋了好几下，我觉得他有话要说，但是又打住了。

看来这周围的情况越来越复杂，有什么东西正偷偷地跟在我们左右，如果我们不注意的话，说不定就成了这家伙嘴中的食物了。

想到那个白花花的肠子，我心里就觉得有些不舒服。

正在这时，那个红衣女子突然发疯了似的大喊："啊！鬼！鬼！——"然后使劲地颤抖着，守护她的那两个战士一时也不知道该怎么办，都是傻愣着看着她。

让我有些幸喜的是，这女子居然可以说话，说不定能从她嘴里知道点什么东西。

我走过去蹲在她身边，她看到我走过来，突然不颤抖了，冰冷的双眼涌出一丝泪花。

我问她："你怎么了！？"

她嘴角许久才蹦出几个字："鬼！是鬼！"

"怎么可能会有鬼？"我问。

"鬼！是鬼！"

那红衣女子虽然不在颤抖，但是我觉得思维依旧是混乱的，此时此刻也不适合交谈下去。

我示意两个战士扶她起来，然后我们接着赶路。

这地方确实是太危险，谁知道那不知名的家伙，会不会等会儿就杀回来了。

2

随着步伐的移动，四个多小时后，远处逐渐出现一大片各种样式的山丘，山丘形态各异，有的像蘑菇，有的像人头，有的像怪兽。

"龙城到了。"胡院士抬头看着远处说。

"这就是龙城？"我问。

这么一大片望不到边的山丘，哪里才是罗布鬼耳的位置啊？

"秦时明月汉时关，万里长征人未还。但使龙城飞将在，不教胡马度阴山。"胡院士继续说，"这就是王昌龄《出塞》诗中提到的龙城！"

"好大一片啊！"马辉说，"这找到何年何月才是头啊！"

"嗯。"胡院士不置可否，"龙城位于罗布泊地区，最早出现在郦道元的《水经·河水注》里，'龙城故姜赖之墟，胡之大国也。蒲昌海溢，荡覆其国。城基尚存而至大，晨发西门，暮达东门。浍其崖岸，余溜风吹，稍成龙形，西面向海，因名龙城。地广千里，皆为盐而刚坚也'。另外《凉州异物志》有载'姜赖之墟，今称龙城。恒溪无道，以感天庭。上帝赫怒，溢海荡倾。刚卤千里，蒺藜之形。其下有盐，累碁而生'。从中你有没有发现什么？"

"以前那里是海洋，现在时过境迁，水退泊干，变成盐地。"李卫平说。

"很遗憾，没点到关键之处。"胡院士接着说，"由于地理的原因，西域的很多城池，都惨遭自然的侵蚀。数百年来，历史学家都不知道'龙城'在哪，也曾经派人去寻找，结果都是一无所获，甚至有专家沮丧地提出，所谓'龙城'，纯属虚构。"

"那后来呢？"我问。

"后来，清代一位历史专家发现了它。"胡院士说。

"好久远的年代啊！"马辉说。

"现在什么都无从考证了，只知道眼前这巨大的一片都是风的作用，然而到底是什么样的风，我们现在也了解不到。"胡院士说。

"这么一看，果然够威武！"梁子说。

"别光觉得威武，这里面必须跟好了，容易迷路，而且迷路之后永远走不出来，只能成为这里面的孤魂野鬼了。"胡院士说。

"这么变态的地方，我们非要进去吗？"马辉问。

"罗布鬼耳的入口就在这里面的某个角落，我们必须到那里去找。"胡院士说。

正在这时，王小虎的声音从背后传来了。

"别跑啊！"王小虎喊。

我回头一看，原本和另外一个战士保护红衣少女的一个战士，也不知道中了什么邪，直直地朝远处跑去了。

"怎么回事？"我赶紧返回来问。

王小虎一脸的急迫说："我也不知道，只是这家伙突然就像疯了一样跑出去了。一开始，我和其他人以为他是去撒尿，没想到跑出去那么远，还不停止。"

我心中涌起一丝不安，觉得要出什么事。

"回来！"我喊道。

这个战士仿佛疯了一般地向前跑去，我在心底里骂这刘司令给我什么样的士兵啊，妈的！这不是坑人吗？

突然那家伙好像被什么东西给绊了一下，然后就那样直挺挺地栽了下去，在地上不断地抽动着。我觉得这地下肯定有什么问题。

我看着这家伙在地上抽动的样子，马上意识到肯定是出什么事情了，我撒开膀子也跑了过去，身后跟着跑的是马辉。

我远远地只看见沙子下窸窸窣窣地动了几下，似乎地底下有什么东西在钻来钻去似的，继而又安静了下来。眼前的一幕确实让我觉得有些匪夷所思，或许是听到我们的脚步，那东西戛然而止。

我和马辉最先跑到那个士兵摔下来的地方，一帮弟兄们也都赶了过来。只见这位小兄弟全身都是血，双腿齐膝以下没了，一扭头，血淋淋的一双腿在他蹦起来的位置狼狈地歪倒在地上。而地上的他，脖子上全是血，一个很大的窟窿，正"哗哗"地往外冒血，他的双眼还大大地睁着，瞪着我们，嘴巴里胡乱地发出些已经听不出说啥的声音来。

易志军一把搂住他，对着他喊着"士兵，坚持住"之类的话。我们这群傻大冒，都瞪眼在他们两个身边，不敢吱声。十几个人眼睁睁地看着这个我还没有叫上名字的小士兵合上了眼。枯叶下却好像什么动静都没有过一般地安静。我那十几个手下一个个在地上踩，看是不是有洞，可什么收获都没有。

其中一个兵便喊我了："郑队长，快看那双腿！"

我们都扭头往这个战士在地上的那双腿望了过去，只见那双腿的颜色在变淡，甚至包括腿上面那半截黄色的裤管和黑色的皮靴，到最后竟淡得看不见了，在空气中消失了！

我一扭头，忙往易志军他们怀里的那个战士冲了过去，易志军还算聪明，似乎也懂了我的意思，一把狠狠地抓住那士兵的身体，我也已经蹲到了他们旁边，双手狠狠地抓着战士的一只手。而这个战士的尸体，和我们意料中的一样，居然就那么慢慢变淡，然后，在我们四个人手里就那么消失了，我们的手都一起握上了一团空，连一丝衣角都没剩下。唯一留下的，就是地上和我们身上沾上的血。

一切的一切，在我们这十几个人之前几十年所接受的知识和意识里，都只能用诡异来解释了。

我看着胡院士，希望他那边能给我一个让人信服的答案，可是从胡院士那张隐藏在黑夜里的脸，我就已经知道他比我还迷惑，比我还更加不相信。

这太怪异了，被掏空的僵尸人、沙漠下面蠕动的某种怪物、吸血者……这一切的一切，我想到这些都觉得自己双腿走不动，浑身发软！这片沙漠里到底有什么，到底经历过什么，到底还会有什么？

我不清楚，我唯一能够做的就是，找到那个巨大耳朵的洞穴，然后进去，消灭它们！我看着眼前这些跟我一起出生入死的年轻兄弟们，心里顿觉得有种凉意。

是的！这个小士兵不是最后一个，也不是第一个！我只能默默地在心里记下每一个人的名字，不让他们在这荒野里成为孤魂野鬼。

对于这个战士，我们也没有什么能够给他立碑的，只能将军帽放在那里，我们知道或许只有这顶军帽才能给他们一点点死去的尊严吧！

他们应该被记住，虽然士兵应该死在战场上，可这里就是战场，我和他们正在和一种不知名的神秘力量作战。

"安息吧兄弟们！"梁子叹口气说，"起码你们有个好去处了，总比我们这样在大沙漠里晒着太阳，四处找那个鬼耳朵强多了。"

马辉听到梁子这话心里早就不舒服了，走到梁子跟前说："妈个巴子的，你给老子能不能说几句人话啊！"

"哥们我就说的是人话，你小子能把我咋样！"梁子看着马辉说。

"我的两位大哥啊，能不能消停一会儿！这都大晚上了，你们俩不累的话去站岗放哨，明天还有路要赶呢！"我说。

3

这俩人听了我的话，也不再说话，乖乖地去站岗了！让这两个话多的晚上站岗，他们俩还能多站会，而且不困。

胡院士早就休息了，这一天对这位老学究来说可真是不怎么美妙的一天。

其他人也都休息了，唯有我和李卫平两个坐在火堆旁。

我看着李卫平问："卫平，我咋觉得你自从进到这沙漠里好像一直有心事似的！？"

"我有吗？"李卫平笑着对我说，然后又压低声音，"这地方很邪乎，我能感觉到这地下有东西在蠢蠢欲动！"

我点点头，李卫平继续道："我们这次任务恐怕不那么简单啊，和平！相信我，我说的不会有错的！我的第六感绝对强于这其中的任何人，但是我知道我不是你的对手！"

"我又不是和你比第六感！"我笑着说。

李卫平看了看周围的其他人，确定都已经睡熟了说："你知道我是国安698办公室的！"

"我知道啊！你之前说过的。"我说。

"可是你不知道698办公室是做什么？"我一直也很奇怪，这698办公室到底是做什么的呢？

"这个世界本不是你想象的那样美丽，真正可怕的东西并不是人，而是那些神秘的力量。"李卫平低声说。

"神秘的力量？"我说。以前谁如果告诉我这些话，我一定觉得是胡扯淡，可是当我走进罗布泊，走进马兰军事基地，看到僵尸人，然后在辛格尔哨所作战然后执行这次任务，经历的种种怪异之事，已经对我的人生观有了极大的影响。

"或许我说出来你不信，但是我能从你的内心感受到一股强大的冲击力，你和我一样，都是拥有某种神秘力量的人！"李卫平说。

"某种神秘力量的人？"我发自内心地笑了，"我是吗？"

"之前我告诉你，你是某种力量的拥有者，我当时心里也不太确定，但是现在我能够真切地感受到。"李卫平说，"还记得那日你在冰窟里面的那声怒吼吗，那一声怒吼就是你力量的所在，在最危险的时刻你爆发了。"

我确实知道那天我吼了一声，所有的冰尸也被吓住了。现在回想起来，也确实觉得有些奇怪，我不知道是从哪里爆发出的力量。

"你放心，我会引导你走向你人生最为重要的地方。"李卫平说，"这就是我的使命。"

"什么使命？什么引导我？"我问。

"你会知道的。"李卫平说，"我之前告诉过你，你总有一天会明白的。我现在不能说得太多，很多事情，都是注定的。"

"你们俩还不睡啊！"胡院士走了进来说。

我们两抬头一看，胡院士站在我们身后，笑呵呵地看着我们。

"咋，打扰你们俩了？"胡院士说。

"没有没有！"我说，"快进来坐，刚好想问问龙城的事呢。"

"龙城我说得还不够多啊？"胡院士坐下来说。

"总觉得这地方怪怪的。"我说。

"这地方本身就奇怪得很，还有什么好说的，你们都看到了。"胡院士说。

"这不是无聊嘛，有什么传说没，你知识丰富，给我们讲讲呗。"我说。

"真想听啊？"胡院士问。

我们俩点点头，表示坚定的决心。

"好，那我就给你们讲讲，别当真。"胡院士说。

据说远古时期，罗布泊地区不是湖泊，而是一片水草茂盛、土地肥沃、雨水充沛的大平原。罗布人的祖先世世代代居住在那里。

这里有个国家叫耳朵国，国都便是龙城。

耳朵国王是一个大昏君，横征暴敛、骄奢淫逸、无恶不作。他有九百九十九个妃子和数也数不清的王子和公主。为了给每个妃子、王子和公主盖一座豪华的宫殿。他下令搜刮天下所有的财富，并调集所有能工巧匠和青壮男子为他服苦役，搞得田园荒芜，瘟疫流行，哀鸿遍野，饿殍载道。

劳苦大众的哀鸣声、抱怨声、怒骂声汇集成一股巨大的声浪直向九天云霄冲去。

玉皇大帝不忍老百姓受苦，便化作凡人到耳朵国微服私访。

没想到，一路走来，居然都没有遇到能吃的东西。

这天黄昏，夕阳西下，寒风飕飕。玉皇大帝又冷又饿，坐在一棵枯树下歇息，忽然听见树上几只乌鸦呱呱乱叫，抬头看去，见树上吊着一个老翁、一个男子、一个女人，皆衣衫褴褛，蓬头垢面，长伸着红舌，好不吓人！显然刚刚吊死不久。

奇怪的是，死者个个腹大如鼓，较之十月怀胎妇女有过之而无不及。玉皇大帝不知其故，见不远处有灯火闪动，便忙向亮处寻去。

在亮处果然有一人家，屋中有吃食摆在桌上。一老妪坐在屋中，正在抽搐。

玉帝饥渴难耐，忙问可有吃的。

老妪用手一指，玉皇顺手指望去，见桌上有半盆白米饭、一盘肉、一碗鱼。

玉帝原本就饥肠辘辘，此时闻之更是食欲大振。也不管三七二十一，端起就吃。

饭食刚一进嘴，就觉如吞火碳，咸涩无比，急忙吐出，怒问："何人如此暴殄天物？"

老妪答道："乃国王所赐也！"接着道出了实情。

原来国王怕受到上天惩罚，采用尖嘴宰相的奸计。用一斤咸盐伴半斤大米做成饭，再用盐腌成咸鱼咸肉发给百姓，强迫百姓吃下。凡食者口干舌燥，干渴难耐，便狂饮清水，直至腹大如鼓，胀死为止。不明就里者还道国王恩赐，其实腹胀之苦更甚于饥饿。

树上所吊之人乃老妪亲夫、亲子、亲媳，皆因不堪忍受腹胀之苦自缢。

玉皇大帝回到南天门，口渴难耐，急忙令人送水来喝。喝了一桶又一桶，不能解渴，便现了原形，乃是一条金鳞鳞、光灿灿的巨龙。巨龙将头扎进天井汲水。把井水吸干，仍不能解渴。又窜到天河，直把天河水喝降了五尺。

玉皇大帝隐了原神，怒道："人祸更胜于天灾。"正欲派兵遣将讨伐耳朵国。就听得腹中咕咕大响，喉头发咸，禁不住一张嘴"哇"的一声，一股水直向耳朵国喷去。

好大的水！水头高三十余丈，宽二十余里。涛声如雷，汹涌澎湃，直向龙城冲来，把个城墙、宫殿、庙堂、寺院冲得七沟八壑。

耳朵国被深深地淹没在盐泽里，成了方圆几千平方公里的大湖泊，就是罗布泊。有趣的是，罗布泊的样子从高空看，恰恰像人的一只耳朵。

玉皇大帝喝干了天井，又喝降了天河，使天宫闹起了水荒。昂日天官便每日将太阳烧得通红通红，万道金光直射罗布泊。

经过几万年蒸发，水都变成了气又回到了天庭。1972年罗布泊干涸了。

"龙城经过几万年的浸泡便成了今天这个样子。"胡院士说。

"传说总归是传说，不能信以为真，眼前这片土地，真真实实地有一股子奇怪的东西在涌动。"李卫平闭着眼睛说。

"你的意思是……"胡院士话还没说完，马辉就从外面冲了进来。

"有东西，我们俩看到它了，红色的眼睛。"

"快！"我说，"去看看。"

借着月光，我看得清清楚楚，在不远处是一张五官齐全的脸，它对着营地正狰狞地张大着嘴，一口尖牙白白的，整个身子覆盖着一层细细的黄毛，看起来就像一个十来岁的小孩。

"这是什么东西？"我问。

"我也不知道，就是在黑夜里看到它，快速地向我们这跑来，而且速度奇快。"梁子说。

"这是鬼面狒狒，可是这种东西只会出现在阴气很重的地方啊，属于山魈一族啊。"胡院士说。

"这地方我看阴气挺重的！"马辉说。

"快看，它在地上挖坑呢。"梁子说。

顺着梁子的话，我抬头看去，不远处的那个鬼面狒狒似乎是发现了周围的情况，正在不断地掘土，一会儿就已经消失不见了。

我眼看它要逃，赶紧冲过去，可是一切都显得太迟了。

它消失了。

正当我要返回的时候，我看到马辉他们惊恐的眼神里面，写满了惊讶，然后背后传来了一阵风响，我已经猜测到那家伙肯定是从背后向我袭来了。

我转身一看，那家伙面目清晰，五官隐藏在略显黑色的毛发里，一条血红的舌头直接向我的额头上舔去。

我果断伸出拳头，那鬼影在空中一扭头，原本对着我头和脖子扑上来的一张血盆大口，也灵活地一闪，躲过了我的拳头，紧接着身子也已经扑了过来，一双手对着我抓上去。我也不是吃素的，一个侧身，鬼影扑了个空，但鬼影右手却没闲着，照着我的左边脸狠狠地抓了过去。我只觉得一只冰冷的手在脸上火辣辣地划过，抓住了自己的耳朵，一把撕了下去。

就在那黑影准备再次扑向我的时候，黑影背后的马辉猫着腰，手里举着一块石头，冷不丁地出现，对着那黑影砸了上去。黑影也机灵，好像背后长了眼睛一样，躲过了马辉的袭击，然后一低头，朝另外一个方向的沙丘里逃去。

就在黑影逃跑的方向，梁子像天神般地突然出现，手里提着刺刀，照着地上翻滚的细沙，一个大跳就跳了上去，手里的刀朝下，狠狠地一刀就往那团黄色的毛沙插了下去。

毛沙下一声怪叫，黑影用更快的速度从梁子的双腿之间移了过去，瞬间消失在沙漠深处。

他们两人对着那黑影逃去的方向追了几步，压根儿就不是一个档次的速度，只好停了下来。再然后就是我们几个吆喝着跑了过来。

而我火辣辣的右耳，经过判断，少了一大片耳朵肉，这也成了我一辈子的特色了。

刚送走这个传说中的鬼面狒狒，周围便已是狂风大作，原本昏暗的夜晚，此时此刻越发黑暗了。

"这是黑风暴啊！"胡院士说。

"大晚上怎么会有黑风暴，这东西一般出现在半下午啊，怎么这个时间？"马辉说。

胡院士顶着风和我们往回营地撤，喃喃自语地道："难道……难道是……"

"什么？"我大喊。

胡院士似在绞尽脑汁地思考，根本无暇回答我的问题，看来很是惴惴不安。

"难道是什么？"我再问。

胡院士依然没回答。

"难道是什么？"我追问。

胡院士突然乍毛变色道："是的，一定是的！"

……

（第一部完）